walk&talk

Sabine Scharle

Schweden

Sprachführer Schwedisch
Reiseknigge
Praxistips

walk & talk Schweden — Band 12

ISBN 3-927895-15-6

Thomas Schreiber Verlag
Frankfurter Ring 193a
80807 München

Email:
walktalk@infodirekt.de

Umschlaggestaltung:
Iris Steiner, München
Belichtung:
Studio Baller, München
Fotos: die Autorin
Mitarbeit: Renate Dienersberger

Printed in Singapore

Kritik, Anregungen oder sonstige Mitteilungen sind jederzeit willkommen.
Alle Übersetzungen, Fachausdrücke, Fakten sind sorgfältig recherchiert. Für die Richtigkeit kann jedoch keine Gewähr übernommen werden.

Auflage	4.	3.	2.	1.
Jahr dieses Druckes	1999	98	97	96

Die letzte Zahl ist jeweils maßgeblich

ZURECHTKOMMEN VON ANFANG AN

Einleitung

Näheres zur schwedischen Mentalität siehe im Kapitel „Zwischenmenschliches" ab S. 145.

Obwohl Schweden uns geographisch näher ist als viele andere Urlaubsländer, sind die skandinavischen Lebensverhältnisse Mitteleuropäern ziemlich unbekannt. Selbst Reisenden, die die landschaftliche Schönheit des Landes kennen und lieben gelernt haben, bleibt die schwedische Mentalität oft verschlossen. Die Schweden werden als kühl und distanziert empfunden, und Touristen fällt es meist schwer, mit ihnen in Kontakt zu kommen. Schwedische Sprachkenntnisse - auch minimale - können dazu beitragen, das Eis zu brechen. Viele Schweden nehmen nämlich die Bereitschaft, ein paar Worte ihrer „kleinen" Sprache zu lernen, mit Begeisterung auf, auch wenn sie selbst hervorragend Deutsch oder Englisch sprechen.

Über dieses Buch

Dieses Buch soll der Verständigung dienen. Es bietet sprachliche Hilfestellung für Situationen, in denen mit Deutsch oder Englisch nicht viel auszurichten ist. Zum Beispiel, wenn Ihr Wagen an einer Schotterstraße in einem nordschwedischen Waldgebiet stehen bleibt und Sie Forstarbeiter um Hilfe bitten müssen. Oder wenn das schöne Ferienhaus (**stuga** - *ˇstʉga*) wegen eines Rohrbruchs plötzlich unter Wasser steht und Sie sich dem Klempner der Landgemeinde am Telefon verständlich machen möchten. Doch gehört zur Verständigung mehr als ein bestimmter Wortvorrat. Um zu verstehen und verstanden zu werden, benötigt man möglichst viel Hintergrundinformation über Traditionen, Wertvorstellungen und Umgangsformen. Daher finden Sie in jedem Kapitel entsprechende Hinweise. Sie dienen als Orientierungshilfe und als Anregung, sich ein eigenes Bild von diesem kontrastreichen Land und seinen Menschen zu machen. Dieser walk&talk-Sprachführer wird Ihnen auf jeden Fall helfen, die Distanz zu den „schwer zugänglichen" Schweden zu überbrücken, manche Eigenheiten besser zu verstehen und so bei einer Schwedenreise mehr entdecken und erleben zu können als nur Seen und Elche.

Allgemeine Regeln zur Aussprache

Wenn man einen schwedischen Text vor Augen hat, läßt sich der Sinn aufgrund der Ähnlichkeit mit dem Deutschen auch ohne Schwedischkenntnisse teilweise erschließen. Die Aussprache weicht jedoch weitgehend vom Deutschen ab, und das Hörverständnis wird zusätzlich durch die uns fremde Betonung erschwert, die diese Sprache für das deutsche Ohr wie „Singsang" wirken läßt.

Betonung

Die Hauptbetonung liegt im Schwedischen in der Regel auf der ersten Silbe. Sie ist in der Lautschrift durch ein vorangestelltes ' gekennzeichnet, wie z.B. beim schwedischen Wort für Wasser (**vatten** - *'waten*). Den Nebenbetonungen (meist bei Fremdwörtern) geht in der Lautschrift ein ` voran, z.B. **lågkonjunktur** - *'logkonjˇnk`tʉ:r* (Rezession). Ein typisch schwedisches Phänomen ist der sog. **„accent två"** (zweiter Akzent), bei dem die Stimme nach der Hauptbetonung noch einmal ansteigt. Das vorangestellte ˇ in der Lautschrift bedeutet also, daß sich die Betonung auf zwei oder mehrere Silben verteilt (**flicka** - *ˇflika*). Gibt es damit anfangs Probleme, ist das nicht tragisch, da der Sinn sich durch die Betonung nicht verändert. Wenn man eine Weile in Schweden ist, entwickelt sich automatisch das Gefühl dafür.

Lautschrift

Die in diesem Buch verwendete Lautschrift kann wie normaler deutscher Text gelesen werden. Die Sonderzeichen sind auf der vorderen Umschlagseite erklärt.

Aussprache

Buchstabe	Aussprache und Lautschrift
a	langes, sehr dunkles, zum o tendierendes a, wie in einem enttäuschten „Oh", z.B. **mat** - *ma:tt* (Essen), vor doppelten Konsonanten kurz und hell, wie im deutschen „Watt", z.B. **katt** - *kat* (Katze).
b	immer weich wie „Banane", auch am Wortende
c	vor hellen Vokalen (e, i, y, ä, ö) wie stimmloses s, z.B. **centrum** - *ˇsentrʉm* (Zentrum), vor dunklen wie k, z.B. **concern** - *kon'sern* (Konzern)
d	immer weich wie „Dach", auch am Wortende
dj	wie j, z.B. **djur** - *jʉr* (Tier)
e	wie im Deutschen, jedoch vor r wie offenes ä, z.B. **berg** - *bärj* (Berg)
g	vor hellen Vokalen und nach r wie j, z.B. **gärna** - *ˇjärna* (gerne), vor dunklen Vokalen wie g, z.B. **gata** - *ˇga:ta* (Straße)
hj	wie j, z.B. **hjul** - *jʉ:l* (Rad)
k	vor hellen Vokalen wie ch in „ich", z.B. **köttbullar** - *ˇchötbʉlar* (Fleischklößchen)
lj	wie j, z.B. **ljus** - *jʉ:s* (Licht)
o	wie u, z.B. **ost** - *ust* (Käse), **ro** - *ru:* (Ruhe) vor doppelten Konsonanten wie off. o, z.B. **Lotta** - *ˇlota* (Lotta), vereinzelt auch wie geschl. o in „Bohne", z.B. **son** - *so:n* (Sohn)
r	Zungenspitzen-r, in Südschweden Zäpfchen-r
rd, rl, rn, rs, rt	verschmelzen zu einem Laut, wobei der auf das r folgende Konsonant retroflex, also mit „zurückgebogener", weiter hinten am Gaumen angesetzter Zunge gesprochen wird. Beispiele: **gård** - *go:d* (Hof), **karl** - *kal* (Mann), **barn** - *ba:n* (Kind), **kors** - *kosch* (Kreuz), **kort** - *kot* (Karte) r und s verschmelzen auch dann zu retroflexem sch, wenn ein Wort mit r endet und das folgende mit s beginnt, z.B. **för surt** - *föschʉt* (zu sauer).
s	immer stimmlos, vor p und t nie sch, sondern wie s-pitzer S-tein
sch, sj, skj und stj	grundsätzlich wie sch, wobei es jedoch von Landschaft zu Landschaft dafür die unterschiedlichsten sch-ähnlichen Lautbildungen gibt, z.B. **schack** - *schak* (Schach), **sjö** - *schö:* (See), **skjuta** - *ˇschʉta* (schießen), **stjärna** - *ˇschäna* (Stern)
sk	vor hellen Vokalen wie sch, z.B. **sked** - *sche:d* (Löffel), vor dunklen wie „Skalpell", z.B. **sko** - *sku:* (Schuh)
tj	wie ch in „ich", z.B. **tjock** - *chok* (dick)
u	zwischen u und ü, z.B. **utan** - *ˇʉ:tan* (ohne)
v	wie w
y	zwischen ü und i
z	stimmloses s
å	lang geschlossenes o wie „Bohne", z.B. **Åke** - *O:ke* (Eigenname), kurz etwas offener wie „Gott", z.B. **gård** - *god* (Hof)
ä	ä, jedoch viel breiter als im Deutschen üblich, ähnlich wie in „gähnen"
ö	vor r sehr offen, ähnlich wie „Hörner"
å, ä, ö	stehen im Schwedischen am Ende des Alphabets.

Die unbestimmten Artikel im Schwedischen

Die schwedischen Substantive werden in zwei Gruppen geteilt: die mit dem unbestimmten Artikel **en** (Utrum) und mit dem unbestimmten Artikel **ett** (Neutrum). Es gibt im Schwedischen keine Regeln, nach denen man die Wörter einer dieser Gruppen zuordnen kann. Aus diesem Grund sind die Artikel in den Vokabellisten angegeben. Darüber hinaus wird dadurch das Hör- und Leseverständnis erleichtert, da im Schwedischen der bestimmte Artikel an das Substantiv angehängt wird, wodurch es zunächst etwas fremd wirkt. (Beispiel: **ett äpple - äpplet**, ein Apfel - der Apfel; **en lampa - lampan**, eine Lampe - die Lampe). Der Artikel ist in den Wortlisten immer dann *nicht* angegeben, wenn das Wort im Schwedischen nicht mit Artikel gebraucht wird (z. B. Studienfächer).

Näheres dazu siehe in der Kurzgrammatik am Ende des Buches.

„Typisch schwedisch“

Rücksichtnahme

„Att får vara i fred“ entspricht in etwa dem bayerischen „Mei Rua will i ham“. Man belästigt einander nicht mit Lärm, hält am Strand Abstand, achtet darauf, daß die Kinder anderen Leuten nicht auf die Nerven gehen usw. Aus allem, was diese Ruhe stören könnte, hält man sich heraus, vor allem aus Streit - **„man vill inte bli involverad“**, d. h. man will nicht in die Angelegenheiten anderer hineingezogen werden.

Nein

Dem rücksichtsvollen Schweden fällt es schwer, direkt nein zu sagen. Deshalb sagt er lieber **„Nja“**, eine Zusammensetzung aus **nej** (nein) und **ja** (ja), wenn er nein meint.

Pünktlichkeit

Es gilt in allen Lebensbereichen als absolute Zumutung, warten zu müssen. Auch bei der kleinsten Verspätung entschuldigt man sich (**förlåt att jag är sen** - *fö'lo:t at ja: är sen*). Zu früh zu einer Einladung zu kommen, gilt als genauso unhöflich. Lieber läuft der Gast noch einmal um den Block. Das Zeitverständnis ist ähnlich wie in Mitteleuropa: Zeit ist Geld und muß möglichst effektiv genutzt werden, ein voller Terminkalender ist ein Statussymbol.

Umgang mit Beamten

Schwedische Beamte sind sehr korrekt, freundlich und um Gerechtigkeit und Sachlichkeit bemüht. Der Besucher erreicht sein Ziel am besten mit Freundlichkeit und Bescheidenheit. Materielle Zuwendungen gelten als Bestechungsversuch und erreichen eher das Gegenteil einer bevorzugten Behandlung. Muß man in anderen Ländern „auf den Tisch hauen“, um überhaupt etwas zu bewirken, gilt es hier geradezu als asozial (in jedem Fall als Querulantentum), die Stimme zu erheben, sich aufdringlich oder fordernd zu verhalten. Abschlägige Auskünfte können leicht mißverstanden werden. Der Beamte (**tjänsteman**) sagt nämlich „Das kann schwierig werden“ (**Det kan nog bli svårt det här**), „Vielleicht“ (**kanske**) oder „Ich werde es versuchen“ (**Jag ska försöka**) wenn er meint: Es ist absolut ausgeschlossen.

Gefälligkeiten

Man will niemandem etwas schuldig sein. Daher werden z. B. entgegengenommene Gefälligkeiten möglichst „wiedergutgemacht“, Restaurantrechnungen immer genau auseinandergerechnet, und wenn man von jemandem eine längere Strecke im Auto mitgenommen wird, bezahlt man den Benzinanteil. Eine „Runde zu geben" ist völlig unüblich.

Anständigkeit

Das schwedische **hederlighet** enspricht weitgehend unserem Begriff von „Anständigkeit". Dazu gehören Ehrlichkeit, Aufrichtigkeit, daß man zu seinem Wort steht usw. Es gibt tatsächlich noch viele Leute, die sich daran halten.

Die goldene Mitte

Das goldene Mittelmaß, nicht zu viel und nicht zu wenig, gilt in jeder Hinsicht als Ideal. Die Schweden umschreiben dieses Leitbild mit dem Begriff **lagom** (genau richtig, angemessen).

Tüchtigkeit

Tüchtigkeit (**duktighet**) wird in Schweden großgeschrieben. Man sieht es gern, daß jemand seine Sache gut macht und für sich selbst sorgt.

Die soziale Gesellschaft

Das „Volksheim" (**Folkhemmet**) war das große sozialdemokratische Ideal, 1928 von P. A. Hansson geprägt: eine Gesellschaft, in der jeder gut aufgehoben ist, keiner zu kurz kommt, für Schwache gesorgt ist, der Reichtum gleichmäßig verteilt ist. Inzwischen ist dieses Ideal etwas angekratzt, da die ursprüngliche Fürsorglichkeit hier und da in Bevormundung ausgeartet ist. Außerdem wird seit einigen Jahren infolge der Wirtschaftskrise radikaler Sozialabbau betrieben.

Konsens

Man ist stets bemüht um **samförståndslösningar**, d.h. Kompromißlösungen, in denen alle Interessen, vor allem auch die von Schwachen und Minderheiten, berücksichtigt werden. Konsensfähigkeit zeugt von menschlicher Reife und gewährleistet, daß niemand übergangen wird.

Abstinenzlerbewegung

Das schwedische Verhältnis zum Alkohol wird gern bespöttelt und ist für uns schwer nachvollziehbar. Daß die Abstinenzlerbewegung (**Nykterhetsrörelse**) auch heute noch eine bedeutende gesellschaftliche Rolle spielt, hängt jedoch damit zusammen, daß der Alkohol in den letzten beiden Jahrhunderten in Schweden viel Schaden angerichtet hat. Er hat unzählige Familien ins Elend gestürzt, zu schweren Gewalttaten und Unfällen beigetragen und hohe gesellschaftliche Kosten verursacht.

Das Wichtigste

Ja	Nein
ja:	*nej*
ja	**nej**

Duzen/Siezen

Das Duzen ist in Schweden allgemein üblich, nur bei Behörden wird teilweise noch das Sie verwendet. Grundsätzlich kann man eher mit der Anrede „Sie“ als mit einem „Du“ ins Fettnäpfchen treten, mit einer Ausnahme: Eine alte Dame zu duzen gilt als grobe Unhöflichkeit.

Das übliche Anredewort für jemanden, den man siezt, ist **ni** (im Unterschied zum Deutschen ist das die zweite Person Plural, also „Ihr“). Diese Form verwendet man zum Beispiel im Geschäftsbrief: **„Ni är interesserad av träprodukter“** („Sie sind interessiert an Holzprodukten“).

Darüber hinaus gebraucht man auch die etwas altertümlich anmutende dritte Person Singular mit Namen und/oder Titel des Ansprechpartners, die etwas mehr Distanz und Respekt ausdrückt. Man verwendet sie vor allem für ältere Menschen und Respektspersonen, entsprechend unserem „Herr Professor“, „Herr Doktor“, „Herr Direktor“ u.ä. Trotz des jahrzehntelangen starken Bestrebens, gesellschaftliche Unterschiede auszugleichen und Hierarchien abzubauen, haben sich diese Umgangsformen bis heute gehalten. Möchte man zum Beispiel einer alten Dame ein Getränk mit den Worten anbieten:„Möchten Sie etwas trinken, Frau Svensson?“, sagt man „Möchte Frau Svensson etwas trinken?“ (**Vill fru Svensson ha något att dricka** *-wil frʉ: ˇswenson ha: ˇno:got at ˇdrika* .)

Aus praktischen Gründen sind in diesem Buch die Redewendungen, in denen man im Deutschen das Sie gebraucht, direkt in die im Schwedischen in der jeweiligen Situation üblichen Form - also meist in die „Du“-Form - übertragen.

Haben Sie/ Hast du ...?

■ Haben Sie *einen Stadtplan*?
ha:r du: en ˇsta:dskata
Duzend: **Har du *en stadskarta*?**
hast - du - einen - Stadtplan

■ Haben Sie *Bahnfahrkarten*?
ha:r ni 'togbil'jetter
Siezend: **Har ni *tågbiljetter*?**
habt - Ihr - Bahnfahrkarten

Ich suche ...

■ Ich suche *das Touristenbüro*.
ja: 'sö:ker tu'ristby`ro:n
Jag söker *turistbyrån*.

Gibt es hier ...?

■ Gibt es hier *eine Toilette*?
fins en toa'let här
Finns *en toalet* här?

Ich brauche ...

■ Ich brauche *eine Unterkunft*.
ja: be'hö:wer lo'schi:
Jag behöver *logi*.

■ Ich hätte gern ...
ja: 'skule 'wilja ha: ...
Jag skulle vilja ha ...

Was kostet ...?

■ Was kostet ...?
wa 'kostar ...
Vad kostar ...?

Entschuldigung

Siehe auch das Kapitel „Zwischenmenschliches".

Entschuldigung ist in Schweden ein wichtiges Wort, da überall Wert auf einen höflichen Umgangston gelegt wird. Wenn man jemanden anspricht oder sich im Stadtgewühl für einen Stoß oder ähnliches entschuldigen möchte, sagt man:

■ Verzeihung!
fö'lo:t
Förlåt!

Bitte und Danke

Auch diese Wörter werden in Schweden häufiger verwendet als in Deutschland.

■ Bitte gib/geben Sie mir ...
wa: snäl o je: mej ...
Var snäll och ge mig ...
sei - nett - und - gib - mir

■ Bitte! (Im Sinne von „gern gescheh'n“)
ˇföralde:l
För all del!

Ja, bitte!	*ja: tak*	**Ja tack!**
Danke!	*tak*	**Tack!**
Nein, danke!	*nej tak*	**Nej tack!**

Begrüßung

Siehe auch das Kapitel „Zwischenmenschliches“.

Die Begrüßungsformen nach der Tageszeit sind in Schweden heute kaum noch gebräuchlich. Stattdessen sagt man meist „Hallo“ und „Tschüß“.

Hallo!	*hej*	**Hej!**
Tschüß!	*ˇhejdo:*	**Hejdå!**
Bis bald!	*wi se:s*	**Vi ses!** (wörtlich: wir sehen uns)
Guten Morgen	*gu ˇmoron*	**God morgon**
Guten Tag	*gu'da:*	**God dag**
Guten Abend	*gud ˇafton*	**God afton**

Verständigung

Wenn Sie Probleme haben, etwas zu verstehen, dann werden diese Sätze vielleicht weiterhelfen:

■ Ich spreche nicht Schwedisch.
ja: 'ta:lar 'inte ˇswänska
Jag talar inte svenska.

■ Ich komme aus Deutschland.
ja: 'komer fro:n 'tyskland
Jag kommer från Tyskland.

- Sprechen Sie Deutsch oder Englisch?
  ta:la dʉ 'tyska 'eler 'engelska
  Talar du tyska eller engelska?

Nicht verstanden?

- Wie bitte?
  ˇhʉsa
  Hur sa?

- Können Sie das bitte aufschreiben?
  kan dʉ ˇva:ra snäl o 'skri:wa 'ʉp de
  Kan du vara snäll och skriva upp det?
  kannst - du - sein - nett - und - schreiben - auf - das?

- Bitte sprechen Sie langsam.
  wa: snäl o ˇta:lar ˇlo:ngsamt
  Var snäll och tala långsamt.
  sei - nett - und - sprich - langsam

- Wie heißt das auf Schwedisch?
  wa 'he:te de po: ˇswänska
  Vad heter det på svenska?

- Was bedeutet das?
  va be'tyder 'de
  Vad betyder det?

Mit Händen und Füßen

Wenn es mit dem Mund nicht klappt, dann vielleicht mit Händen und Füßen. Dazu:

Dies! (worauf der Finger zeigt)	*ˇdeta*	**Detta!**
Wo?	*wa:r*	**Var?**
Was kostet das?	*va 'kosta de*	**Vad kostar det?**
Schau her!	*ˇtita/se: här*	**Titta!/Se här!**

Die etwas formellere Variante:

- Würden Sie bitte herschauen?
  wil ni: 'wa:ra snäl o 'tita
  Vill ni vara snäll och titta?
  wollt - ihr - nett - sein - und - schauen

Richtungsangaben

rechts
til `höger
till höger

links
til wänster
till vänster

geradeaus
ra:kt fram
rakt fram

(gleich) dort
jʉst där
(just) där

hier
här
här

vor
ˇframför
framför

hinter
ˇba:kom
bakom

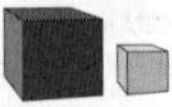

neben
ˇbrewid
bredvid

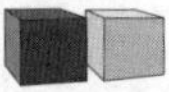

gegenüber
ˇmitemu:t
mittemot

am Anfang
i 'början a:w
i början av

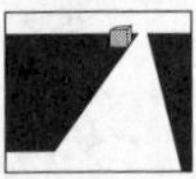

am Ende
i 'slʉtet a:w
i slutet av

oben
'ʉpe
uppe

unten
'ne:re
nere

vorwärts
ˇframo:t
framåt

rückwärts
ˇba:ko:t
bakåt

über
'öwer; ˇuwanför
över; ovanför

unter
'ʉnder
under

auf
po:
på

am Verkehrsschild
wid ˇwä:gmärket
vid vägmärket

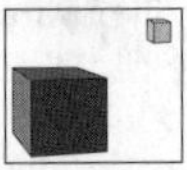

weit
lo:ngt
långt

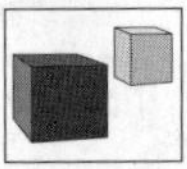

in der Nähe von
i ˇnärheten a:w
i närheten av

an der Ecke
wid 'hörnet
vid hörnet

Wo und Wohin

Fragen

■ Wo geht es zum *Bahnhof*?
wa:r go:r 'wägen til sta'schu:nen
Var går vägen till *stationen*?
wo - geht - der - Weg - zu - dem Bahnhof

■ Führt diese Straße nach *Borlänge*?
'le:der den här 'wägen til 'bu:rlänge
Leder den här vägen till *Borlänge*?

■ Wo ist das nächste Postamt?
wa:r fins 'närmaste 'postkon`tu:r
Var finns närmaste postkontor?

Wie weit?

■ Ist es noch weit bis zum Stadtzentrum?
är de lo:ngt ˇhärifro:n til 'sentrum
Är det långt härifrån till centrum?
ist - das - weit - hiervon - zum - Zentrum?

Mögliche Antworten

◆ Gleich hier vorn.
där 'frame 'ba:ra
Där framme bara.
da - vorne - nur

◆ Geradeaus und dann rechts ab.
Go: ra:kt fram o sän ta: a:w til 'höger
Gå rakt fram och sedan ta av till höger.
geh - geradeaus - und - dann - biege - ab - nach - rechts

◆ Nach der zweiten Kreuzung/Ampel.
efter 'andra 'koschningen/ˇtrafikjuset
Efter andra korsningen/trafikljuset.

Fragen

vem? *wer?*
■ Wer spricht hier Deutsch?
wem 'ta:lar 'tyska här?
Vem talar tyska här?

vad? *was?*
■ Was ist das?
wa är de
Vad är det?

vems? *wessen?*
■ Wem gehört das?
wems är de
Vems är det?

vem? *wen?*
■ Wen muß ich fragen?
wem 'moste ja: ˇfro:ga
Vem måste jag fråga?

vilken/vilket *welche/er/es*
■ Welcher Weg ist am besten?
'wilken wä:g är bäst
Vilken väg är bäst?

när? *wann?*
■ Wann fährt der nächste Zug?
när go:r den'nästa 'to:get
När går den nästa tåget?

var? *wo?*
■ Wo ist die Toilette?
war fins toal'eten
Var finns toiletten?

hur? *wie?*
■ Wie geht es Ihnen?
hʉr mo:r dʉ
Hur mår du?

varför? *warum?*
■ Warum lernst du Schwedisch?
'warför lär dʉ dej ˇswänska
Varför lär du dig svenska?

hur mycket? *wieviel?*
■ Wieviel kostet das?
hʉr ˇmyke 'kostar de
Hur mycket kostar det?

vart?
■ Wohin fährt der Zug?
wart gor 'to:get
Vart går tåget?

Landkarte/Stadtplan

å	*o:*	Fluß
alla riktningar	*'ala 'riktningar*	alle Richtungen
angöringsplats	*ˇanjö:ringsplats*	Anlegestelle
apotek	*apu'te:k*	Apotheke
avfart	*ˇa:wfart*	Ausfahrt
backe	*'bake*	Hügel
båtlinje	*ˇbo:tlinje*	Schiffslinie
bensinstation	*ben'si:nˇstaschu:n*	Tankstelle
berg	*bärj*	Berg
borg	*borg*	Burg
bro	*bru:*	Brücke
busslinje	*ˇbʉslinje*	Buslinie
by	*by:*	Dorf
centrum	*ˇsentrʉm*	Stadtzentrum
fall	*fal*	Wasserfall
fjäll	*fjäl*	Gebirge
friluftsbad	*ˇfri:lʉfts`ba:d*	Freibad
gamla staden	*ˇgamla ˇsta:den*	Altstadt
gångstig	*ˇgongsti:g*	Fußweg
garage	*ga'ra:sch*	Parkhaus
gata	*ˇga:ta*	Straße
gatuförteckning	*ˇga:tʉförtekning*	Straßenverzeichnis
hållplats	*ˇholplats*	Haltestelle
hamn	*ham*	Hafen
järnväg	*ˇjärnwä:g*	Eisenbahnlinie
karta	*ˇkarta*	Stadtplan
kloster	*ˇklu:ster*	Kloster
kryssning	*ˇkrysning*	Kreuzung
kyrka	*ˇchyrka*	Kirche
lutning	*ˇlʉ:tning*	Gefälle
motorväg	*ˇmu:turwä:g*	Autobahn
museum	*mʉ'se:ʉm*	Museum
offentlig toalett	*'ofentlig toa'let*	öffentliche Toilette
offentlig byggnad	*'ofentlig ˇbygnad*	öffentliches Gebäude
påfart	*ˇpo:fart*	Auffahrt
park	*park*	Park
polisstation	*po'li:sˇstaschu:n*	Polizeiwache
post	*post*	Post
riksväg	*ˇri:kswä:g*	Reichsstraße
riktning	*ˇriktning*	Richtung
simhall	*ˇsimhal*	Hallenbad
sjö	*schö:*	See
sjukhus	*ˇschʉ:khʉ:s*	Krankenhaus
skog	*sku:g*	Wald
skola	*ˇsku:la*	Schule
slott	*slot*	Schloß
spårväg	*ˇspo:rwä:g*	Straßenbahnlinie
stadsdel	*ˇsta:dsde:l*	Stadtviertel

station	*sta'schu:n*	Bahnhof
stigning	*ˇstigning*	Steigung
strand	*strand*	Strand
taxi	*'taxi*	Taxi
teater	*te'a:ter*	Theater
telekontor	*'te:lekon`tu:r*	Telezentrum
torg	*torj*	Platz
T-bana	*'te:ˇba:na*	U-Bahn
uppdämd sjö	*ˇʉpdämd schö:*	Stausee

Zahlen

Grundzahlen

Die Grundzahlen befinden sich auf der hinteren Umschlagseite. In wichtigen Fällen sollte man sie sich lieber aufschreiben lassen.

■ Würden Sie die Zahl bitte aufschreiben?
wa:snäl o skri:w ʉp 'nʉmret
Var snäll och skriv upp numret.
sei - nett - und - schreib - auf - die Zahl

■ Hast du etwas zu schreiben?
ha:r dʉ ˇno:got at 'skri:wa me
Har du något att skriva med?

Ordnungszahlen

Die Odnungszahlen werden nicht dekliniert.

1.	*ˇföschta*	**första**
2.	*ˇandra*	**andra**
3.	*ˇtre:dje*	**tredje**
4.	*ˇfjäde*	**fjärde**
5.	*ˇfemte*	**femte**
6.	*ˇschäte*	**sjätte**
7.	*ˇschʉnde*	**sjunde**
8.	*ˇotonde*	**åttonde**
9.	*ˇni:onde*	**nionde**
10.	*ˇti:onde*	**tionde**

Bruchzahlen

1/2	*en halw*	**en halv**
1/3	*en 'tredje`del*	**en tredjedel**
1/4	*en fjädedel*	**en fjärdedel**
3/4	*tre fjädedelar*	**tre fjärdedelar**

Prozent

7,5 %	*ˇschʉkomafem ˇpro'sent*	**sjukommafem procent**

Zeitangaben

Die Uhrzeit

Die Uhrzeit wird auf Schwedisch wie im Deutschen gebildet. Bei der Angabe der vollen Stunde ist zu beachten, daß die Zeitangabe *nach* dem Wort „Uhr" (**klockan**) steht. Wie z.B. in England ist es üblich, nach 12 Uhr mittags nicht mit 13 weiterzuzählen, sondern bei eins wieder anzufangen. Dies ist oft auch auf Fahrplänen der Fall. Ob Vor- oder Nachmittag gemeint ist, erkennt man dann an dem Zusatz **f.m. (före middag)** bzw. **e.m. (efter middag)**. Wie in Deutschland gilt in Schweden die Sommerzeit.

15 Uhr
'klokan tre:
klockan tre

15 Uhr 5
fem 'öwer tre:
fem över tre

15 Uhr 15
kwat 'öwer tre:
kvart över tre

15 Uhr 30
hlw ˇfyra
halv fyra

15 Uhr 40
'chʉgo (minuter) i ˇfy:ra
tjugo minuter i fyra

15 Uhr 45
kwart i ˇfy:ra
kvart i fyra

13 Uhr
'klokan et
klockan ett

14 Uhr
'klokan two:
klockan två

7 Uhr
'klokan schʉ
klockan sju

12 Uhr mittags
'klokan tolw po da:n
klockan tolv på dagen

12 Uhr nachts
'klokan tolw po 'naten
klockan tolv på natten

Jahreszeiten

Jahreszeit	*ˇoschtid*	**en årstid**
Frühling	*wo:r*	**en vår**
Sommer	*ˇsomar*	**en sommar**
Herbst	*höst*	**en höst**
Winter	*'winter*	**en vinter**

Monate

Januar	*janʉ'a:ri*	**januari**
Februar	*febrʉ'a:ri*	**februari**
März	*masch*	**mars**
April	*apr'il*	**april**
Mai	*maj*	**maj**
Juni	*jʉ:ni*	**juni**
Juli	*jʉ:li*	**juli**
August	*au'gʉsti*	**augusti**
September	*sep'tember*	**september**
Oktober	*ok'tu:ber*	**oktober**
November	*nu'wember*	**november**
Dezember	*de'sember*	**december**

Tage

Die Unterstreichung kennzeichnet die häufig verwendeten Abkürzungen. Sie stehen immer ohne Abkürzungspunkt.

Montag	*'monda:g*	**måndag**
Dienstag	*'tisda:g*	**tisdag**
Mittwoch	*'unsda:g*	**onsdag**
Donnerstag	*'toschda:g*	**torsdag**
Freitag	*'fre:da:g*	**fredag**
Samstag	*'lörda:g*	**lördag**
Sonntag	*'sönda:g*	**söndag**

Zeitangaben

abends	*po: 'kwälen*	**på kvällen**
am Wochenende	*po 'heljen*	**på helgen**
diese Woche	*den här ˇwekan*	**den här veckan**
heute morgen, vormittag usw.	*ida:g po ˇmoronen, ˇförmida:n usw.*	**idag på morgonen, förmiddagen usw.**
gestern abend	*i gor kwäl*	**i går kväll**
gestern	*i'go:r*	**i går**
heute	*i'da:g*	**idag**
in 10 Minuten	*om tie min'ʉter*	**om tio minuter**
in zwei Wochen	*om fjuton da:r*	**om fjorton dagar**
mittags	*wid ˇlʉnschti:den*	**vid lunchtiden**
morgen früh	*i 'moron'biti*	**i morgon bitti**
morgen	*i ˇmoron*	**i ˇmorgon**
morgens	*po: 'moronen*	**på morgonen**
nachmittags	*po: ˇeftermida:n*	**på eftermiddagen**
nächste Woche	*'nästa 'weka*	**nästa vecka**
nachts	*po 'naten*	**på natten**
stündlich	*'varje 'time*	**varje timme**
täglich	*ˇda:glijen*	**dagligen**
übermorgen	*i ˇöwermoron*	**i övermorgon**
vor ein paar Tagen	*för et par da:r sän*	**för ett par dagar sedan**
vormittags	*po: ˇförmida:n*	**på förmiddagen**

■ im vergangenen Frühling, Sommer usw.
i ˇvo:ras, i ˇsomras
i våras, i somras

■ im kommenden Frühling, Sommer, Herbst, Winter
i vor, ˇsomar, höst, 'winter
i vår, sommar, höst, vinter

■ im Frühling, Sommer, Herbst, Winter
po: ˇvo:ren, ˇsomaren, 'hösten, 'wintern
på våren, sommaren, hösten, vintern

Abkürzungen

AB	**aktiebolag**	Aktiengesellschaft
d.	**död**	gestorben
e.Kr.	**efter Kristus**	n. Chr.
em.	**eftermiddag**	nachmittags
f.	**född**	geboren
f.Kr.	**före Kristus**	v. Chr.
fm.	**förmiddag**	vormittags
kl.	**klockan**	Uhr
kr	**kronor**	Kronen
moms	**mervaerdiomsaetningsafgift** Mehrwertsteuer (Abkürzung für das von den Schweden übernommene dänische Wort)	
SJ	**Statens Järnvägar** Schwedische Staatsbahnen	
SL	**Stockholms Lokaltrafik** Stockholmer Regionalverkehr	
SRK	**Svenska Röda Korset** Schwedisches Rotes Kreuz	
STF	**Svenska Turistföreningen** Schwedischer Fremdenverkehrsverband	
vån.	**våning** Stockwerk	
ö.h.	**över havet** über dem Meeresspiegel	

Ankunft

Ankunft

Flugreisende landen gewöhnlich auf dem Stockholmer Flughafen (**flygplats** - *ˇflygplats*) Arlanda, von wo aus spezielle Flughafenbusse (**flygbuss** - *ˇfly:g-bʉs*) in die Stadt fahren. Die meisten Schwedentouristen reisen jedoch mit Auto oder Bahn und kommen mit der Fähre (**färjan** - *ˇfärjan*) in Göteborg, Helsingborg oder Trelleborg an. Bahnreisende, die schon lange unterwegs sind und noch eine lange Strecke in Schweden vor sich haben, finden in den großen Bahnhöfen gute Möglichkeiten, zu duschen, sich umzuziehen, zu frühstücken usw. Nächtliche Wartezeiten auf Bahnhöfen sind auch für Frauen unproblematisch, da es spezielle Frauenwarteräume (**damväntrum** - *da:mˇwäntrʉm*) gibt. Wie auf Fähren, in Zügen, Restaurants und Museen gibt es natürlich auch in Bahnhöfen und Flughäfen Wickelräume (**skötrum** - *ˇschö:trʉm*).

Fragen/Anweisungen an der Grenze

◆ Ihren *Ausweis*, bitte!
for ja se: legitima'schunen
Får jag se legitimationen?
darf - ich - sehen - den Ausweis

◆ Wie lange wollen Sie in Schweden bleiben?
hʉr 'länge ska ni: 'stana i ˇswärje
Hur länge skall ni stanna i Sverige?
wie - lange - werden - Sie - bleiben - in - Schweden

◆ Öffnen Sie bitte ihren Koffer.
wa: snäl o 'öpna 'wäskan
Var snäll och öppna väskan.

◆ Haben Sie etwas zu verzollen?
ha:r ni ˇno:got at förˇtʉla
Har ni något att förtulla?

■ Nein, nichts.
nej 'ingenting
Nej, ingenting.

■ Ich weiß nicht. Muß ich dies hier verzollen?
ja: we:t ˇinte 'moste ja: ˇbeta:la tʉl för de här
Jag vet inte. Måste jag betala tull för det här?

■ Ich möchte mit meinem Konsulat telefonieren.
ja: 'skʉle 'wilja 'ringa til mit konsʉ'la:t
Jag skulle vilja ringa till mitt konsulat.
ich - würde - wollen - anrufen - bei - meinem - Konsulat

Einreise in Schweden

Für die Einreise nach Schweden genügt der Personalausweis (**legitimation** - *legitima'schu:n*). Kinder unter 16 Jahren brauchen einen Kinderausweis oder müssen im Ausweis der Eltern eingetragen sein. Ohne Aufenthaltsgenehmigung (**uppehållstillstånd** - *ˇupeholstilstond*) darf man bis zu drei Monaten in Schweden bleiben. Eine Aufenthalts- oder Arbeitsgenehmigung (**arbetstillstånd** - *ˇarbe:tstilstond*) für Schweden ist nicht so leicht zu bekommen. Vor allem muß man ausreichende finanzielle Mittel nachweisen, die den hohen Lebenshaltungskosten in Schweden gerecht werden. So will der schwedische Staat vermeiden, daß Ausländer das Wohlfahrtssystem zu stark belasten.

Die Zollkontrollen sind ziemlich streng. Das gilt besonders für Alkohol (**alkohol** - *alko'ho:l*) und Drogen (**narkotika** - *narˇko:tika*). An alkoholischen Getränken dürfen pro Person über 20 Jahre zollfrei eingeführt werden: 2 Liter Bier + 1 Liter Spirituosen (max. 60 vol. %) + 1 Liter Wein, Likörweine u. ä. bzw. 2 Liter Wein und 2 Liter Bier, falls keine Spirituosen mitgeführt werden. Der Zoll für 1 Liter Spirituosen beträgt übrigens ca. 70 DM, für Wein 20 DM und für Bier 5 DM. An Tabakwaren sind 200 Zigaretten für Personen über 15 Jahre zollfrei zulässig. Devisen dürfen unbegrenzt ein- und ausgeführt werden. Ferienhaustouristen, die Lebensmittelvorräte mitnehmen wollen, sollten beachten, daß es für einige Frischwaren, wie z. B. Kartoffeln, Eier, Fleisch, verschiedene Milchprodukte und Wurzelgemüse, ein Einfuhrverbot gibt. Die jeweils aktuellen Bestimmungen sind detailliert in der Broschüre „Rot oder grün am Zoll" aufgeführt, die in Reisebüros und bei den schwedischen Konsulaten erhältlich ist sowie auf den Fähren ausliegt.

Touristenkarte

Wer einen mehrtägigen Großstadtaufenthalt plant, sollte sich gleich bei der Ankunft im Touristenbüro die Malmö-, Göteborg- bzw. Stockholmkarte (z. B. **Stockholmskortet**) kaufen. Damit hat man freie Fahrt mit allen öffentlichen Verkehrsmitteln und einigen Ausflugsdampfern sowie freien oder ermäßigten Eintritt in Museen und bei Veranstaltungen. In Stockholm hat man mit der Karte auch die Möglichkeit, in einer Reihe von Restaurants zu zweit zu essen und nur das teurere der beiden Gerichte zu bezahlen.

Paßkontrolle

Arbeitserlaubnis	*ˇarbe:tstilstond*	**ett arbetstillstånd**
Aufenthaltserlaubnis	*ˇupeholstilstond*	**ett uppehållstillstånd**
Augenfarbe	*ˇö:gonfärj*	**en ögonfärg**
Beruf	*ˇyrke*	**ett yrke**
besondere Kennzeichen	*ˇsäschilda ˇchäneteken*	**särskilda kännetecken**
Familienstand	*siwˇilstond*	**ett civilstånd**
Geburtsort	*ˇfödelseut*	**en födelseort**
Körpergröße	*ˇstu:le:k*	**en storlek**
ledig	*ˇu:jift*	**ogift**
Paßkontrolle	*ˇpaskontroll*	**en passkontroll**
Personalausweis	*legitima'schun*	**en legitimation**
Staatsangehörigkeit	*naschunali'te:t*	**ett nationalitet**
verheiratet	*jift*	**gift**
Wohnort	*'postaˋdres*	**en postadress**
Zoll	*tul*	**tull**

Gepäck

■ Wo/Wann kommt mein Gepäck an?
wa:r/när ˇankomer mit ba'ga:sch
Var/När ankommer mitt bagage?
wo - wann - ankommt - mein - Gepäck

■ Mein Gepäck ist nicht angekommen.
mit ba'ga:sch har inte 'komit
Mitt bagage har inte kommit.

■ Ein Koffer fehlt.
en 'wäska ˇsa:knas
En väska saknas.

■ Wo ist die *Gepäckaufbewahrung*?
war fins ˇre:sgudsinlämningen
Var finns *resgodsinlämningen*?

Wo/Wohin

■ Wo kann ich *ein Zimmer* reservieren?
wa:r kan ja reser'vera et rum
Var kan jag reservera *ett rum*?

■ Wo kann ich Geld wechseln?
wa:r kan ja: 'wäxla ˇpengar
Var kan jag växla pengar?

■ Wo kann ich *eine „Göteborg-Karte“* kaufen?
wa:r kan ja: 'chöpa ˇjö:teborjskotet
Var kan jag köpa *Göteborgskortet*?

■ Wie komme ich am schnellsten zur *U-Bahn*?
hur 'komer ja: ˇsnabast til ˇtunelba:nan
Hur kommer jag snabbast till *tunnelbanan*?

Öffentliche Verkehrsmittel

Öffentliche Verkehrsmittel

Der öffentliche Nahverkehr in den schwedischen Großstädten ist gut ausgebaut. Auch in den ländlichen Gegenden kommt man mit öffentlichen Verkehrsmitteln gut voran, wobei Busse und Bahnen hier allerdings in sehr großen Zeitabständen verkehren.

Fahrkarten (**biljetter** - *bil'jeter*, z. T. Magnetkarten) kauft man am Bahnhof, im Wagen oder im Kiosk (**pressbyrå** - *ˇpresbyro:*). Fast überall gibt es ein Teilstreckensystem.

Wer schwarz fährt (**tjuvåker** - *ˇchʉ:wo:ker*), muß damit rechnen, beträchtliche „zusätzliche Gebühren" (**tilläggsavgift** - *ˇtillä:gsa:wjift*) zu entrichten, in Göteborg z. B. 450,– Kronen. Hinzu kommt noch die Peinlichkeit, wenn der Kontrolleur im Wagen laut nach Name und Anschrift fragt. Abgesehen davon, daß derartiges „Aus-der-Reihe-Fallen" den Schweden ohnehin Unbehagen verursacht, wird auch mißbilligt, daß jemand auf Kosten der Gemeinschaft „schmarotzt".

Stadtverkehr

abreisen	*ˇre:sa*	**resa**
anhalten	*ˇstana*	**stanna**
Ankunft	*ˇankomst*	**en ankomst**
Ausgang	*ˇʉ:tgong*	**en utgång**
aussteigen (Bahn, Bus)	*'stiga a:w*	**stiga av**
aussteigen (Auto)	*'stiga ʉ:r*	**stiga ur**
Bahnsteig	*pe'rong*	**en perong**
Bus	*bʉs*	**en buss**
Busfahrer	*ˇbʉsscho'fö:r*	**en buschaufför**
Bushaltestelle	*ˇbʉsholplatz*	**en bushållplats**
Buslinie	*'bʉss 'nʉmer*	**buss nummer**
Eingang	*ˇingong*	**en ingång**
einsteigen	*'kliwa po:*	**kliva på**
Fahrgast	*re:se'när*	**en resenär**
Fahrgeld	*bil'jetˇpengar*	**biljettpengar**
Fahrkarte	*bil'jet*	**en biljett**
Richtung	*ˇriktning*	**en riktning**
Straßenbahn	*ˇspo:rwang*	**en spårvagn**
Taxistand	*'taxistaˋschun*	**en taxistation**
U-Bahn	*te:ˇba:na*	**T-bana**
U-Bahnstation	*ˇtʉnelba:nesta'schun*	**en tunnelbane-station**
umsteigen	*ˇbyta*	**byta**

■ Welcher Bus fährt *ins Zentrum?*
'wilken bˇs go:r til 'sentret
Vilken bus går *till centret*?

■ Kann ich durchfahren oder muß ich umsteigen?
kan ja: 'stana i 'bʉsen 'eler 'moste ja: ˇby:ta
Kan jag stanna i bussen eller måste jag byta?
kann - ich - bleiben - im - Bus - oder - muß - ich - umsteigen

■ Wo hält der *48er - Bus*?
ˇwa:rifro:n go:r 'fytiˇotan
Varinfrån går *fyrtiåttan*?
von wo - geht - die 48

■ Wann fährt der nächste Bus?
när go:r 'nästa ˇbʉsen
När går nästa bussen?

■ Was kostet es bis *Skansen*?
wa 'kostar de til 'skansen
Vad kostar det till *Skansen*?

■ Wo kann ich Busfahrkarten kaufen?
wa:r kan jag 'chöper 'bʉsbilˋjet
Var kan jag köper bussbiljett?

Aussteigen

■ Können Sie mir sagen, wann ich aussteigen muß?
kan dʉ 'säga til när ja: 'moste ˇlämna
Kan du säga till när jag måste lämna?
kannst - du - sagen - Bescheid - wenn - ich - muß - aussteigen

■ Muß ich hier aussteigen?
'moste ja: ˇlämna här
Måste jag lämna här?

■ Darf ich ...?
ˇʉ:schäkta
Ursäkta?

Um im Gedränge durchgelassen zu werden:

■ Darf ich bitte durch/vorbei?
fo:r ja: pa'sera tak
Får jag passera, tack?

Taxi

Taxifahren ist in Schweden nicht besonders teuer. Die Wahrscheinlichkeit, betrogen zu werden, ist gering. Falls es Ihnen passiert, daß Sie für dieselbe Strecke einmal hundert Kronen und einmal fast das Doppelte zahlen müssen, liegt es daran, daß Sie mit zwei verschiedenen Unternehmen gefahren sind. So schwanken zum Beispiel die Grundgebühren etwa zwischen 20 und 40 Kronen.

Die Fahrzeuge haben an den Seitenfenstern Preislisten aushängen, anhand derer man sich theoretisch einen Überblick verschaffen kann. Wenn man schnell ein Taxi braucht, hat man jedoch leider keine Vergleichsmöglichkeiten. Hinzu kommt, daß jedes Unternehmen andere Zuschläge für Abend-, Nacht-und Feiertagsfahrten berechnet. Selbst Einheimische haben Probleme, dieses System zu durchblicken und greifen nur noch im Notfall auf das Taxi zurück.

Als Trinkgeld gibt man ca. 10 % des Fahrpreises. Ein freies Taxi erkennt man daran, daß die Nummer auf dem Dach leuchtet. Man kann ein Taxi an der Straße anhalten oder telefonisch bestellen; außerdem gibt es auch Taxistände (**taxistationer** -*'taxista'schuner*).

Taxi

Entfernung	*dis'tans*	**en distans**
fahren nach	*ˇo:ka til*	**åka till**
Fahrt	*tʉ:r*	**en tur**
Funktaxi	*'taxi me ˇra:dio-anlägning*	**en taxi med radio-anläggning**
langsam	*ˇlo:ngsam*	**långsam**
nah	*ˇnära*	**nära**
Preis	*pri:s*	**ett pris**
schnell	*fut*	**fort**
Taxi	*'taxi*	**en taxi**
Taxifahrer	*'taxischo`för*	**en taxichaufför**
Taxistand	*'taxista`schun*	**en taxistation**
weit	*lo:ng*	**lång**

Taxi-Stände sind nur daran zu erkennen, daß an dem betreffenden Platz ein oder mehrere Taxis stehen.

■ Wo gibt es einen Taxistand?
wa:r fins en 'taxista`schun
Var finns en taxistation?

■ Können Sie bitte ein Taxi zum *Sveavägen* schicken?
kan ni: 'schika en 'taxi til 'swe:a`wägen tak
Kan ni skicka en taxi till *Sveavägen*, tack?
können - Sie - schicken - ein - Taxi - zum - Sveaveägen - bitte

■ Was kostet die Fahrt nach ...?
wa 'kostar 'färden til
Vad kostar färden till ...?

■ Danke, ich nehme lieber den Bus.
tak, ja: ta:r 'hellre 'bussen
Tack, jag tar hellre bussen.

■ Ich möchte nach ...
til ... tak
Till ... tack.
nach - ... - bitte.

■ Ich habe es eilig.
ja: har ˇbrotom
Jag har bråttom.

■ Würden Sie bitte langsamer/schneller fahren?
kan du 'chöra ˇli:te ˇlo:ngsamare/ˇfutare
Kan du köra lite långsamare/fortare?

■ Bitte halten Sie hier.
'stana här, tak
Stanna här, tack.
halte - hier - bitte

Bus und U-Bahn

An schwedischen Bushaltestellen (**bushållplats** - *ˇbusholplatz*) bildet man eine Schlange (**en kö** - *en chö:*) wie z.B. in England. Beim Einsteigen in den Bus (**buss** - *bus*) muß man seine Fahrkarte vorzeigen. Da die Ansagen der Haltestellen für den Fremden kaum zu verstehen sind, ist es sinnvoll, den Fahrer darum zu bitten, die gewünschte Haltestelle möglichst in Englisch auszurufen.

Schwedische Busfahrer sind überaus freundlich und Behinderten, Alten und Frauen mit Kinderwagen gern behilflich. Viele Busse haben an der Mitteltür eine spezielle Taste, auf der ein Kinderwagen abgebildet ist. Wird die gedrückt, kommt der Fahrer und hilft beim Ein- bzw. Aussteigen.

Will man, daß der Bus hält, drückt man auf einen Knopf an einer Haltestange oder zieht an einer Schnur über dem Fenster.

Die Fahrpläne und Teilstreckensysteme variieren je nach Verkehrsgesellschaft, also von Region zu Region. In Stockholm ist zu beachten, daß die auf den Fahrplänen angegebenen Abfahrtszeiten nicht für

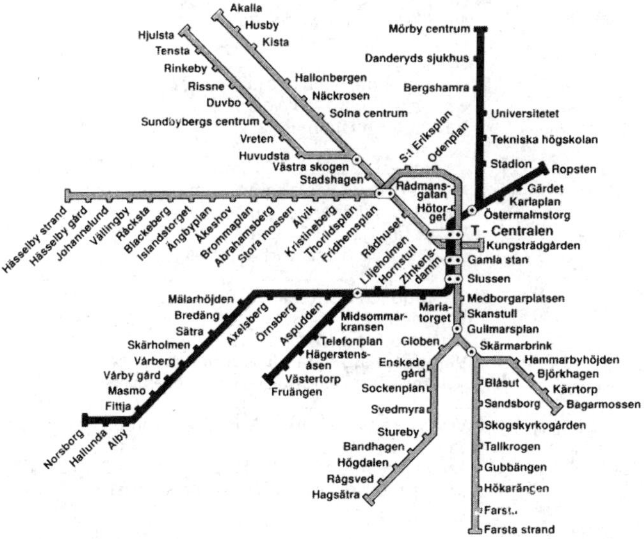

die jeweilige Haltestelle gelten, sondern für die Ausgangsstation. Wenn man Glück hat, ist am unteren Rand angegeben, wie lange der Bus für bestimmte Streckenabschnitte braucht (**ungefärliga körtider i minuter**), so daß man in etwa ausrechnen kann, wann der nächste Bus an der betreffenden Haltestelle sein wird.

U-Bahn

Eine U-Bahn (**T-bana**) gibt es nur in Stockholm. Die U-Bahnhöfe haben eine Sperre, die man ohne gültigen Fahrschein nicht passieren kann. Fahrkarten bekommt man an Schaltern und Automaten in den U-Bahnhöfen und im Zeitungsladen (**pressbyrå**- *'presby`ro:*).

An der Sperre zeigt man am Glashäuschen seine gültige Fahrkarte vor, löst einen Fahrschein bzw. läßt ihn stempeln. Die automatischen Sperren sind für Magnetkarten vorgesehen, die man in Laufrichtung durch die Schlitze zieht.

Bus

■ Fährt dieser Bus nach *Lerum*?
go:r den här 'bussen till ˇle:rum
Går den här bussen till *Lerum*?

■ Einen Fahrschein bis *zum Bahnhof*, bitte.
en bil'jet til sta'schu:nen tak
En biljett *till stationen*, tack.

■ Wie heißt die nächste Haltestelle?
wa 'he:ter 'nästa 'holplats
Vad heter nästa hållplats?

U-Bahn

■ Mit welcher U-Bahn komme ich nach *Frescati*?
'wilket to:g go:r til fres'ca:ti
Vilket tåg går till *Frescati*?
welcher - Zug - fährt - nach - Frescati

■ Wo muß ich umsteigen, um nach *Södermalm* zu kommen?
wa:r 'moste ja: ˇbyta til sö:der'malm
Var måste jag byta till *Södermalm*?
wo - muß - ich - umsteigen - nach - Södermalm

Aufforderung zum Zurückbleiben:

◆ Vorsicht an den Türen! Die Türen werden geschlossen!
Se: up för 'dörana! 'Dörana stängs!
„Se upp för dörrarna! Dörrarna stängs!“

Unterkunft

Hotels und Pensionen

Es gibt in Schweden zahlreiche hervorragende Hotels (**hotell** - *ho'tel*) mit allem Komfort, oft in märchenhafter Lage. Leider sind sie auch entsprechend teuer. Daher kann es sich lohnen, in Seitenstraßen nach etwas einfacheren Unterkünften zu suchen, die einigermaßen erschwinglich sind und in der Regel immer noch einen guten Standard haben. Eine offizielle Klassifizierung gibt es nicht. Plant man, mit dem Auto durch Schweden zu reisen und mehrfach in Hotels zu übernachten, lohnt es sich auf jeden Fall, bereits vor Antritt der Reise im Reisebüro einen sogenannten Hotelpaß (**hotellpass** -*ho'tel'pas*) zu kaufen, den mehrere Hotelketten anbieten. Mit diesen Übernachtungsgutscheinen erhalten Sie in den Sommermonaten und an einigen Wochenenden bis zu 50 % Preisermäßigung. In einigen Hotels gibt es im Sommer auch besonders günstige Angebote für Familien.

Zahlreiche Hotels bieten Zimmer für Behinderte (**handikappade**) mit behindertengerechten Sanitäreinrichtungen, Rampen, Aufzügen, breiten Türen, genügend Freiraum um Betten und Tische. Auch für Allergiker (**allergiker**) gibt es manchmal Sonderausstattungen

Nähere Informationen hierzu sowie auch über behindertengerechte Campingplätze, Museen, Wanderwege und spezielle Vorrichtungen in öffentlichen Verkehrsmitteln können Sie bestellen bei „De Handikappades Riksförbund". Außerdem ist bei den Schwedischen Touristikämtern in Deutschland, Österreich und der Schweiz der „Reiseführer für Behinderte" erhältlich (Adressen siehe S. 172).

Privatpensionen (**pension** - *pen'schu:n*) sind in Schweden relativ selten, jedoch werden immer öfter „Ferien auf dem Bauernhof" angeboten. In den Touristenbüros können Sie sich nach Privatunterkünften erkundigen. In ländlichen Gegenden findet man auch gelegentlich Hinweisschilder „Zimmer zu vermieten" (**Rum uthyres** - *rʉm ˇʉthy:res*).

■ Können Sie mir ein Hotel empfehlen?
kan du rekomen'de:ra et ho'tel o:t mej
Kan du rekommendera ett hotell åt mig?
kannst - du - empfehlen - ein - Hotel - für - mich

■ Es soll gut und preiswert sein.
de skal wa:ra bra: o 'bilit
Det skall vara bra och billigt.
das - soll - sein - gut - und - billig

Ich hätte gern ...

Ich hätte gern ...	*ja: 'skʉle 'wilja ha:*	**Jag skulle vilja ha ...**
ein Doppelzimmer	*et ˇdʉbelrʉm*	**ett dubbelrum**
ein Einzelzimmer	*et ˇenkelrʉm*	**ett enkelrum**
... mit Dusche und WC	*me dʉsch o 'wese*	**med dusch och wc**

◆ Für wieviele Nächte?
för hʉr 'monga 'näter
För hur många nätter?

■ Für nur eine Nacht.
för en nat ba:ra
För en natt bara.
für - eine - Nacht - nur.

◆ Wir sind ausgebucht.
wi är ˇfʉlbukade
Vi är fullbokade.

■ Ich habe ein Zimmer auf den Namen ... reservieren lassen.
ja: har lo:tit reser've:ra et rʉm o:t ...
Jag har låtit reservera ett rum åt ...
ich - habe - gelassen - reservieren - ein - Zimmer - für

■ Das Zimmer muß ruhig sein.
'rʉmet moste wa:ra tyst
Rummet måste vara tyst.
das Zimmer - muß - sein - ruhig.

■ Was kostet die Übernachtung mit Frühstück?
wa 'kostar de per nat me ˇfrʉ:kost
Vad kostar det per natt med frukost?

■ Das ist zu teuer.
de ä fö dyt
Det är för dyrt.

■ Können wir uns das Zimmer ansehen?
kan wi: ˇtita po: ˇrʉmet
Kan vi titta på rummet?

■ Können Sie noch ein (Kinder)Bett hineinstellen?
kan du ˇstäla in en (ˇba:n)säng til
Kan du ställa in en (barn)säng till?

■ Wir nehmen es.
wi ta: de
Vi tar det.

◆ Bitte füllen Sie das Anmeldeformular aus.
ˇwa:schogu: o 'fyla i ˇanmälningsblanˋketten
Varsågod och fylla i anmälningsblanketten.
sei - so - gut - und - füllen - aus - das - Anmeldeformular

Unterkunft

abreisen	*ˇre:sa*	**resa**
Aufzug	*hiss*	**en hiss**
ausgebucht	*ˇfʉlbukad*	**fullbokad**
Aussicht	*ˇʉ:tsikt*	**en utsikt**
Babysitter	*ˇba:nwakt*	**en barnvakt**
Badewanne	*ˇba:dkar*	**ett badkar**
Badezimmer	*ˇba:drˇm*	**ett badrum**
Balkon	*bal'kong*	**en balkong**
Bett	*säng*	**en säng**
Bettdecke	*'täke*	**ett täcke**
Bettwäsche	*ˇsängklä:r*	**sängkläder**
billig	*ˇbilig*	**billig**
Doppelzimmer	*ˇdʉbelrʉm*	**ett dubbelrum**
dunkel	*mörk*	**mörk**
Dusche	*dʉsch*	**en dusch**
Einzelzimmer	*ˇenkelrʉm*	**ett enkelrum**
Erdgeschoß	*ˇbotenwo:ning*	**en bottenvåning**
Etage	*ˇwo:ning*	**en våning**
Fenster	*'fönster*	**ett fönster**
Fernsehen	*'tewe*	**tv**
feucht	*'fʉktig*	**fuktig**
frei	*'le:dig*	**ledig**
Frühstück	*'frʉ:kost*	**en frukost**
groß	*stu:r*	**stor**
Gepäck	*ba'ga:sch*	**ett bagage**
Glühbirne	*ˇglö:dlampa*	**en glödlampa**
Halbpension	*ˇhalwpang'schu:n*	**en halvpension**
Handtuch	*ˇhanddʉ:k*	**en handduk**
Heizung	*'wärme*	**en värme**
Hotel	*ho'tel*	**ett hotell**
Kinderbett	*ˇba:nsäng*	**en barnsäng**
Klimaanlage	*'lʉftkondischu'ne:ring*	**luftkonditionering**
Kleiderbügel	*galg*	**en galg**
klein	*ˇli:te*	**litet**
Kopfkissen	*ˇhʉvedkʉde*	**en huvudkudde**
Kopfkissenbezug	*ˇöngot*	**ett örngott**
Kühlschrank	*ˇchy:lsko:p*	**ett kylskåp**
Lampe	*ˇlampa*	**en lampa**
Licht	*jʉ:s*	**ett ljus**
Lichtschalter	*kon'takt*	**en kontakt**
Lüftung	*wentila'schu:n*	**en ventilation**
Radio	*ˇra:dio*	**en radio**
Rezeption	*resep'schu:n*	**en reception**
reservieren	*reser've:ra*	**reservera**
Reservierung	*reser've:ring*	**en reservering**

Restaurant	*resto'rang*	**en restaurang**
Rollo	*ˇrulgar'din*	**en rullgardin**
ruhig	*lung*	**lugn**
sauber	*re:n*	**ren**
Sauna	*'bastu*	**en bastu**
schlafen	*ˇso:wa*	**sova**
Schlüssel	*ˇnykel*	**en nyckel**
schmutzig	*ˇsmutsig*	**smutsig**
Schrank	*sko:p*	**ett skåp**
Seife	*two:l*	**en tvål**
sonnig	*ˇsu:lig*	**solig**
Spiegel	*ˇspe:gel*	**en spegel**
Spielzimmer	*ˇle:krum*	**ett lekrum**
Steckdose	*ˇu:tta:g*	**ett uttag**
Stecker	*kon'takt*	**en kontakt**
Strom	*e:l*	**en el**
Stromausfall	*ˇströma:wbrot*	**ett strömavbrott**
Stuhl	*stu:l*	**en stol**
Toilette	*toa'let*	**en toalett**
Toilettenpapier	*toa'let'paper*	**ett toalettpapper**
tropfen	*'dropa*	**droppa**
übernachten	*öwerˇnata*	**övernatta**
Vollpension	*ˇhe:lpang'schu:n*	**en helpension**
Wasser	*'waten*	**ett vatten**
Wasserhahn	*ˇwatenkra:n*	**en vattenkran**
wecken	*'wäka*	**väcka**
Wecker	*ˇwäkakloka*	**en väckarklocka**
Wolldecke	*filt*	**en filt**
Zimmer	*rum*	**ett rum**
Zimmermädchen	*ˇstä:deschka*	**en städerska**
Zimmernummer	*ˇrumsnumer*	**ett rumsnummer**

Fragen

■ Wo kann ich meine Wertsachen lassen?
wa:r kan ja: 'lämna in mina ˇwädesa:ker
Var kan jag lämna in mina värdesaker?
wo - kann - ich - liefern - ab - meine - Wertsachen

■ Ist das Hotel die ganze Nacht geöffnet?
är ho'telet 'öpet 'hela 'naten
Är hotellet öppet hela natten?
ist - das Hotel - geöffnet - ganze - die Nacht

■ Können Sie mich um *sieben* Uhr wecken?
kan du 'wäka mej i 'moron 'biti 'klokan schu
Kan du väcka mig i morgon bitti klockan *sju*?
kannst - du - wecken - mich - morgen - früh - Uhr - sieben

■ Wo kann ich telefonieren?
wa:r kan ja: ˇringa
Var kan jag ringa?

■ Können Sie uns bitte ein Zimmer *im Scandic Hotel in Malmö* reservieren?
kan du reser've:ra et rum i Scandic Hotellet i Malmö o:t us
Kan du reservera ett rum *i Scandic Hotellet i Malmö* åt oss?

Probleme?

es fehlt	*de ˇsa:knas*	**det saknas**
es gibt kein	*de fins ˇingen/ˇinget*	**det finns ingen/ inget**
funktioniert nicht	*fun'ge:rar ˇinte*	**fungerar inte**
kaputt	*'sönder*	**sönder**
verstopft	*stop i*	**stopp i**
riecht/stinkt	*'luktar (ˇila)*	**luktar (illa)**

■ Es fehlt ein Handtuch.
de ˇsa:knas en ˇhanddu:k
Det saknas en handduk.

■ Es kommt kein Wasser.
de fins 'inget 'waten
Det finns inget vatten.

■ Der Wasserhahn tropft.
ˇwatenkra:nen 'dropar
Vattenkranen droppar.

■ Das Fenster klemmt.
'fönstret 'klemer
Fönstret klämmer.

■ Der Abfluß ist verstopft.
de är stop i ˇa:vlopet
Det är stopp i avloppet.

■ Die Lampe ist kaputt.
'lampan är 'sönder
Lampan är sönder.

■ Das Bett knarrt.
'sängen 'kna:kar
Sängen knakar.

■ Die Matratze ist sehr unbequem.
ma'drassen är ˇwäldit ˇu:bekwä:m
Madrassen är väldigt obekväm.

■ Können Sie sich bitte darum kümmern?
wil ni 'wa:ra snäl o 'fixa de
Vill ni vara snäll och fixa det?
wollen - Sie - sein - nett - und - regeln - das?

■ Man hat mich bestohlen.
ja: har 'bli:wit be'stʉ:len
Jag har blivit bestulen.

Höflichkeits-floskeln

◆ Haben Sie gut geschlafen?
ha: ni: ˇso:wit bra:
Har ni sovit bra?

◆ Sind Sie mit allem zufrieden?
ą ni: nöjd me alt
Är ni nöjd med allt?

■ Danke, wir fühlen uns hier sehr wohl.
wi tri:ws 'myke bra: här, tak
Vi trivs mycket bra här, tack.

Wenn es klopft

■ Wer ist da?
wem är de
Vem är det?

■ Herein!
stigin
Stig in!

Abreise

■ Ich reise morgen ab.
ja: skal ˇre:sa ˇimoron
Jag skall resa imorgon.

■ Machen Sie bitte die Rechnung fertig.
kan dʉ ˇjöra kla:r 'rä:kningen
Kan du göra klar räkningen?
kannst - du - machen - fertig - die - Rechnung

■ Können Sie mir bitte ein Taxi bestellen?
kan du be'stäla en 'taxi o:t mej?
Kan du beställa en taxi åt mig?
kannst - du - bestellen - ein - Taxi - für - mich

Glühbirne
ˇglö:dlampa
en glödlampa

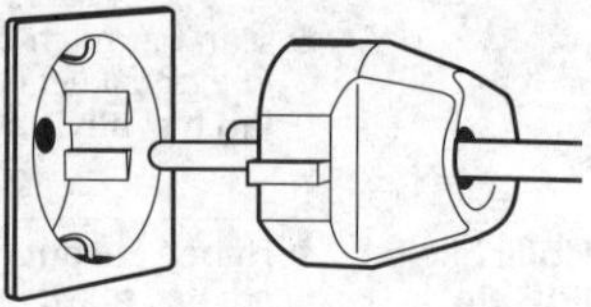

Steckdose
ˇʉ:tta:g
ett uttag

Stecker
kon'takt
kontakt

Wasserhahn
ˇwatenkra:n
en vattenkran

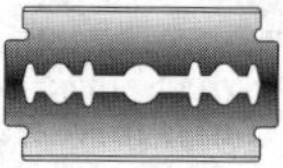

Rasierklinge
ˇra:kbla:d
rakblad

Abfluß
ˇa:wlop
avlopp

Zahnbürste
ˇtandbuschte
tandborste

Zimmerschlüssel
ˇrʉmsnykel
rumsnyckel

Handtuch
ˇhanddʉ:k
en handduk

Bettwäsche
ˇsängklä:r
sängkläder

Bett
säng
en säng

Kopfkissen
ˇhʉvedkʉde
en huvudkudde

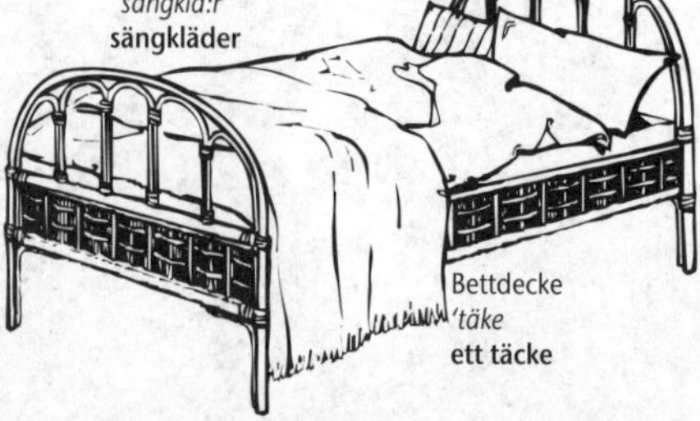

Bettdecke
'täke
ett täcke

Lampe
ˇlampa
en lampa

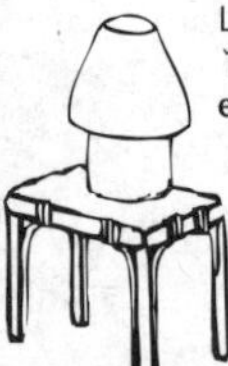

Nachttisch
ˇnatbu:d
nattbord

Campingplätze, Jugendherbergen und Studentenwohnheime

Zum Campen (**camping** - *ˇkamping*) benötigt man einen Campingausweis (**Svenskt Campingkort** - *swänskt ˇkampingkut*), der beim Schwedischen Campingverband (SCR) erhältlich ist. Die Plätze sind alle gut ausgestattet und sehr sauber. Für eine Nacht darf dank dem „**allemansrätt**" (*alemans'rät* - Jedermannsrecht) jeder in der freien Natur (ausgenommen auf landwirtschaftlich genutzten Flächen) sein Zelt aufschlagen. In der Nähe eines Wohnhauses muß man jedoch unbedingt vorher um Erlaubnis fragen. Vor allem darf man nicht vergessen, daß es strikt untersagt ist, mit Motorfahrzeugen von den befestigten Wegen abzuweichen. Und selbstverständlich sollten Sie den Zeltplatz so hinterlassen, wie Sie ihn vorgefunden haben, Ihre Abfälle mitnehmen, nichts beschädigen und in jeder Hinsicht Rücksicht auf die Natur nehmen.

Es gibt in Schweden 280 Jugendherbergen (**vandrarhem** - *ˇwandrarhem*). Sie haben einen hohen Komfort (auch Doppel- und Familienzimmer) und keine Altersbegrenzung. Die Preise liegen für Mitglieder von JH-Organisationen bei ca. 100 Kronen pro Nacht. Nichtmitglieder zahlen pro Übernachtung ca. 30 Kronen extra. Kinder bis 2 Jahre übernachten kostenlos, bis 16 Jahre gibt es eine Ermäßigung. Der Aufenthalt in der Jugendherberge ist auf max. 5 Nächte begrenzt. Infos beim STF (Adresse siehe S. 172). Darüber hinaus werden in den Sommermonaten in den Universitätsstädten Zimmer in Studentenwohnheimen preisgünstig (etwa wie JH) an Reisende vermietet, die ihre Bettwäsche selbst mitbringen. Infos beim SSRS (Adresse siehe S. 172).

Das Jedermannsrecht

Das schwedische Jedermannsrecht ist altes Gewohnheitsrecht, das jedem freien Zugang zur Natur gewährt. Es konnte nur deshalb bis heute aufrechterhalten werden, weil Schweden sich für die Natur verantwortlich fühlen und dieses Recht nicht mißbrauchen. Es wäre sehr traurig, wenn der zunehmende Touristenstrom aus Mitteleuropa Einschränkungen erforderlich machen würde. Also halten Sie sich bitte an folgende Regeln:

- Sie dürfen sich grundsätzlich in der Natur und auf Gewässern frei bewegen (d. h. auch baden, vorübergehend zelten oder mit dem Boot anlegen), ganz gleich, wem diese gehören. Ausgenommen sind landwirtschaftliche Nutzflächen. In der Nähe von Wohnhäusern hält man sich nach Möglichkeit nicht auf, um die Bewohner nicht zu stören.
- Blumen, Pilze und Beeren dürfen unbegrenzt gepflückt werden, sofern sie nicht unter Naturschutz stehen.
- Selbstverständlich dürfen Bäume und Sträucher nicht beschädigt oder gar entfernt werden.
- Motorfahrzeuge dürfen die befestigten Wege grundsätzlich nicht verlassen.
- Mit Feuer ist äußerste Vorsicht geboten (Felsen können leicht zerspringen!). Bei der geringsten Waldbrandgefahr wird das Feuermachen verboten.
- Das Hinterlassen von Abfällen jeder Art ist verboten. Schweden, die in der Natur zelten oder picknicken, sammeln ihren Müll in Abfallbeuteln und nehmen ihn mit.

Aufenthaltsraum	*ˇʉpeholsrʉm*	**ett uppehållsrum**
Jugendherberge	*ˇwandrarhem*	**ett vandrarhem**
Jugendherbergs-ausweis	*ˇwandrarhems'kot*	**ett vandrarhemskort**
Kochgelegenheit	*ˇma:tla:gnings'plats*	**en matlagningsplats**
leihen	*ˇlo:na*	**låna**
Schlafsack	*ˇso:vsäk*	**en sovsäck**
Stellplatz	*plats*	**en plats**
Studentenausweis	*ˇstʉdentkot*	**ett studentkort**
Waschräume	*ˇtwätrʉm*	**ett tvättrum**
Wohnmobil	*ˇhʉ:sbi:l*	**en husbil**
Wohnwagen	*ˇhʉ:svang*	**en husvagn**
Zelt	*tält*	**ett tält**

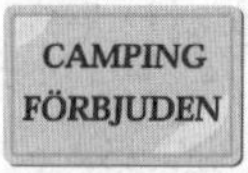

Zelten verboten!

■ Wann schließen Sie?
när 'stänger ni:
När stänger ni?

■ Dürfen wir hier zelten?
fo:r wi: ˇtälta här
Får vi tälta här?

■ Gibt es hier Stromanschluß?
fins de ˇe:lʉta:g här
Finns det eluttag här?

Zelt
tält
ett tält

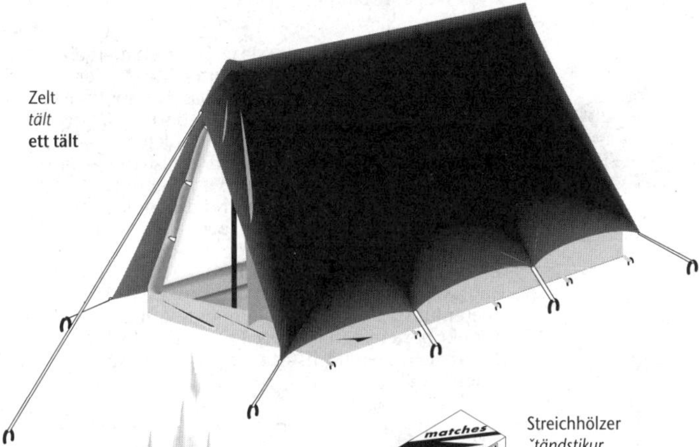

Streichhölzer
ˇtändstikur
tändstickor

Lagerfeuer
ˇlä:gereld
lägereld

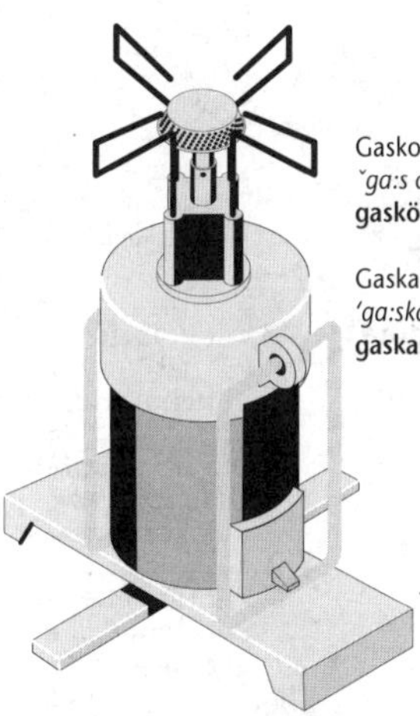

Gaskocher
ˇga:s chö:k
gaskök

Gaskartusche
'ga:skar`ʉsch
gaskartusch

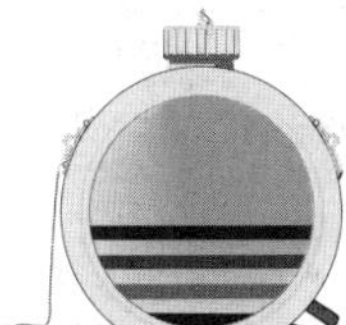

Wasserflasche
'waten`flaska
vattenflaska

Ferienhaus

Für die meisten Touristen ist der Aufenthalt in einem roten Ferienhäuschen (**stuga** - *ˇstʉga*) der Inbegriff eines Schwedenurlaubs. Das Angebot reicht von der kleinsten Kate ohne Strom und mit Wasser aus dem Brunnen bis zum komfortablen Haus mit modernster technischer Ausstattung. All diese Häuser sind sehr gepflegt, und die Vermieter erwarten, daß man sie genauso sauber und ordentlich verläßt, wie man sie vorgefunden hat. Bei technischen Mängeln oder sonstigen Problemen wendet man sich am besten an das Touristenbüro, bei dem man den Hausschlüssel abgeholt hat, oder an die vom Vermieter für solche Anlässe hinterlegte Adresse. In den dünner besiedelten Gebieten kann es jedoch erforderlich sein, den nächsten Nachbarn um Hilfe zu bitten.

Bad	*ˇba:drʉm*	**ett badrum**
Boot	*bo:t*	**en båt**
Bootssteg	*ˇbo:tbryga*	**en båtbrygga**
Elektriker	*el'ektriker*	**en elektriker**
Heizung	*wärme*	**en värme**
Kamin	*'öpen spi:s*	**en öppen spis**
Klempner	*ˇrö:rmukare*	**en rörmokare**
Küche	*chök*	**ett kök**
Plumpsklo	*ˇʉ:tedass*	**ett utedass**
Pumpe	*pʉmp*	**en pump**
Schalter	*ˇströ:mbrytare*	**en strömbrytare**
Sickergrube	*ˇkloa:kbrʉn*	**en kloakbrunn**
Stromausfall	*ˇströma:wbrot*	**ett strömavbrott**
Stromleitung	*ˇströmle:dning*	**en strömledning**
Wasserleitung	*ˇwatenle:dning*	**en vattenledning**

Probleme

■ Wir brauchen einen Klempner/Elektriker.
wi ˇbehö:wer en ˇrö:rmukare/en el'ektriker
Vi behöver en rörmokare/en elektriker.

■ Die Sickergrube ist voll.
ˇkloa:kbrʉnen är fʉl
Kloakbrunnen är full.

■ Die Heizung ist kaputt.
'wärmen ä 'sönder
Värmen är sönder.

■ Wir sind eingeschneit.
vi är ˇinsnö:ade
Vi är insnöade.

Essen und Trinken

Essen und Trinken

Die schwedische Küche reicht von deftiger Hausmannskost (**husmanskost** - *hʉ:smanskost*) mit reichlich Kartoffeln bis zu raffinierten Menüs mit Fischspezialitäten (**fisk** - *fisk*) und Meeresfrüchten (**skaldjur** - *ˇska:ljʉr*). Fleisch spielt im alltäglichen Speiseplan der Schweden keine so große Rolle wie in den deutschsprachigen Ländern, wird aber in Restaurants in allen Variationen angeboten. Als skandinavische Spezialität für den Reisenden besonders interessant sind die vielfältigen Wildgerichte, darunter Elch (**älg** -*älj*) und Rentier (**ren** - *re:n*).

Zum Frühstück (**frukost** - *ˇfrʉ:kost*) gibt es in den Hotels meist Brötchen mit Marmelade oder ein Frühstücksbüffet. Ansonsten beginnt man den Tag in Schweden mit Knäckebrot (**knäckebröd** - *ˇknäkebrö:d*) und Orangenmarmelade (**apelsinmarmlad** - *apel'si:nˇmarmla:d*). Den traditionellen salzigen Getreidebrei (**havregryn** - *ˇha:wregryn*), ähnlich unserer Hafergrütze, ersetzen heute vor allem in den Städten moderne Frühstücksprodukte. Cornflakes werden oft mit schwedischer Sauermilch (**filmjölk** - *ˇfi:lmjölk*) zubereitet.

Das Mittagessen (**lunch** - *lʉnsch*) besteht in Schweden nur aus einer Kleinigkeit. Meist ißt man einen Salat (**sallad** - *sa'sa:d*), ein **smörgås** (*'smörgo:s*), das ist ein üppig belegtes Brot, oder ein einfaches Gericht wie Hering mit Dillkartoffeln (**sill med dillpotatis** - *sil me 'dilˇputa:tis*), gebratene Fleischwurst (**stekt falukorv** - *ste:kt 'falˇˇkorw*) oder Hackfleischbällchen (**köttbullar** - *ˇchötbʉlar*). Die Hauptmahlzeit (**middag** - *ˇmida:g*) wird am frühen Abend (etwa 17 bis 18 Uhr) eingenommen, im Restaurant jedoch eher später. Zu Hause wird relativ selten Fleisch gegessen. Als preiswertere Variante gibt es oft Bockwürstchen, Fleischwurst, Frühstücksspeck oder Hackfleich.

Kaffee

Kaffee ist in Schweden sehr beliebt. Zu jeder Zeit und an jedem Ort findet man Schweden mit der Kaffeetasse in der Hand. Dazu wird gern ein schneckenartiges Hefegebäck (**vetebullar** - *ˇwe:tebʉlar*) gegessen. In den zahlreichen gemütlichen Cafés gibt es neben Torte (**tårta** - *ˇtorta*) vor allem Kleingebäck (**småkakor** - *ˇsmo:ka:kur*) und frische Waffeln (**våfflor** - *ˇwoflur*) mit Himbeeren (**hallon** - *ˇhalon*) oder Preiselbeeren (**lingon** - *ˇlingon*). Eine besondere Köstlichkeit sind **semlor** (*ˇsemlur*), mit Marzipan und Sahne gefüllte Hefeteilchen, die allerdings nur von Januar bis Ostern erhältlich sind. Im Preis für den Kaffee ist Nachschlag (**påtår** - *ˇpo:to:r*) enthalten, d. h. man bekommt alle weiteren Tassen kostenlos. Ein Schwede würde aber nie so unbescheiden sein, mehr als eine Tasse nachzunehmen.

Tischsitten

In Schweden legt man großen Wert auf Eßkultur und Einhaltung der entspechenden Formen. Vor allem verhält man sich leise, dezent, freundlich und tauscht unablässig Höflichkeitsformeln aus.

So sind auch die beiden großen kulinarischen Ereignisse in Schweden stark ritualisiert: das schwedische Büffet (**smörgåsbord** - *ˇsmörgosbod*) und das Krebsessen (**kräftkalas** - *ˇkräftkala:s*). Beim **Smörgåsbord** ißt man in vier Durchgängen - jeweils von einem neuen Teller. Man beginnt mit Fisch und Meeresfrüchten, ißt dann kalte Fleischgerichte, warme Speisen und zur Krönung das Dessert. Auch hierbei wird wieder Zurückhaltung geübt: Man nimmt kleine Portionen und drängelt sich nicht vor.

Das Krebsessen findet im Spätsommer zur Eröffnung der Krebssaison statt. Die Krebse werden ohne Beilage mit viel Dill serviert und mit den Händen gegessen. Die Besonderheit dieses Festessens: Man setzt dazu bunte Hütchen auf und betrinkt sich systematisch mit Aquavit. Reihum stimmt jeder Teilnehmer ein kurzes Trinklied (**snapsvisa** - *ˇsnapswi:sa*) an, nach dem sich alle zuprosten und ein Glas Schnaps leeren. Im Laufe des Abends werden dann die Umgangsformen immer ungezwungener.

Essen und Trinken

Abendessen	*'mida:g*	**en middag**
Besteck	*be'stik*	**ett bestick**
essen	*ˇä:ta*	**äta**
Eßlokal	*ˇma:tställe*	**ett matställe**
Flasche	*ˇflaska*	**en flaska**
Frühstück	*ˇfrʉ:kost*	**en frukost**
Glas	*gla:s*	**ett glas**
Imbißrestaurant	*ˇsnäckbar*	**en snack-bar**
Imbißbude	*ˇga:tʉchö:k*	**ett gatukök**
Kneipe	*kru:g*	**en krog**
Löffel	*sche:d*	**en sked**
Messer	*kni:v*	**en kniv**
Mittagessen	*lʉnsch*	**en lunch**
Pfefferstreuer	*'pepardu:sa*	**en peppardosa**
Restaurant	*restau'rang*	**en restaurang**
Salzstreuer	*saltka:r*	**ett saltkar**
Serviette	*ser'wet*	**en servett**
Speisekarte	*ˇma:tse:del*	**en matsedel**
Tasse	*kop*	**en kopp**
Teelöffel	*ˇte:sche:d*	**en tesked**
Teller	*ˇtalri:k*	**en tallrik**
trinken	*ˇdrika*	**dricka**

Wo und Wohin

■ Können Sie mir ein gutes Restaurant empfehlen?
kan du rekommen'de:ra ˇnogon bra: restau'rang
Kan du rekommendera någon bra restaurang?
kannst - du - empfehlen - irgendein - gutes - Restaurant

■ Ich möchte typisch schwedisch essen.
ja: 'önskar at 'ä:ta ˇnogot 'ty:pist swänskt
Jag önskar att äta något typiskt svenskt.
ich - wünsche - zu - essen - irgendetwas - typisch - Schwed.

■ Gibt es hier irgendwo eine Eßgelegenheit?
fins de ˇnogon ˇma:tställe i ˇnärhe:ten
Finns det någon matställe i närheten?

■ Ich bin hungrig.
ja: ä 'hʉngrig
Jag är hungrig.

■ Ich bin durstig.
ja: ä 'töschtig
Jag är törstig.

Im Restaurant

Essengehen ist in Schweden ein kostspieliges Vergnügen. Wohl nicht zuletzt deshalb treffen sich die Schweden zum Essen eher zu Hause. Wer sich die erstklassigen Restaurants (in denen man am besten einen Tisch vorbestellt) nicht leisten kann oder möchte, hat leider oft keine andere Wahl, als seinen Hunger in einem der zahlreichen Selbstbedienungsrestaurants zu stillen. Dort wird hauptsächlich Fastfood serviert, oft gibt es aber auch kleine warme Gerichte, wie Hackfleischbällchen mit Kartoffelpüree (**köttbullar med potatismos** - *ˇchötbʉlar me ˇpota:tismu:s*). In den meisten dieser Lokale muß man am Eingang eine Nummer ziehen und warten, bis sie aufgerufen wird. Eine gute Möglichkeit, zu zivilen Preisen schwedisch zu essen, sind die preiswerten Tagesgerichte (**dagens rätt** - *da:gens rät*), die viele Restaurants in der Mittagszeit anbieten.

Alle Restaurants haben eine Nichtraucherzone (**rökfri zon**), Kinderstühle und oft auch Spielecken für Kinder (in denen die Kinder meist die Schuhe ausziehen müssen) sowie Wickelgelegenheiten. Als Trinkgeld gibt man etwa 10 % des Rechnungsbetrages. Bedienung und Mehrwertsteuer sind im Preis inbegriffen.

■ Ich möchte für heute abend um *20 Uhr* einen Tisch für *vier* Personen reservieren lassen.
ja: 'skʉle 'wilja ˇreserve:ra et bod för ˇfy:ra pe'schu:ner til 'klokan 'ota i'kwäl
Jag skulle vilja reservera ett bord för *fyra* personer till *klockan åtta* ikväll.
ich - würde - wollen - reservieren - einen - Tisch - für - vier - Personen - zu - Uhr - acht - heute - abend

---

■ Ist noch ein Tisch für *zwei* Personen frei?
fins de et ˇle:dit bod för two: pe'schu:ner
Finns det ett ledigt bord för *två* personer?
gibt - es - einen - freien - Tisch - für - zwei - Personen

■ Ist dieser Platz noch frei?
ạ den här 'platsen ˇle:dig
Är den här platsen ledig?

■ Herr Ober! Fräulein!
ˇhu:wmästan! 'frö:ken!
Hovmästarn! Fröken!

■ Bringen Sie uns bitte die Speisekarte!
kan wi: fo: ˇma:tse:deln tak
Kan vi få matsedeln, tack?
können - wir - bekommen - die - Speisekarte - bitte

■ Was empfehlen Sie uns?
wa kan ˇhu:wmästaren/frö:ken rekomenˇde:ra
Vad kan hovmästaren/fröken rekommendera?
was - kann - der Ober/das Fräulein - empfehlen

■ Haben Sie *Elchbraten*?
ha: ni: ste:kt älj
Har ni *stekt älg*?

■ Ich hätte gern eine Portion *Reis*.
kan ja: fo: en po'schu:n ri:s
Kan jag få en portion *ris*.

Floskeln

■ Guten Appetit!
ˇsma:kli ˇmo:lti:d
Smaklig måltid!

■ Danke gleichfalls!
tak de'sama
Tack detsamma!

■ Zum Wohl!
sko:l
Skål!

◆ Hat es Ihnen geschmeckt?
ˇsma:kade de bra:
Smakade det bra?
Schmeckte das gut?

■ Ausgezeichnet!
ˇʉ:tmärkt
Utmärkt!

◆ Wünschen Sie sonst noch etwas?
'önska ni: ˇnogot til
Önskar ni något till?

■ Nichts mehr, danke!
'inget me:r tak
Inget mer, tack!

Es ist in Schweden üblich, getrennt zu bezahlen, wenn nicht ausdrücklich einer den anderen zum Essen eingeladen hat.

■ Können wir bitte zahlen?
fo:r wi: ˇbeta:la
Får vi betala?

■ Wir zahlen getrennt.
wi: ˇbeta:lar wafö'schej
Vi betalar var för sig.
wir - bezahlen - jeder - für - sich

■ Das ist für Sie.
de är til dej/e:r
Det är till dig/er.

Beanstandungen

Da Schweden stets darum bemüht sind, nicht aufzufallen, verzichten sie soweit irgend möglich auf Beanstandungen. Ein versalzenes oder kalt serviertes Essen zurückgehen zu lassen wird in Schweden als peinlich empfunden - es gilt als „unschwedisch" (**osvenskt** - *ˇu:swänskt*). Man trägt sein Schicksal mit Fassung, möglichst sogar mit einem Lächeln. Wer diesen Heroismus nicht aufbringt und sich doch lieber beschwert, sollte dies möglichst dezent tun - und natürlich mit freundlichem Lächeln!

■ Entschuldigung, das habe ich nicht bestellt.
fö'lo:t de här är ˇinte de ja: be'stälde
Förlåt, det här är inte det jag beställde.
Entschuldigung - das - hier - ist - nicht - das - ich - bestellte

■ Das scheint nicht zu stimmen.
de 'werkar ˇinte ˇstäma
Det verkar inte stämma.

Das Essen ist ...

Das Essen ist ...	*'ma:ten är för ...*	**maten är för ...**
zu fett	*fö fett*	**för fett**
zu kalt	*fö kalt*	**för kallt**
zu salzig	*fö salt*	**för salt**
zu sauer	*föschut*	**för surt**
zu scharf	*föschtakt*	**för starkt**
zu zäh	*fösche:gt*	**för segt**

Besteck
be'stik
ett bestick
Löffel
sche:d
en sked
Gabel
'gafel
gaffel
Messer
kni:v
en kniv
Serviette
ser'wet
en servett
Teller
ˇtalri:k
en tallrik
Tasse
kop
en kopp
Teelöffel
ˇte:sche:d
en tesked

Öl
'olja
olja
Essig
'ätika
ättika
Pfefferstreuer
'pepardu:sa
en peppardosa
Salzstreuer
saltka:r
ett saltkar
Glas
gla:s
ett glas

Die Speisekarte

Vorspeisen

förrätter	*ˇförräter*	Vorspeisen
gravad lax	*ˇgra:vad lax*	gebeizter Lachs
kallskuret	*ˇkalskʉ:ret*	„Kalte Platte" (Fleisch u. Wurst)
krabba	*ˇkraba*	Taschenkrebs
kräftor	*ˇkräftur*	Krebse
räkor	*ˇrä:kur*	Krabben
rökt ål	*rökt o:l*	Räucheraal
sallad	*sa'la:d*	Salat
sillbricka	*ˇsilbrika*	Teller mit unterschiedlich zubereiteten Heringen
skinka	*ˇschinka*	Schinken
smörgås	*ˇsmörgo:s*	belegtes Brot
sniglar	*ˇsni:glar*	Weinbergschnecken
västkustsallad	*ˇwästkʉstsala:d*	„Westküstensalat" mit Meeresfrüchten

Suppen

soppor	*ˇsopu:r*	Suppen
ärtsoppa	*ˇätsopa*	Erbsensuppe
fisksoppa	*fisksopa*	Fischsuppe
grönsakssoppa	*ˇgrö:nsa:ksopa*	Gemüsesuppe
hönssoppa	*ˇhönssopa*	Hühnersuppe
sparrissoppa	*'sparisˇsopa*	Spargelsuppe
svampsoppa	*ˇswampsopa*	Pilzsuppe

Fisch und Meeresfrüchte

fisk och skaldjur	*fisk o ˇska:ljʉr*	Fisch und Meeresfrüchte
abborre	*ˇaborre*	Rotbarsch
bläckfisk	*ˇbläkfisk*	Tintenfisch
blåmusslor	*ˇblo:mʉslur*	Miesmuscheln
fiskbullar	*ˇfiskbʉlar*	Fischklößchen
flodkräfta	*ˇflu:dkräfta*	Flußkrebs
gädda	*ˇjäda*	Hecht
gös	*jö:s*	Zander
havskatt	*ˇhawskat*	Seewolf
helgeflundra	*ˇheljeflʉndra*	Heilbutt
krabba	*ˇkraba*	Taschenkrebs
laxöring	*'laxö:ring*	Lachsforelle
löjrom	*'löjrom*	Maränenkaviar
lutfisk	*ˇlʉ:tfisk*	Stockfisch
piggvar	*ˇpigwar*	Steinbutt
pilgrimsmusslor	*'pilgrimsˇmʉslur*	Jakobsmuscheln
räkor	*ˇrä:kur*	Krabben, Garnelen
rödspätta	*ˇrö:dspäta*	Scholle
sill	*sil*	Hering
strömming	*'ströming*	Stint

Fleisch

kött	*chöt*	Fleisch
biff	*bif*	Steak oder Frikadelle
fläsk	*fläsk*	Schweinefl., Speck
får	*fo:r*	Hammel
kalv	*kalw*	Kalb
korv	*korw*	Wurst
köttbullar	*ˇchötbʉlar*	Fleischklößchen
köttfärs	*ˇchötfäsch*	Hackfleisch
oxstek	*ˇoxste:k*	Rindersteak
spädgris	*ˇspä:dgri:s*	Spanferkel

Wild und Geflügel

vilt och fågel	*wilt o 'fo:gel*	Wild und Geflügel
anka	*ˇanka*	Ente
gås	*go:s*	Gans
hare	*ˇha:re*	Hase
hjort	*jut*	Hirsch
höna	*ˇhö:na*	Huhn
kalkon	*kal'ku:n*	Pute
kyckling	*'chykling*	Hähnchen
rapphöna	*ˇraphö:na*	Rebhuhn
renstek	*ˇre:nste:k*	Rentierbraten
ripa	*ˇri:pa*	Schneehuhn
rådjur	*ˇro:jʉr*	Reh
tjäder	*'chä:der*	Auerhahn
vaktel	*'waktel*	Wachtel
älgsadel	*ˇäljsa:del*	Elchrücken
älgstek	*ˇäljste:k*	Elchbraten

Zubereitungsarten

bräckt	*bräkt*	gebraten
brässerad	*brä'se:rad*	geschmort
halstrad	*'halstrad*	gegrillt
helstekt	*ˇhe:lste:kt*	im Ganzen gebraten
strimlad	*'strimlad*	geschnetzelt
stekt	*ste:kt*	gebraten

Beilagen, Pilze, Gewürze

grönsaker	*ˇgrö:nsa:ker,*	Gemüse
svampar	*swampar*	Pilze
kryddor	*'krydur*	Gewürze
ärtor	*'ätur*	Erbsen
bönor	*'bö:nur*	Bohnen
brysselkål	*ˇbryselko:l*	Rosenkohl
gurka	*ˇgʉrka*	Gurke
kål	*ko:l*	Kohl
kanel	*ka'ne:l*	Zimt
kantareller	*kanta'reler*	Pfifferlinge
karljohansvamp	*kalˇju:hanswamp*	Steinpilz
lök	*lö:k*	Zwiebeln
makaroner	*maka'ru:ner*	Nudeln
morötter	*ˇmu:rötter*	Möhren
örter	*'öter*	Kräuter
pepparrot	*ˇpäparu:t*	Meerrettich

potatis	*ˇputa:tis*	Kartoffeln
- kokt	*ku:kt*	Salz-
- oskalad	*ˇu:ska:lad*	Pell-
- stekt	*ste:kt*	Brat-
potatismos	*ˇputa:tismu:s*	Kartoffelpüree
purjolök	*ˇpʉrjolö:k*	Porree
ris	*ri:s*	Reis
sparris	*'sparis*	Spargel
vitlök	*ˇwi:tlö:k*	Knoblauch

Nachspeisen und Kuchen

dessert	*de'se:r*	Nachspeisen
kakor	*ˇka:kur*	Kuchen
björnbär	*'bjönbär*	Brombeeren
fikon	*'fi:kon*	Feige
glass	*glas*	Eis
grädde	*'gräde*	Sahne
hallon	*ˇhalon*	Himbeeren
hjortron	*ˇjutron*	Moltebeeren
jordgubbar	*ˇjudgʉbar*	Erdbeeren
lingon	*ˇlingon*	Preiselbeeren
nyponsoppa	*ˇnyponsopa*	Hagebuttensuppe
ostkaka	*ˇustka:ka*	Käsekuchen
småkakor	*ˇsmo:ka:kur*	Gebäck
våfflor	*'woflur*	Waffeln

Spezialitäten

Die in Deutschland wohl bekannteste schwedische Spezialität ist das **Smörgåsbord** (*ˇsmörgosbod*), das große Büffet mit bis zu 40 kalten und warmen Speisen, das man bereits auf der Fähre genießen kann.

Kleinere, typisch schwedische Gerichte sind das „Ochsenauge" (**oxöga** - *ˇoxö:ga*) (Anchovis, rote Beete und Zwiebeln, verziert mit einem rohen Eigelb), „Janssons Versuchung" (**Janssons frestelse** - *'jansons 'frestelse*) (ein Kartoffelauflauf mit Anchovis, Zwiebeln und Sahne) und **„Pyttipanna"** (*ˇpytipana*) (gemeinsam in der Pfanne angebratene Fleisch-, Wurst- und Kartoffelwürfel mit Spiegelei oder rohem Eigelb). Eine der originellsten schwedischen Spezialitäten ist der **„Surströmming"** (*ˇsʉ:rströming*) - ein leicht angegorener und dementsprechend riechender Fisch aus der Konservendose.

Wer gern frischen Fisch mag, wird in Schweden ganz sicher auf seine Kosten kommen. Das Angebot an Fischen (**fisk** - *fisk*) und Meeresfrüchten (**skaldjur** - *ˇska:ljʉ:r*) ist besonders vielfältig. Frühaufsteher können in einigen Orten morgens am Hafen oder auf speziellen Fischmärkten fangfrische Ware kaufen und sich gleichzeitig einen romantischen Sonnenaufgang gönnen - die Fischer kehren gegen fünf Uhr morgens vom Fang zurück. Ansonsten kauft man Fisch am besten in der Markthalle (**saluhall** - *ˇsa:lʉhal*). In Göteborg gibt es eine spezielle Fischmarkthalle (**feskekörkan** - *'feskeˇchörkan*).

Trotz des reichen heimischen Angebots sind Fisch und Meeresfrüchte leider in Schweden keineswegs besonders preiswert. So verwendet man z. B. für das traditionelle Krebsessen (**kräftkalas** -*'kräftˇkala:s*) zur Eröffnung der schwedischen Fangsaison oft Krebse aus Mittelmeerländern, weil sie nur etwa halb so teuer sind wie einheimische. Zubereitet werden Fisch und Meeresfrüchte auf die unterschiedlichsten Arten, meist mit reichlich Dill. Auch Kartoffeln ißt man in Schweden mit Dill oder Dillsauce.

Hering (**sill** - *sil*) wird in unzähligen Varianten eingelegt, z. B. mildsäuerlich als **kryddsill** (*ˇkrydsil*). Auch Lachs (**lax** - *lax*) - für viele die skandinavische Delikatesse schlechthin - wird abwechslungsreich zubereitet. Vor allem ißt man ihn als Vorspeise oder auf dem **smörgås** in Form von Räucherlachs (**rökt lax** - *rö:kt lax*). **Gravad lax** (*ˇgra:wad lax*) ist ein beliebtes Gericht bei Familienfeiern. Der Fisch wird mit Marinade bestrichen und mit Dill bestreut, eingewickelt und zwischen zwei Bretter gelegt. Das obere Brett wird (traditionell mit dicken Feldsteinen) beschwert. So läßt man den Lachs mehrere Tage ziehen. Heute stammt ein Großteil der Fische aus Lachsfarmen. Nur so kann er zu einigermaßen erschwinglichen Preisen angeboten werden. Vor etwa hundert Jahren war Lachs in Schweden noch ein Arme-Leute-Essen. So hat zum Beispiel das Hauspersonal hart dafür gekämpft, wenigstens an einem Tag pro Woche keinen Lachs essen zu müssen.

Wenn auch Sie nicht ständig Fisch essen möchten, probieren Sie doch ein typisch schwedisches Wildgericht. Die Natur des Nordens beherbergt nicht nur Elch (**älg** - *älj*) und Rentier (**rendjur** - *ˇre:njʉ:r*), sondern auch Schneehuhn (***ripa*** - *ˇri:pa*), Rebhuhn (**rapphöna** - *ˇraphö:na)* und Auerhahn (**tjäder** - *'chä:der*).

Trinken in Schweden - ein Kapitel für sich

Da Alkoholismus in Schweden jahrhundertelang ein großes Problem war, versucht der Staat den Alkoholkonsum weitgehend einzuschränken, hauptsächlich durch hohe Besteuerung. Darüber hinaus ist der Ausschank von Alkohol ziemlich streng reglementiert. In Selbstbedienungsrestaurants u. ä. erhält man nur Leichtbier (**lättöl** - *'lätö:l*) mit 1,8 % bzw. Volksbier (**folköl** - *ˇfolkö:l*) mit 2,8 % Alkohol. „Richtiges" Bier (mit mehr als 3,6 % Alkohol) heißt in Schweden **starköl** (*ˇstarkö:l*) oder **exportöl** (*ˇexpotö:l*) und wird, wie Wein, nur in Lokalen mit entsprechender Lizenz ausgeschenkt, manchmal nur in Verbindung mit einer warmen Mahlzeit (zu der fast überall auch Milch angeboten wird). Spirituosen gibt es nur in Lokalen mit vollem Schankrecht, die man an einem Schild mit der Aufschrift **„Fullständiga rättigheter"** (*ˇfulständiga ˇrätihe:ter*) erkennt.

SYSTEMBOLAGET

Bis auf **lättöl** und **folköl** kann man alle abgefüllten alkoholischen Getränke nur in den staatlichen Alkoholläden (**systembolaget** - *sys'te:m ˇbula:get*) kaufen, die sonnabends und sonntags geschlossen sind. Der Kunde muß mindestens 20 Jahre alt sein und sich bei Aufforderung ausweisen. Junge Erwachsene unter 24 Jahren müssen auch unaufgefordert an der Kasse ihren Ausweis zeigen.

Typisch schwedische alkoholische Getränke sind der berühmte Absolut Vodka und der Aquavit. Es gibt auch in Schweden hergestellten Sekt, der süß und moussierend ist. Kennenlernen kann man die schwedische Sektherstellung im Barockschloß Christinehof bei Åhus in Skåne.

Wein und Sekt sind übrigens in Schweden inzwischen fast unerschwinglich, vor allem in guter Qualität. Wein kostet im Geschäft im Vergleich zu Deutschland etwa das Vier- bis Fünffache. Nur in gehobenen Restaurants gibt es eine etwas breitere Weinauswahl. Meist besteht das Angebot aus **rött vin** und **vitt vin**. Herkunft, Marke, Lage usw. sind selten auf der Karte angegeben.

Alkoholische Getränke

champagne	*scham'panje*	Sekt
glögg	*glög*	Glühwein
öl	*ö:l*	Bier
lättöl	*'lätö:l*	Leichtbier (1,8 %)
folköl	*ˇfolkö:l*	Volksbier (2,8 %)
exportöl	*ˇexpotö:l*	Exportbier (über 3,6 %)
snaps	*snaps*	klarer Schnaps, meist Aquavit
vin (vitt, rosé, rött)	*wi:n (wit, ro'se:, röt)*	Wein (weiß, rosé, rot)

Alkoholfreie Getränke

juice	*ju:s*	Fruchtsaft
kaffe	*'kafe*	Kaffee
läskedryck	*'läske`dryk*	Erfrischungsgetränk, Limonade
mineralvatten	*ˇminera:lvaten*	Mineralwasser
mjölk	*mjölk*	Milch
te	*te:*	Tee
varm choklad	*warm schok'la:d*	heiße Schokolade

Erledigungen

Geldwechsel

Landeswährung ist die Schwedische Krone. 1 Krone (**krona** - *ˇkru:na*), abgekürzt **kr**, hat 100 Öre (*'ö:re*). Es gibt Scheine zu 10, 20, 50, 100, 500 und 1000 Kronen. Als Münzen 10 kronor, 5 kronor, 1 krona sowie 50, 25, 10 und 5 öre. Geld wechseln können Sie bei Banken, in Wechselstuben und z. T. bei der Post. Die Banken haben täglich (außer samstags und sonntags) von 9.30 bis 15.00 Uhr geöffnet, in größeren Städten bis 17.00 Uhr. Am Tag vor einem Feiertag schließen die Banken bereits um 13.00 Uhr.

Euroschecks sind nur zum Geldumtausch bei Banken zu verwenden, nicht als Zahlungsmittel. Der Höchstbetrag für Eurocheques liegt bei ca. 400 DM. Völlig problemlos ist das Zahlen mit Kreditkarten. Am Geldautomaten, dem **Bankomat**, kann man Geld mit er ec-Karte und mit einigen Kreditkarten abheben.

Zum Postsparbuch siehe weiter unten im Kapitel „Im Postamt".

■ Kann ich hier Geld wechseln?
kan ja: 'wäxla 'pengar här
Kan jag växla pengar här?

■ Ich möchte diesen Scheck einlösen.
ja: 'skʉle 'wilja ˇlö:sa in den här 'schäken
Jag skulle vilja lösa in den här checken.
ich - würde - wollen - lösen - ein - diesen - hier - Scheck

■ Wieviele Kronen bekomme ich für *100* DM?
hʉr ˇmonga ˇkru:nur fo:r ja för 'hʉndra mark
Hur många kronor får jag för *hundra* mark?

◆ Der aktuelle Kurs ist ...
den ˇaktʉela ˇwäxelkʉschen är ...
Den aktuella växelkursen är ...

◆ Darf ich Ihren Ausweis sehen?
kan ja fo: se: legitima'schu:nen
Kan jag få se legitimationen?

■ Können Sie mir bitte große Scheine geben?
kan ja: fo: ˇstu:ra ˇse:dlar
Kan jag få stora sedlar?
kann - ich - bekommen - große - Scheine

Das wird in der Realität selten vorkommen. Zwar steigt die Kriminalität auch in Schweden ständig, aber grundsätzlich wird Ehrlichkeit nach wie vor sehr groß geschrieben

■ Entschuldigung, ich glaube, das stimmt nicht.
för'lo:t ja: tru:r ˇinte de 'stämer
Förlåt, jag tror inte det stämmer.

■ Können Sie mir auch etwas Kleingeld geben?
kan ja fo: ˇli:te 'wäxel ˇokso:
Kan jag få litet växel också?
kann - ich - bekommen - etwas - Kleingeld - auch

■ Können Sie mir bitte einen Beleg geben?
kan ja fo: 'kwittu
Kan jag få kvitto?
kann - ich - bekommen - Quittung

Es gibt Scheine zu 10, 20, 50, 100, 500 und 1000 Kronen.

Rund um's Geld

abheben	*ta: 'ʉ:t*	**ta ut**
Bank	*bank*	**en bank**
bar	*kon'tant*	**kontant**
Betrag	*be'lop*	**ett belopp**
Deutsche Mark	*'tyska mark*	**tyska mark**
einlösen	*ˇinlö:sa*	**inlösa**
einzahlen	*'säta 'in*	**sätta in**
Formular	*blan'ket*	**en blankett**
Geld	*'pengar*	**pengar**
Geldautomat	*ˇʉ:tta:gsautu'ma:t*	**en uttagsautomat/ bankomat**
Geldschein	*ˇse:del*	**en sedel**
Geldumtausch	*wa'lʉ:ta'wäxling*	**en valutaväxling**
Hunderter	*ˇhʉndralapp*	**en hundralapp**
hoch/niedrig	*hö:g/lo:g*	**hög/låg**
Inflation	*infla'schu:n*	**en inflation**
Kleingeld	*'wäxel*	**en växel**
Kreditkarte	*ˇkredi:tkot*	**ett kreditkort**
Münze	*slant*	**en slant**
Postsparbuch	*ˇpostspa:rbanks'buk*	**en postsparbanksbok**
Quittung	*'kwitu*	**ett kvitto**
Reisescheck	*ˇre:sschäk*	**en resecheck**
Scheck	*schäk*	**en check**
Schilling	*'schiling*	**schilling**
Schweizer Franken	*'schwejtser frang*	**schweizer franc**
unterschreiben	*ʉnderˇtekna*	**underteckna**
Unterschrift	*ˇʉndeschkrift*	**en underskrift**
Währung	*wa'lʉ:ta*	**en valuta**
Wechselkurs	*ˇwäxlingskʉsch*	**en växlingskurs**
wechseln	*'wäxla*	**växla**
zahlen	*ˇbeta:la*	**betala**

Telefonieren

Wenn Sie in Schweden telefonieren möchten, gehen Sie nicht zur Post, sondern zum Fernsprechunternehmen **telia** - *ˇte:lia* , wo man auch Telegramme und Fernschreiben aufgeben sowie Telefonkarten kaufen kann. Telefonkarten (**telefonkort**) gibt es auch in Zeitungs- und Tabakläden.

Für die Telefonzelle (**telefonautomat** - *tele'fu:nˇautma:t*) brauchen Sie mindestens 2 Kronen, meist jedoch eine Karte. Ferngespräche kann man nur aus Zellen mit der Aufschrift **„Riks"** (*ri:ks*) führen. Die Vorwahl in die Bundesrepublik ist 009 49, in die Schweiz 009 41 und nach Österreich 009 43. Man wartet nach der Ländervorwahl den Signalton ab und läßt dann bei der Ortsnetzkennzahl die 0 weg. In alten Telefonzellen wird das Gespräch jedesmal kurz unterbrochen, wenn das Geld durchfällt. Eine Sprechminute innerhalb Europas kostet ca. 7 Kronen.

Die Schweden melden sich am Telefon nicht immer mit dem Namen, sondern manchmal auch mit der Nummer.

R-Gespräche

Seit einiger Zeit bietet „Country Direct" die Möglichkeit, Gespräche nach Deutschland zu führen, für die der Empfänger die Gebühren zahlt. Sie wählen einfach ohne Landesvorwahl die Nummer 020-799049 und lassen sich von einer deutschsprachigen Telefonistin mit Ihrem Gesprächspartner verbinden. Der Anrufer zahlt für das Gespräch nur eine Gebühreneinheit.

Bedienungsanleitung Telefonzelle

- Hörer abnehmen und auf Signal warten. Wenn auf dem Display „–" erscheint, können nur kostenlose Gespräche (z. B. Notarzt u. ä.) geführt werden.
- Münzen einwerfen, bis der Pfeil zu blinken aufhört.
- Nummer wählen. Wenn während des Gesprächs der Pfeil blinkt und Sie ein dreimaliges Tonsignal hören, wird das Gespräch innerhalb von 10 Sekunden abgebrochen, falls Sie kein Geld nachwerfen.
- Wenn beim Gesprächsende nicht das gesamte Geld verbraucht ist, können Sie für den Rest noch einmal telefonieren. Dazu müssen Sie den Knopf unter dem Hörer drücken, ohne aufzulegen. Sobald das Signal ertönt, können Sie neu wählen.
- Nach beendetem Gespräch Hörer auflegen und Restgeld entnehmen.
- Die Lautstärke des Hörers ist per Knopfdruck regulierbar. Nach oben gerichteter Pfeil = lauter, nach unten gerichteter = leiser.

Telefonieren

anrufen	*ˇringa*	**ringa**
auflegen	*'läga po:*	**lägga på**
besetzt	*ˇʉpta:get*	**upptaget**
falsch verbunden	*fe:l 'nʉmer*	**fel nummer**
Ferngespräch	*'ri:ksˇsamta:l*	**ett rikssamtal**
„Gelben Seiten"	*'gʉ:la 'si:durna*	**gula sidorna**
Hörer	*lʉ:r*	**en lur**
Ortsgespräch	*lo'ka:lˇsamta:l*	**ett lokalsamtal**
R-Gespräch	*ˇbe:a:ˇsamta:l*	**ett ba-samtal**
Telefon	*te:le'fo:n*	**ett telefon**
Telefonauskunft	*infoma'schun*	**en information**
Telefonbuch	*te:le'fo:nkata'lo:g*	**en telefonkatalog**
Telefongespräch	*te:lef'o:nˇsamta:l*	**ett telefonsamtal**
telefonieren	*'ringa*	**ringa**
Telefonkabine	*te:le'fo:n'hyt*	**en telefonhytt**
Telefonnummer	*t:ele'fo:n'nʉmer*	**ett telefonnummer**
Telefonzelle	*te:le'fo:nauto'ma:t*	**en telefonautomat**
Vorwahl	*'riktnʉmer*	**ett riktnummer**
wählen	*slo:*	**slå**

Telefonkarte
te:le'fo:nˋkot
telefonkort

■ Wo ist die nächste Telefonzelle?
wa:r fins 'närmaste tele'fonˇautoma:t
Var finns närmaste telefonautomat?

■ Darf ich Ihr Telefon benutzen?
kan ja: fo: ˇlo:na tele'fo:n
Kan jag få låna telefon?
kann - ich - dürfen - leihen - Telefon

■ Haben Sie ein Telefonbuch?
ha: ni tele'fonkata'lo:g
Har ni telefonkatalog?

■ Ich brauche die „Gelben Seiten".
ja: ˇbehö:wer dom 'gʉ:la 'si:durna
Jag behöver de gula sidorna.

■ Wo ist die Telefonzentrale?
wa:r finns 'te:lewerket
Var finns televerket?

■ Ich möchte nach *Deutschland* telefonieren.
ja: 'skʉle 'wilja ˇringa til 'tyskland
Jag skulle vilja ringa till *Tyskland*.
ich - würde - wollen - telefonieren - nach - Deutschland

■ Kann ich nach ... direkt durchwählen?
kan ja: slo: di'rekt til ...
Kan jag slå direkt till ...

Am Apparat

■ Hier ist ... Kann ich bitte Anders sprechen?
de är ... kan ja: fo: ˇta:la me Andesch
Det är ... Kan jag få tala med Anders?

◆ Einen Augenblick bitte.
'wänta ˇli:te/'dröj ˇli:te
Vänta litet/Dröj litet
warte - etwas

◆ Er ist nicht zu Hause.
han är ˇinte ˇhema
Han är inte hemma.

◆ Kann ich etwas ausrichten?
kan ja: 'hälsa 'honom 'no:got
Kan jag hälsa honom något?
kann - ich - ausrichten - ihm - etwas

■ Würdest du ihm bestellen, daß ich angerufen habe?
kan du ˇsäja at ja: ha:r ringt
Kan du säga att jag har ringt?
kannst - du - sagen - daß - ich - habe - angerufen

■ Ich versuche es später noch einmal.
ja: ska fö'schö:ka i'jen
Jag ska försöka igen.
ich - werde - versuchen - wieder

Vermitteltes Gespräch

In entlegenen Gegenden müssen Sie eventuell für Ferngespräche die Hilfe der Telefonvermittlung (**telefonist** - *telefo'nist*) in Anspruch nehmen. Sie ist unter der Nummer 000 zu erreichen.

◆ Vermittlung. Welchen Anschluß wünschen Sie?
ˇsamta:lsbestälningen. wart 'önskar du 'koma
Samtalsbeställningen. Vart önskar du komma?
Vermittlung - wohin - wünschst - du - kommen

■ Nummer ...
til ...
Till ...
nach ...

Auf diese Frage nennt man die eigene Nummer:

◆ Von welchem Anschluß rufen Sie an?
o ˇwa:rifro:n
Och varifrån?
und - woher

◆ Das Gespräch kommt bald.
ˇsamta:let 'komer strax
Samtalet kommer strax.

Im Postamt

Die Postämter (**postkontor**) haben werktags von 9 bis 18 Uhr und samstags von 9 bis 12 Uhr geöffnet, auf dem Lande seltener.

Briefmarken bekommt man oft auch am Kiosk oder im Postkartenladen. Nicht bei allen Postämtern kann man Geld wechseln, aber fast überall etwas vom Postsparbuch abheben (bis zu 2000 DM innerhalb von 30 Tagen, pro Tag nicht mehr als 1000 DM).

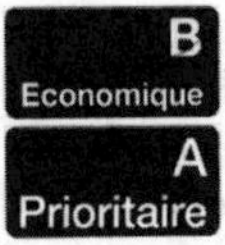

Das Porto ist unterschiedlich für Sendungen innerhalb Skandinaviens, innerhalb Europas und außerhalb Europas. Es gibt eine besonders preiswerte Beförderungsart „B-économique“ (grüner Aufkleber), die auch besonders langsam ist. Schneller geht es mit der teureren Variante „A-prioritaire“ (blauer Aufkleber). Mit dem blauen Aufkleber erreicht ein Brief innerhalb Schwedens auf jeden Fall am nächsten Werktag den Empfänger, in zwei bis drei Tagen kommt er in Deutschland an.

In Schweden sind Postamt (**postkontor**) und „Telekom“ (**telia**) getrennt. Telegramme werden bei **telia** oder von der **telegrafstation** (*tele'gra:fsta'schu:n*) aufgegeben.

Post

abheben	*ta: 'ʉ:t*	**ta ut**
absenden	*'schicka*	**skicka**
Absender	*ˇa:wsändare*	**en avsändare**
Adresse	*a'dress*	**en adress**
Ansichtskarte	*ˇwy:kut*	**ett vykort**
Bestimmungsort	*ˇbestämelse'ut*	**en bestämmelseort**
Brief	*bre:w*	**ett brev**
Briefmarke	*ˇfri:märke*	**ett frimärke**
Briefträger	*ˇbre:wbärare*	**en brevbärare**
Briefumschlag	*kʉ'wär*	**ett kuvert**
Eilbrief	*exˇpressbre:w*	**ett expressbrev**
Einschreiben	*rekomen'de:rat bre:w*	**ett rekommenderat brev**
einzahlen	*'säta 'in*	**sätta in**
Empfänger	*ˇmu:tta:agare*	**en mottagare**
frankieren	*fran'ke:ra*	**frankera**
Gewicht	*wikt*	**en vikt**
mit Luftpost	*per ˇfly:gpost*	**per flygpost**
Päckchen	*ˇsmo:pa'ke:t*	**ett småpaket**
Paket	*pa'ke:t*	**ett paket**
Porto	*'porto*	**ett porto**
Postamt	*ˇpostkon'tu:r*	**ett postkontor**
Postkarte	*kut*	**ett kort**
postlagernd	*'post re'stant*	**poste restante**

■ Wo gibt es ein Postamt?
wa:r fins et ˇpostkontu:r
Var finns ett postkontor?

Es gibt bei den Gebühren keinen Unterschied zwischen Brief und Karte.

■ Was kostet dieser Brief nach *Deutschland*?
wa 'kostar de här 'bre:wet til 'tyskland
Vad kostar det här brevet till *Tyskland*?

■ Per Luftpost, bitte.
me 'fly:gpost, tak
Med flygpost, tack.

■ Was kostet ein Paket von *10* Kilo in die *Schweiz*?
wa 'kostar et pa'ket po tie 'chilo til schwejz
Vad kostar ett paket på *tio* kilo till *Schweiz*?

Briefmarken

■ *10* Briefmarken für Postkarten nach *Österreich*.
tie 'fri:märken för kut til 'öste`ri:ke
***Tio* frimärken för kort till *Österrike*.**

■ Ich sammle Briefmarken.
ja: 'samlar po ˇfrimärken
Jag sammlar på frimärken.

■ Haben Sie auch Sondermarken?
ha: ni jubi le:u msfri:märken 'okso
Har ni jubileumsfrimärken också?

■ Diesen Briefmarkensatz, bitte.
den här ˇfri:märksatsen, tak
Den här frimärkssatsen, tack.

Telegramm

■ Wo ist das nächste Telegrafenamt?
wa:r fins 'närmaste te:le'gra:fsta'schu:n
Var finns närmaste telegrafstation?

■ Was kostet ein Telegramm nach *Deutschland* pro Wort?
wa 'kostar et te:le'gram til 'tyskland per u:d
Vad kostar ett telegram till *Tyskland* per ord?

■ Wann kommt das Telegramm in ... an?
när är te:le'gramet i ...
När är telegrammet i ...?
wann - ist - das - Telegramm - in ...

Postsparbuch

Siehe dazu auch weiter oben das Kapitel „Geldwechsel".

■ Kann ich hier Geld vom Postsparbuch abheben?
kan ja: ta: ʉ:t 'pengar fro:n ˇpostspa:rbanks`buken här
Kan jag ta ut pengar från postsparbanksboken här?
kann - ich - nehmen - heraus - Geld - vom Postsparbuch - hier

■ Können Sie mir bitte helfen, das Formular auszufüllen?
kan dˇ 'jälpa mej me at 'fyla 'i: blan'keten
Kan du hjälpa mig med att fylla i blanketten?
kannst - du - helfen - mir - mit - zu - füllen - aus - das - F.

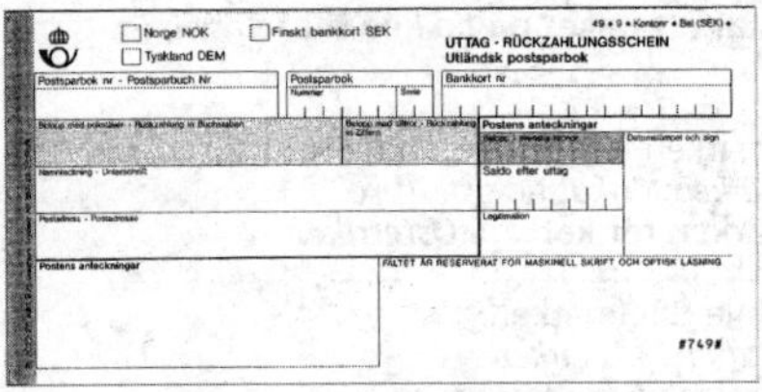
Norge NOK
Tyskland DEM
Finskt bankkort SEK
49 • 9 • Kontor • Bel (SEK) •
UTTAG - RÜCKZAHLUNGSSCHEIN
Utländsk postsparbok
Postsparbok nr - Postsparbuch Nr
Postsparbok
Bankkort nr
Postens anteckningar
Saldo efter uttag
Legitimation
Postens anteckningar
FÄLTET ÄR RESERVERAT FÖR MASKINELL SKRIFT OCH OPTISK LÄSNING
#749#

Zusammen mit Rückzahlungsschein und Postsparbuch sind die zugehörige Ausweiskarte und Reisepaß oder Personalausweis vorzulegen.

Postlagernde Sendungen

Wenn man postlagernd schreibt, beschriftet man den Umschlag mit dem Namen des Empfängers, dem Zusatz **poste restante**, der Bezeichnung des Postamtes - bei kleinen Orten einfach **postkontor**, bei Städten entweder Hauptpostamt (**centralpostkontor**) oder die Nummer des gewünschten Postamtes - sowie mit Ort und Postleitzahl.

■ Entschuldigung, sind Briefe für mich da?
fö'lo:t ha: de 'komit 'no:got bre:w
Förlåt, har det kommit något brev?

■ Mein Name ist ...
mit nam är ...
Mitt namn är ...

◆ Ja, für Sie ist ein Brief hier.
ja: de fins et bre:w o:t dej
Ja, det finns ett brev åt dig.
ja - es - gibt - einen - Brief - für - dich

◆ Zeigen Sie mir bitte Ihren Ausweis.
kan ja: fo: ˇtita po: 'paset
Kan jag få titta på passet?
kann - ich - dürfen - sehen - auf - den - Ausweis

Beim Optiker

Sonnenbrille
su:lgla:s'ögon
solglasögon

Wenn Sie in Schweden neue Brillengläser brauchen und nicht sicher sind, welche Sehstärke Sie haben, können Sie beim Optiker umsonst einen einfachen Sehtest (**enkelt test** - *'enkelt test*) machen oder die Augen für ca. 150,– Kronen gründlich untersuchen lassen (**grundlig undersökning** - *ˇgrʉndlig ˇʉndeschö:kning*). Es gibt zwei Arten von Entspiegelungen (**antireflexbehandling** - *'antire'flexbeˇhandling*): eine einfache (**enkel**, ca. 150 kr) und eine starke (**exklusiv**, ca. 300 kr).

Aufbewahrungslösung	*ˇförwa:ringsvätska*	**en förvaringsvätska**
Entspiegelung	*antireflexbehandling*	**antireflexbehandling**
getönte Gläser	*ˇtu:nade gla:s*	**tonade glas**
Kontaktlinsen	*ˇkontaktlinser*	**kontaktlinser**
kurzsichtig	*ˇnä:schy:nt*	**närsynt**
Reinigungslösung	*ˇre:njöringswätska*	**en rengöringsvätska**
scharf	*skarp*	**skarp**
unscharf	*ˇu:skarp*	**oskarp**
weitsichtig	*ˇlo:ngsy:nt*	**långsynt**

■ Meine Brille ist kaputt.
'mi:na ˇgla:sö:gon ä 'sönder
Mina glasögon är sönder.

■ Können Sie das Gestell reparieren?
kan dʉ ˇla:ga 'bo:garna
Kan du laga bågarna?
kannst - du - reparieren - das - Gestell

■ Ich brauche neue Gläser.
ja: ˇbehö:wer nya gla:s
Jag behöver nya glas.

■ Ich weiß nicht genau, wieviel Dioptrien ich habe.
ja: är ˇinte 'säker hʉr 'monga diop'trier ja: ha:r
Jag är inte säker hur många dioptrier jag har.

■ Kann ich bei Ihnen eine Sehtest machen?
kan man ˇjöra ˇsy:nʉndeschö:kning här
Kan man göra synundersökning här?
kann - man - machen - Sehtest - hier

■ Wann kann ich die Brille abholen?
när kan ja: fo: ˇtilba:ka ˇgla:sögonen
När kan jag få tillbaka glasögonen?
wann - kann - ich - bekommen - zurück - die - Brille

Beim Friseur

Friseure sind in Schweden sehr gut und nicht teurer als in Deutschland. Außer bei „Drop-in"-Friseuren muß man immer einen Termin vereinbaren. Trinkgeld ist nicht üblich.

Bart	*schäg*	**ett skägg**
Dauerwelle	*perma'nent*	**en permanent**
färben	*ˇfärja*	**färga**
fönen	*ˇtoka*	**torka**
Frisur	*fri'sy:r*	**en frisyr**
Haar	*ho:r*	**ett hår**
Koteletten	*poli'songer*	**polisonger**
Pony	*lʉg*	**en lugg**
rasieren	*ˇra:ka*	**raka**
Scheitel	*ˇbe:na*	**en bena**
schneiden	*'klipa*	**klippa**
Schnurrbart	*mʉ'sta:sch*	**en mustasch**
tönen	*ˇtu:na*	**tona**
waschen	*'twäta*	**tvätta**

■ Wo gibt es hier einen Friseur?
wa:r fins en fris'ö:r i ˇnärhe:ten
Var finns en frisör i närheten?
wo - gibt - es - einen - Friseur - in - der - Nähe

■ Muß ich lange warten?
'moste ja: 'wänta 'länge
Måste jag vänta länge?

■ Was kostet eine Dauerwelle?
wa 'kostar en perma'nent
Vad kostar en permanent?

■ Stutzen Sie mir bitte den Bart (Schnurrbart).
'pʉtsa 'schäget (mʉ'sta:schen) ˇli:te gran
Putsa skägget (mustaschen) lite grand.

■ Nur die Spitzen, bitte!
ˇba:ra 'toparna, tak
Bara topparna, tack!

■ So ist es gut, danke.
so: ä de bra:, tak
Så är det bra, tack.

■ Hier bitte noch etwas kürzer.
ˇlite ˇkotare här tak
Litet kortare här, tack.

11 MAR 15 FEB
BÄST FÖRE FÖRP.DAG
10 MAR 14 FEB
BÄST FÖRE FÖRP.DAG
Sagolika
Sagolika
NYPON SOPPA
BLÅBÄRS SOPPA

Einkaufen

Einkaufen

Das Angebot an Geschäften wirkt insgesamt etwas monoton, da es von einigen großen Supermarkt- und Warenhausketten dominiert wird, die in ganz Schweden vertreten sind. Aufgrund des weltweit renommierten schwedischen Designs sind Glas und Keramik, Stoffe und Teppiche, Kunsthandwerk aus Holz und Stahl sowie Antiquitäten die bei Touristen beliebtesten Waren.

Das Preisniveau ist in Schweden recht hoch. Im Sommer gibt es jedoch in vielen Geschäften einen Ausverkauf mit erheblichen Preisnachlässen. Diese Läden erkennt man an großen Hinweisschildern im Schaufenster mit der Aufschrift: **Rea** (*ˇre:a*). In Schweden gibt es keine Preisbindung für Bücher, und auch in Buchhandlungen wird ein **Rea** durchgeführt. Diese Möglichkeit sollte man auf jeden Fall nutzen, wenn man Bücher kaufen möchte, da sie normalerweise außerordentlich teuer sind.

Taxfree

Eine weitere Möglichkeit, etwas günstiger einzukaufen, ist der Taxfree-Service, den viele Geschäfte bei Käufen von mindestens 200 Kronen anbieten. Dabei haben Reisende aus dem Ausland die Möglichkeit, sich die im Preis enthaltene Mehrwertsteuer (**moms**) in Höhe von 19 % bei der Ausreise an der Grenze zurückerstatten zu lassen. Dazu muß das Produkt bis zur Ausreise versiegelt bleiben.

Öffnungszeiten

Mo-Fr 09.30 bis 18.00 Uhr, Sa 10.00 bis 13.00 Uhr, So 12.00 bis 16.00 Uhr. Die Ladenschlußzeiten sind in Schweden nicht so streng geregelt wie in Deutschland. Einige Geschäfte sind z. B. in der Woche bis 21 Uhr göffnet, einige sonntags.

■ Gibt es in der Nähe ein Kaufhaus?
fins de et ˇwa:rʉhʉ:s i ˇnärhe:ten
Finns det ett varuhus i närheten?
gibt - es - ein - Kaufhaus - in - der Nähe

■ Wo finde ich *Käse*?
wa:r fins ust
Var finns *ost*?
wo - gibt - es - Käse

■ Wann öffnen Sie morgens?
när ʹöpnar ni: po ʹmoronen
När öppnar ni på morgonen?

■ Wann schließen Sie?
när 'stänger ni:
När stänger ni?

teuer/billig

billig	*ˇbilig*	**billig**
teuer	*dy:r*	**dyr**
sehr teuer	*ˇwäldit dy:r*	**väldigt dyr**

Im kleinen Laden

◆ Bitteschön? (Was wünschen Sie?)
ˇwa:schogu
Varsågod?

■ Haben Sie ...?
ha: ni:
Har ni ...?

■ Ich hätte gern ...
ja: 'skʉle 'wilja ha: ...
Jag skulle vilja ha ...

■ Was kostet ...
wa 'kostar ...
Vad kostar ...?

◆ Noch etwas?
'no:got me:r
Något mer?

■ Das ist alles, danke.
de war alt, tak
Det var allt, tack.

■ Kann ich eine Tüte bekommen?
kan ja: fo: en po:se
Kan jag få en påse?

Bezahlen

■ Wieviel macht das?
hʉr ˇmyke ˇkostar de
Hur mycket kostar det?

■ Können Sie das bitte aufschreiben?
kan du 'skri:wa ʉp de tak
Kan du skriva upp det, tack?

Einkaufen

Abteilung	*ˇa:wde:lning*	**en avdelning**
Betriebsferien	*semesterstängt*	**semesterstängt**
geöffnet	*ˇöpet*	**öppet**
Geschäft	*af'är*	**en affär**
geschlossen	*stängt*	**stängt**
mehr	*me:r*	**mer**
Preis	*pri:s*	**ett pris**
Verkäufer	*expe'di:t*	**en expedit**
weniger	*ˇmindre*	**mindre**

Geschäfte

Antiquitäten	*'antikwiˇte:ter*	**antikviteter**
Apotheke	*apu'te:k*	**ett apotek**
Bäckerei	*ba:ge'ri:*	**ett bageri**
Buchhandlung	*ˇbu:khandel*	**en bokhandel**
Drogerie	*ˇfärjhandel*	**en färghandel**
Eisenwarenhandlung	*ˇjärnhandel*	**en järnhandel**
Elektrogeschäft	*ˇe:lafär*	**en elaffär**
Fischgeschäft	*ˇfiskafär*	**en fiskaffär**
Fotogeschäft	*ˇfu:tuafär*	**en fotoaffär**
Friseur	*fri'sö:r*	**en frisör**
Gemüsehandlung	*ˇgrö:nsa:ksa'fär*	**en grönsaksaffär**
Haushaltswaren	*ˇhʉ:sholswa:rur*	**hushållsvaror**
Juwelier	*ˇgʉldsme:d*	**en guldsmed**
Kaufhaus	*ˇwa:rʉhʉ:s*	**ett varuhus**
Kleidungsgeschäft	*ˇtexti:lafär*	**en textilaffär**
Kunstgewerbe	*ˇhemslöjd*	**en hemslöjd**
Lebenmittelgechäft	*ˇli:wsme:dela'fär*	**en livsmedelaffär**
Metzgerei	*'slaktare*	**en slaktare**
Optiker	*'optiker*	**en optiker**
Reinigung	*ˇche:twät*	**en kemtvätt**
Reisebüro	*ˇre:sbyro:*	**en resebyrå**
Schallplattenladen	*ˇschi:wafär*	**en skivaffär**
Schneiderei	*ˇskräder'i:*	**ett skrädderi**
Schreibwarenladen	*ˇpapeschhandel*	**en pappershandel**
Schuhgeschäft	*ˇsku:afär*	**en skoaffär**
Schuhmacher	*ˇsku:ma:kare*	**en skomakare**
Spielzeuggeschäft	*ˇle:ksa:ksa'fär*	**en leksaksaffär**
Supermarkt	*ˇsnabchöp*	**ett snabbköp**
Spirituosenhandlung	*ˇsyste:mbula:g*	**ett systembolag**
Sportgeschäft	*ˇi:drotsa'fär*	**en idrottsaffär**
Tabakladen	*ˇtu:baksa'fär*	**en tobaksaffär**
Uhrmacher	*ˇʉ:rma:kare*	**en urmakare**
Waschsalon	*ˇtwätoma:t*	**en tvättomat**
Wäscherei	*twät*	**en tvätt**
Zeitungsladen	*ˇpresbyro:*	**en pressbyrå**

*Ein „**kiosk**" ist in Schweden kein Zeitungs-, sondern ein Imbißstand, den man vor allem an Landstraßen in dünn besiedelten Gebieten findet. Zeitungen, Tabak usw. gibt es im „**pressbyrån**".*

Gebrauchsgüter

Batterie	*bate'ri:*	**ett batteri**
Briefpapier	*ˇbre:wpaper*	**ett brevpapper**
Creme	*krä:m*	**en kräm**
Damenbinden	*'da:mˇbindur*	**dambindor**
Dosenöffner	*kon'serwˇöppnare*	**en konservöppnare**
Feuerzeug	*'tändare*	**en tändare**
Flaschenöffner	*'flaskˋöpnare*	**en flasköppnare**
Glühbirne	*ˇglö:dlampa*	**en glödlampa**
Grillkohle	*ˇgrilku:l*	**en grillkol**
Höschenwindeln	*alt-i-et ˇblöjur*	**allt-i-ett blöjor**
Käsehobel	*ˇusthywel*	**en osthyvel**
Kamm	*kam*	**en kam**
Klebstoff	*li:m*	**ett lim**
Knopf	*knap*	**en knapp**
Kondom	*kon'do:m*	**en kondom**
Korkenzieher	*ˇkoksrʉ:w*	**en korkskruv**
Kuli	*ˇkʉ:lspets*	**en kulspets**
Nähgarn	*ˇsy:tro:d*	**en sytråd**
Nähnadel	*ˇsy:no:l*	**en synål**
Naßrasierer	*ˇra:khywel*	**en rakhyvel**
Puder	*ˇpʉ:der*	**ett puder**
Putzmittel	*ˇstä:dme:del*	**ett städmedel**
Rasierapparat	*ˇra:kapara:t*	**en rakapparat**
Rasierklinge	*ˇra:kbla:d*	**ett rakblad**
Reißverschluß	*ˇdra:gchedja*	**en dragkedja**
Schere	*sax*	**en sax**
Seife	*two:l*	**en tvål**
Schirm	*para'ply:*	**ett papraply**
Schnuller	*ˇtröstnap*	**en tröstnapp**
Schnürsenkel	*ˇsku:snöre*	**ett skosnöre**
Sicherheitsnadel	*'säkerhetsˋno:l*	**en säkerhetsnål**
Sicherung	*prop*	**en propp**
Sonnenschutzmittel	*ˇsu:lschydsme:del*	**ett solskyddsmedel**
Spülbürste	*'diskbuschte*	**en diskborste**
Spülmittel	*'diskme:del*	**ett diskmedel**
Streichhölzer	*ˇtänstickur*	**tändstickor**
Tampon	*tam'pong*	**en tampong**
Windeln	*'blöjur*	**blöjor**

Das Ziehen von Wartenummern ist in Schweden in Geschäften und öffentlichen Einrichtungen weit verbreitet

Lebensmittel

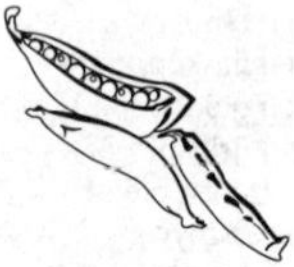

In der Regel kauft man in Schweden Lebensmittel im Selbstbedienungsladen (**snabbköp** - *ˇsnabchö:p*) - oft in riesigen Supermärkten „auf der grünen Wiese".

Dabei gibt es kaum Unterschiede im Angebot der einzelnen Geschäfte, da die Lebensmittelindustrie stark zentralistisch organisiert ist. Bis vor kurzem wurde Brot z. B. an einem Ort in Südschweden gebacken und von dort aus über das ganze Land verteilt. Inzwischen gibt es aber erste Ansätze zu einer Dezentralisierung, und einige Orte haben wieder ihre eigene Bäckerei.

Etwas abwechslungsreicher ist das Angebot in den Markthallen in einigen Städten. Hier gibt es die unterschiedlichsten Frischwaren, vor allem Fisch. Der Markt (**torg** - *torj*) hat in Skandinavien wenig von der Lebendigkeit der südlichen Länder, ist aber auf jeden Fall einen Besuch wert. Dort werden neben Produkten aus „Wald und Flur" wie Beeren, Pilzen und Kräutern auch selbstgemachte Marmeladen und Säfte, Blumen und handgefertigtes Kunsthandwerk angeboten. In Nordschweden wird das Angebot oft noch durch samisches Kunsthandwerk bereichert. Eine besondere Attraktion ist der Markt von Jokkmokk (Februar und August), auf dem ausschließlich Kunsthandwerk und Spezialitäten der Samen feilgeboten werden. In den Küstenorten gibt es natürlich auch Fischmärkte.

Typische Lebensmittel

Typisch schwedische Lebensmittel sind z. B. **blåbärsoppa** (*ˇblo:bäschsopa*) und **nyponsoppa** (*ˇnyponsopa*), eine Art Blaubeer- bzw. Hagebuttenkaltschale, die fertig in der Kartonverpackung angeboten werden. Die Blaubeersuppe ist ein bewährtes Mittel gegen Durchfall, die Hagebuttensuppe gegen Erkältung.

Filmjölk (*ˇfi:lmjölk*), eine kefirartige Sauermilch, wird in immer mehr Varianten angeboten: Die Standardversion mit 3 % Fett heißt einfach **fil**. Nach dem Fettgehalt unterscheidet man noch **mellanfil** (1,5 %) und **lättfil** (0,5 %). Besonders mild ist **a-fil**. Nach alter Tradition hergestellt wird **långfil**, eine besonders zähflüssige Variante.

Ein weiteres typisch schwedisches Milchprodukt ist die **kulturmjölk**, eine mit Bakterien angereicherte Milch. **Dofilus**, mit lactobacillus acidophilus, beruhigt den Magen, **Bifilus**, mit bifidobacterium longum, regt die Verdauung an.

Surströmming (*ˇsʉ:rströming*), angegorener Ostseehering, ist eine nordschwedische Delikatesse, aber bestialisch stinkend (Dose vorsichtig, möglichst im Freien öffnen, sie steht unter Druck!). Ebenfalls typisch nordschwedisch ist **tunnbröd** (*ˇtʉnbrö:d*), ein ungesäuertes Brot aus Gersten- und Weizenmehl.

Markt

■ Wo gibt es hier einen Markt?
wa:r fins ett torj i ˇnärhe:ten
Var finns ett torg i närheten?

■ Wann ist hier Markt?
när är de ˇtorjda:g här
När är det torgdag här?
wann - ist - der - Markttag - hier

■ Wie komme ich zum Markt?
hʉr 'komer ja: til ˇtorjet
Hur kommer jag till torget?

Maßeinheiten

Ich nehme ...	*ja: ta:r*	**jag tar**
ein Bund	*bˇnt*	**en bunt**
ein Dutzend	*ˇdʉsin*	**ett dussin**
250 Gramm	*ˇtwo:hʉndraofemti gram*	**tvåhundraochfemti gram**
ein Kilo	*'chi:lo*	**ett kilo**
ein halbes Kilo	*halwt 'chi:lo*	**ett halvt kilo**
einen Laib	*'limpa*	**en limpa**
einen Liter	*'li:ter*	**en liter**
einen halben Liter	*en halw 'li:ter*	**en halv liter**

Qualität

faul	*ˇrʉten*	**rutten**
frisch	*fäschk*	**färsk**
gefroren	*ˇfrʉ:sen*	**frusen**
groß	*stu:r*	**stor**
klein	*ˇli:ten*	**liten**
reif	*ˇmu:gen*	**mogen**
saftig	*ˇsaftig*	**saftig**
Stück	*bi:t*	**en bit**
süß	*sö:t*	**söt**
Tüte	*ˇpo:se*	**en påse**
unreif	*ˇu:mu:gen*	**omogen**
weich	*mjʉ:k*	**mjuk**

Am Marktstand

■ Was kosten *die roten Äpfel?*
wa 'kostar dom ˇrö:da 'äplena
Vad kostar *de röda äpplena*?

Beeren kauft man in Schweden im Liter

■ Was kostet ein Liter *Blaubeeren*?
wa kostar en 'li:ter ˇblo:bär
Vad kostar en liter *blåbär*?

■ Geben Sie mir bitte ein Körbchen *Himbeeren*?
Je: mej en korj ˇhalon, tak
Ge mig en korg hallon, tack.
gib - mir - einen - Korb - Himbeeren - bitte

■ Ein Dutzend Eier, bitte.
en 'dʉsin äg tak
En dussin ägg, tack.

■ Können Sie den Fisch bitte ausnehmen?
kan dʉ wa:ra snäl o 'putsa 'fisken
Kan du vara snäll och putsa fisken?
kannst - du - sein - nett - und - putzen - den - Fisch

Samische Spezialitäten

lappkok *('lapku:k):* eine kräftige Rentierbrühe von Markknochen mit geschabter Leber
renklämma *(ˇre:nkäma):* dünnes ungesäuertes Brot, gefüllt mit Rentierfleisch

Früchte

Apfel	*'äple*	**ett äpple**
Apfelsine	*apel'si:n*	**en apelsin**
Aprikose	*apri'ku:s*	**en aprikos**
Birne	*ˇpä:ron*	**ett päron**
Blaubeeren	*ˇblo:bär*	**blåbär**
Brombeeren	*ˇbjönbär*	**björnbär**
Erdbeeren	*ˇju:dgʉbar*	**jordgubbar**
Himbeeren	*ˇhalon*	**hallon**
Johannisbeeren	*ˇwi:nbär*	**vinbär**
Kirschen	*ˇchöschbär*	**körsbär**
Melone	*me'lu:n*	**en melon**
Moosbeeren	*ˇtra:nbär*	**tranbär**
Multbeeren	*ˇju:tron*	**hjortron**
Pfirsich	*ˇpäschika*	**en persika**
Pflaume	*ˇplomon*	**ett plommon**
Preiselbeeren	*ˇlingon*	**lingon**
Stachelbeeren	*ˇkrʉ:sbär*	**krusbär**
Walderdbeeren	*ˇsmʉltron*	**smultron**
Weintrauben	*ˇwi:ndrʉ:vur*	**vindruvor**
Zitrone	*si'tru:n*	**en citron**

■ Wie heißt diese Frucht?
wa 'he:ter den här 'frʉkten
Vad heter den här frukten?

Lachs
lax
en lax

Meeresforelle
'havs`ö:ring
havsöring

Saibling
'rö:ding
röding

Barsch
ˇabore
en abborre

Bachforelle
'bäck`ö:ring
bäcköring

Lachsforelle
'lax`ö:ring
laxöring

Hecht
ˇjäda
en gädda

Aal
o:l
ål

Dorsch
toschk
torsk

Fisch und Fischartiges

Anchovis	*an'schu:wis*	**en ansjovis**
Bückling	*ˇbökling*	**en böckling**
Dörrfisch	*ˇtokad fisk*	**torkad fisk**
Flunder	*ˇflʉndra*	**en flundra**
Krabben	*ˇrä:kur*	**räkor**
Krebse	*ˇkräftur*	**kräftor**
Heilbutt	*ˇheljeflʉndra*	**en helgeflundra**
Hering	*sil*	**en sill**
Kabeljau	*ˇkabelju*	**kabeljo**
Karpfen	*karp*	**karp**
Makrele	*ma'kril*	**en makrill**
Muscheln	*ˇmʉslur*	**musslor**
Scholle	*ˇrö:dspäta*	**en rödspätta**
Strömling	*'ströming*	**en strömming**
Zander	*jö:s*	**en gös**

Gemüse und Gemüseartiges

Champignons	*ˇschampinju:ner*	**champinjoner**
Erbsen	*ˇätur*	**ärtor**
Gurke	*ˇgʉrka*	**gurka**
Kartoffeln	*ˇputa:tis*	**potatis**
Linsen	*ˇlinser*	**linser**
Möhren	*ˇmu:röter*	**morötter**
Petersilie	*ˇpeschilja*	**persilja**
Pfifferlinge	*kanta'rel*	**kantarell**
Pilze	*'swampar*	**svampar**
Tomaten	*tu'ma:ter*	**tomater**
Zwiebeln	*lö:k*	**lök**

Andere Lebensmittel

Graubrot ist in Schweden normalerweise gesüßt. Ungesüßtes ist durch die Aufschrift ***osötad*** *(ˇu:sö:tad) gekennzeichnet, gesüßtes enthält auf der Zutatenliste* ***„socker"*** *oder* ***„sirap"***.

Brot	*brö:d*	**ett bröd**
Butter	*smör*	**ett smör**
Ei	*äg*	**ett ägg**
Essig	*'ätika*	**en ättika**
Gemüse	*ˇgrö:nsa:ker*	**grönsaker**
Getränke	*'drikur*	**drickor**
Kaffee	*'kafe*	**kaffe**
Käse	*ust*	**ost**
Kindernahrung	*ˇba:nma:t*	**barnmat**
Knäckebrot	*ˇknäkebrö:d*	**ett knäckebröd**
Mehl	*mjöl*	**mjöl**
Milch	*mjölk*	**mjölk**
Nudeln	*ˇmakaru:ner*	**makaroner**
Obst	*frʉkt*	**frukt**
Öl	*ˇolja*	**en olja**
Pfeffer	*'pepar*	**peppar**
Reis	*ri:s*	**ett ris**
Saft	*saft*	**en saft**
Salz	*salt*	**ett salt**
Tee	*te:*	**ett te**
Weißbrot	*ˇfranskbrö:d*	**ett franskbröd**
Wurst	*korw*	**en korv**
Zucker	*'soker*	**ett socker**

Kleidung

Wer schwedisches Design mag, dem wird auch schwedische Mode gefallen. Klare Farben und Formen, viel Blau und Weiß sowie natürliche, dauerhafte Materialien geben dabei den Ton an. Der klassisch-schlichte Gesamteindruck erhält durch raffinierte Details und originelle Muster Pfiff. Material und Verarbeitung lassen in der Regel nichts zu wünschen übrig, so daß es weniger schwer fällt, die etwas höheren Preise zu akzeptieren. Die Größen entsprechen den deutschen, fallen aber manchmal ein bißchen großzügiger aus.

Leute, die selbst nähen, finden in Schweden die herrlichsten, zum Teil handgewebten und handbedruckten Stoffe.

Kleidungskauf	anprobieren	*ˇpru:wa*	**prova**
	bezahlen	*beˇta:la*	**betala**
	Damen/Herren	*da:m/herr*	**dam/herr**
	Größe	*ˇstu:rle:k*	**storlek**
	Kabine	*hyt*	**en hytt**
	Kasse	*ˇkassa*	**en kassa**
	Kinder	*ba:n*	**barn**
Anprobe	zu klein	*fö ˇli:te*	**för litet**
	zu groß	*fö stot*	**för stort**
	kleiner	*'mindre*	**mindre**
	größer	*'störe*	**större**
	zu kurz	*fö kot*	**för kort**
	zu lang	*fö long*	**för lång**
	kürzer	*kotare*	**kortare**
	länger	*ˇlängre*	**längre**
	modern	*mo'dern*	**modern**
	schön	*fi:n*	**fin**

◆ Kann ich Ihnen behilflich sein?
kan ja: 'jälpa til
Kan jag hjälpa till?

■ Ich suche eine weiße Bluse in Größe *38*.
ja: ˇtita 'efter en wi:t blʉ:s i ˇtretiota
Jag titta efter en vit blus i *trettiåtta*.

■ Darf ich das anprobieren?
kan ja: 'pru:wa de
Kan jag prova det?
kann - ich - probieren - das

■ Wo gibt es eine Kabine?
wa:r fins en hyt
Var finns en hytt?

■ Es paßt nicht.
n de 'pasar ˇinte
Det passar inte.

■ Kann ich es bitte eine Nummer größer/kleiner haben?
kan ja: fo: de i en 'störe/ˇmindre ˇsu:rle:k
Kan jag få det i en större/mindre storlek?
kann - ich - bekommen - das - in - einer - gr./kl. - Größe

■ Es steht mir nicht.
de klär mej ˇinte
Det klär mig inte.
das - kleidet - micht - nicht

■ Ich nehme es.
ja: ta: de
Jag tar det.

Materialien/ Stoffe	Baumwolle	*ˇbumul*	**bomull**
	bügelfrei	*ˇstry:kfri:*	**strykfri**
	einlaufen	*ˇkrympa*	**krympa**
	Kunstleder	*ˇlä:derimita'schu:n*	**en läderimitation**
	Leder	*'lä:der*	**läder**
	Leinen	*'line*	**ett linne**
	Seide	*'silke*	**ett silke**
	Stoff	*ty:g*	**ett tyg**
	Synthetik	*ˇkonstfi:ber*	**ett konstfiber**
	Viskose	*wis'ku:s*	**en viskos**
	Wolle	*ul*	**en ull**
Farben und Muster	Farbe	*färj*	**en färg**
	Muster	*'mönster*	**ett mönster**
	beige	*be:sch*	**beige**
	blau	*blo:*	**blå**
	braun	*bru:n*	**brun**
	bunt	*ˇbru:kig*	**brokig**
	creme	*ˇkrä:mfärjad*	**krämfärgad**
	gelb	*gu:l*	**gul**
	gold	*'jylen*	**gyllen**
	grau	*gro:*	**grå**
	grün	*grö:n*	**grön**
	lila	*ˇli:la*	**lila**
	orange	*o'ransch*	**orange**
	rosa	*ro:sa*	**rosa**
	rot	*rö:d*	**röd**
	schwarz	*swat*	**svart**
	silber	*'silwer*	**silver**

türkis	*tʉr'ku:s*	**turkos**
weiß	*wi:t*	**vit**
gemustert	*'mönstrat*	**mönstrat**
gepunktet	*'prikig*	**prickig**
kariert	*ˇrʉ:tig*	**rutig**
gestreift	*ˇrandig*	**randig**
dunkel ...	*mörk..*	**mörk ...**
hell ...	*jʉ:s ...*	**ljus ...**

Kleidung

Anzug	*kos'ty:m*	**en kostym**
BH	*ˇbe:ho:*	**behå**
Bluse	*blʉ:s*	**en blus**
Clogs	*ˇträ:skur*	**träskor**
Hemd	*ˇschu:ta*	**en skjorta**
Hut	*hat*	**en hatt**
Jacket	*ka'waj*	**en kavaj**
Kleid	*ˇkläning*	**en klänning**
Kostüm	*dräkt*	**en dräkt**
kurzärmlig	*me ˇkota 'ärmar*	**med korta ärmar**
langärmlig	*me ˇlonga 'ärmar*	**med långa ärmar**
Mantel	*rok*	**en rock**
Mütze	*ˇmössa*	**en mössa**
Rock	*chu:l*	**en kjol**
Slip	*ˇtru:sur*	**trosor**
Sandale	*san'da:l*	**en sandal**
Schuhe	*sku:r*	**skor**
Socken	*'sokur*	**sockor**
Strumpfhose	*ˇstrʉmpbyxur*	**strumpbyxor**
Turnschuhe	*ˇjymnastiksku:r*	**gymnastikskor**
Unterhemd	*ˇʉndertröja*	**en undertröja**
Unterhose (Herren)	*kal'songer*	**kalsonger**

Jacke
'jaka
en jacka

Pullover
ˇtröja
en tröja

Hose
ˇbyxur
byxor

Jeans
et par ji:ns
ett par jeans

Kunsthandwerk

Das traditionelle Kunsthandwerk ist in Schweden noch sehr lebendig. Nicht nur im Freilichtmuseum, sondern auch in vielen kleinen Werkstätten auf dem Land kann man Töpfern, Glasbläsern oder Kunstschmieden bei der Arbeit zusehen und ihre Produkte vor Ort kaufen. Auch kleinste Orte haben ihren Kunstgewerbeladen (**hemslöjd** - *ˇhemslöjd*), in dem man stundenlang zwischen handgefertigten Waren stöbern kann. In den Städten gibt es viele große Fachgeschäfte für diese Artikel, und auch die Kaufhäuser haben große Kunstgewerbeabteilungen.

Glasartikel kauft man am günstigsten direkt in der Glasbläserei, wo „fehlerhafte" Produkte (mit kaum erkennbaren Unregelmäßigkeiten) um bis zu 50 % reduziert sind.

■ Dürfen wir Ihnen bei der Arbeit zusehen?
fo:r wi: se: po: hʉr dʉ ˇarbe:tar
Får vi se på hur du arbetar?
dürfen - wir - sehen - zu - wie - du - arbeitest

■ Verkaufen Sie die Sachen?
ä ˇsa:kerna til ʼsa:lʉ
Är sakerna till salu?

■ Ist das handgemacht?
är de ˇhandjut
Är det handgjort?

Kunsthandwerk

Armband	*ˇarmband*	**ett armband**
Birkenrinde	*ʼnäwer*	**en näver**
Edelstahl	*ˇkwalite:tsʼsto:l*	**ett kvalitetsstål**
Flickenteppich	*ˇtra:smata*	**en trasmatta**
Glas	*gla:s*	**ett glas**
handgemacht	*ˇhandjut*	**handgjort**
Holz	*trä:*	**ett trä**
Kerzenhalter	*ˇjʉ:ssta:ke*	**en ljusstake**
Kette	*ˇchedja*	**en kedja**
mundgeblasen	*ˇmʉnblo:st*	**munnblåst**
Ohrringe	*ˇö:rhänge*	**ett örhänge**
Puppe	*ˇdoka*	**en docka**
Ring	*ring*	**en ring**
schmiedeeisern	*a:w ˇsmi:desjän*	**av smidesjärn**
Schmuck	*ʼsmyke*	**ett smycke**
Silber	*ˇsilwer*	**ett silver**
Spielzeug	*ˇle:ksa:ker*	**leksaker**
Tasche	*ˇwäska*	**en väska**
Tischdecke	*ˇbudsdʉ:k*	**en bordsduk**
unbehandelt	*ˇu:behandlad*	**obehandlad**
ungiftige Farben	*ˇu:toxiska ˇfärjer*	**otoxiska färger**
Vase	*wa:s*	**en vas**

Bücher und Zeitungen

Bücher (**böcker**) sind in Schweden außergewöhnlich teuer. Gebundene Bücher kosten im Schnitt 200 bis 400 Kronen. Für Bildbände, Wörterbücher, Fachbücher u. ä. sind 1000 bis 2000 Kronen keine Seltenheit. Seit einigen Jahren gibt es Taschenbücher (**fickböcker**); mit etwa 40 bis 120 Kronen sind sie relativ preiswert.

Im Ausverkauf (**rea**) oder in der „Fundgrube" (**fynd**) findet man jedoch um bis zu 50 % reduzierte Exemplare. Die großen Buchhandlungen führen alle auch deutsche und englische Bücher. Am interessantesten für den Touristen sind jedoch die herrlichen Bildbände über schwedische Landschaften, Künstler u. ä., die oft dreisprachig erscheinen (schwedisch, englisch, deutsch).

Informationen über Schweden in deutscher Sprache gibt es preiswert im **Sverigehuset** (Das Schwedenhaus) in Stockholm.

Deutschsprachige Zeitungen und Zeitschriften gibt es an Flughäfen und größeren Bahnhöfen, an Kiosken (**pressbyråer**), die den Hinweis **IP** (international press) tragen, und in Großstädten und Touristenzentren auch in Kaufhäusern und Supermärkten. Im **Kulturhuset** in Stockholm und in einigen Bibliotheken liegen internationale Zeitungen kostenlos zum Lesen aus.

■ Führen Sie deutsche Bücher/Zeitungen?
'sälјer ni: 'tyska 'böker/'ti:dningar
Säljer ni tyska böcker/tidningar?

■ Wo finde ich Bücher über Schweden?
wa:r fins 'böker om 'swärje
Var finns böcker om Sverige?

Bücher und Zeitungen

Ausverkauf	*r'e:a*	**rea**
Bildband	*ˇbildwerk*	**ett bildverk**
Buch	*buk*	**en bok**
Buchabteilung	*ˇbuka:wde:lning*	**en bokavdelning**
Buchhandlung	*ˇbuka'fä:r*	**en bokaffär**
Fundgrube	*fynd*	**en fynd**
Kiosk	*ˇpresbyro:*	**en pressbyrå**
Sonderpreis	*'extraˋpri:s*	**en extrapris**
Taschenbuch	*ˇfikbuk*	**en fickbok**
Zeitschrift	*ˇti:dskrift*	**en tidskrift**
Zeitung	*ˇti:dning*	**en tidning**

Von Ort zu Ort

Von Ort zu Ort

In Schweden sind erhebliche Strecken zurückzulegen, vor allem im Norden durch dünn besiedelte Gebiete. Straßen-, Eisenbahn- und Flugstreckennetz sind jedoch gut ausgebaut. Trotz des hohen schwedischen Preisniveaus sind öffentliche Verkehrsmittel relativ billig. Es gibt eine Reihe von Vergünstigungen an den Wochenenden, für Studenten, Senioren u.ä.

Abkürzungen

Häufige Abkürzungen auf Fahrplänen:
- **v** oder **vard**: wochentags (**vardager** - *ˇwarda:gar*)
- **s.o.h**: sonn- und feiertags (**söndagar och helg** - *ˇsönda:gar o helj*)
- **ej dag före s.o.h**: nicht an Tagen vor Sonn- und Feiertagen (**ej dag före söndagar och helg** - *ej da:g före ˇsönda:gar o helj*)
- **f.m.**: vormittags (**förmiddag** - *ˇförmida:g*)
- **e.m.**: nachmittags (**eftermiddag** - *ˇeftermida:g*)

Reisen

Abfahrt	*ˇa:wgong*	**en avgång**
Ankunft	*'ankomst*	**en ankomst**
Anschluß/Verbindung	*'an ˇslʉ:tning*	**en anslutning**
aussteigen	*'stiga a:w*	**stiga av**
einsteigen	*'stiga po*	**stiga på**
Ermäßigung	*ra'bat*	**en rabatt**
Fahrkarte	*bil'jet*	**en biljett**
Fahrplan	*ti:dta'bel*	**en tidtabell**
Fenster	*'fönster*	**ett fönster**
Fundbüro	*'hiteguds*	**hittegods**
Gang	*gong*	**en gång**
Gepäck	*ba'ga:sch*	**ett bagage**
hin und zurück	*tʉ:r och re'tʉ:r*	**tur och retur**
hinten	*ba:k*	**bak**
Koffer	*ˇre:swäska*	**en resväska**
Nichtraucher	*'ike 'rö:kare*	**icke rökare**
Raucher	*'rö:kare*	**rökare**
Rolltreppe	*ˇrʉltrapa*	**en rulltrappa**
Rückfahrkarte	*re ˇtʉrbil'jet*	**en returbiljett**
Rucksack	*ˇrygsäk*	**en ryggsäck**
Schließfächer	*fö ˇwa:rings'boxar*	**förvaringsboxar**
sitzen	*ˇsita*	**sitta**
Sitzplatz	*ˇsitplats*	**en sittplats**
umsteigen	*ˇby:ta*	**byta**
Verspätung	*fö ˇsche:ning*	**en försening**
vorne	*'framme*	**framme**
Wartesaal	*ˇwäntsa:l*	**en väntsal**

Hubschrauber
heli'kopter
en helikopter

Flugzeug
ˇfly:gpla:n
ett flygplan

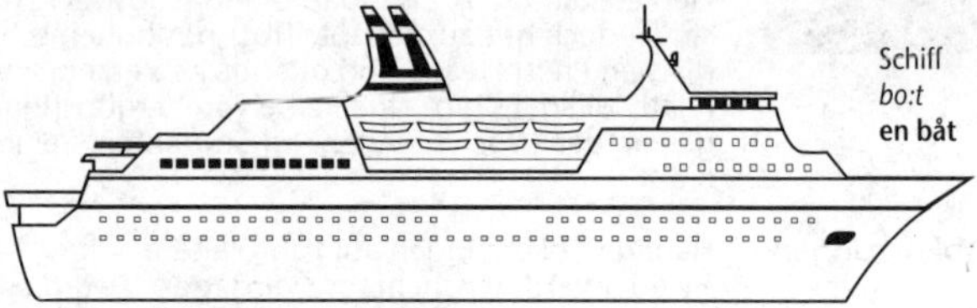

Schiff
bo:t
en båt

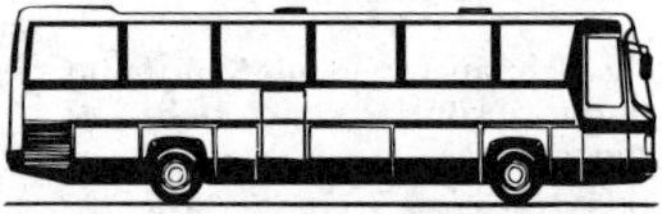

Überlandbus
ex'pres'bʉs
en expressbus

Zug
to:g
ett tåg

Straßenbahn
ˇpo:rwang
ett spårvagn

Wohnmobil
ˇhʉ:sbi:l
en husbil

Auto
bi:l
en bil

Fahrrad
ˇsy:keö
cykel

Moped
ˇmu:ped
en moped

Motorrad
ˇmu:tur'sykel
en motorcykel

Überlandbus

Von Deutschland aus fährt „Continentbus" von 19 Orten aus ca. 1.500 Orte in Schweden an. Für Schweizer und Österreicher gibt es günstige Bahn-/Buskombinationen über Frankfurt bzw. München. In Schweden verkehren Überlandbusse der Schwedischen Staatsbahnen, Continent- und Postbusse. Es gibt Kinder- und Wochenendermäßigungen.

Busfahren

Bus	*bʉs*	**en buss**
der Bus	*'bʉsen*	**bussen**
... fährt ab	*ˇa:wgo:r*	**avgår**
... hält an	*'stanar*	**stannar**
... kommt an	*'ankomer*	**ankommer**
Busbahnhof	*ßentra:l bʉssta'schu:n*	**en central busstation**
Buslinie	*'bʉsˇlinje*	**en busslinje**
Fahrer	*ˇfö:rare*	**en förare**
Fahrpreis	*pri:s*	**ett pris**
Schnellbus	*ex'pres'bʉs*	**en expressbuss**
Sitzplatz	*ˇsitplats*	**en sittplats**
Überlandbus	*ˇdirektbʉs*	**en direktbuss**

Weitere Vokabeln siehe im Kapitel „Öffentliche Verkehrsmittel"

Wo und Wohin

■ Welche Busgesellschaft fährt nach *Deutschland*?
'wilket ˇbʉsföreta:g 'o:ker til 'tykland
Vilket busföretag åker till Tyskland?

■ Von welchem Bussteig fährt der Bus nach ...?
fro:n 'wilken spo:r go:r 'bʉsen til ...
Från vilken spår går bussen till ...?

■ Wo kann ich die Fahrkarte kaufen?
wa:r kan ja: 'chö:pa bil'jeten
Var kan jag köpa biljetten?

■ Muß ich reservieren?
'moste ja: reserˇwe:ra
Måste jag reservera?

■ Wo möchten Sie gern sitzen?
wa:r 'önskar dʉ at 'sita
Var önskar du att sitta?

Ich möchte sitzen

Ich möchte sitzen ...	*ja: wil 'sita ...*	**jag vill sitta ...**
am Gang	*wid 'gongen*	**vid gången**
am Fenster	*wid 'fönstret*	**vid fönstret**
vorne	*'frame*	**framme**
hinten	*ba:k*	**bak**
Nichtraucher	*'ike 'rö:kare*	**icke rökare**
Raucher	*'rö:kare*	**rökare**

■ Es gibt keinen Platz mehr.
de fins íngen plats 'le:dig
Det finns ingen plats ledig.
es - gibt - keinen - Platz - frei

■ Der nächste Bus fährt morgen um ... Uhr.
n 'nästa 'busen go:r i 'moron 'klokan ...
Nästa bussen går i morgon klockan ...
nächste - der Bus - geht - morgen - Uhr

Im Bus

■ Wie lange dauert es bis zur nächsten Haltestelle?
hur 'länge ta:r de til 'nästa st'schu:nen
Hur länge tar det till nästa stationen?

■ Kann ich hier aussteigen?
kan ja: 'stiga a:w här
Kan jag stiga av här?

■ Könnten Sie kurz anhalten?
'wo:re de 'möjlit at du 'stana för en kut ti:d
Vore det möjligt att du stanna för en kort tid?
wäre - es - möglich - daß - sie - halten - für - eine - kurze - Zeit

■ Mit ist schlecht.
ja: mur íla
Jag mor illa.

■ Ich müßte auf die Toilette.
ja: 'moste 'chisa
Jag måste kissa.

■ Können Sie mich schon hier aussteigen lassen?
kan du 'lo:ta mej 'stiga a:w 'redan här
Kan du låta mig stiga av redan här?
kanns - du - lassen - mich - steigen - aus - schon - hier

■ Können Sie mir bitte mein Gepäck herausgeben?
kan du 'wa:ra snäl o ˇjiva mit ba'ga:sch o:t mej
Kan du vara snäll och giva mitt bagage åt mig?

Zug

Bahnfahren ist in Schweden relativ preiswert und sehr komfortabel. Für Mütter mit Kindern unter 2 Jahren gibt es Mutter-und-Kind-Abteile (**barnkupé** - *ba:nkʉ'pe:*). Größere Bahnhöfe haben Familienwarteräume (**familjväntrum** - *fa'mi:jˇwäntrʉm*), die gemütlich eingerichtet und mit Spielzeug ausgestattet sind. Spezielle Frauenwarteräume (**damväntrum** - *ˇda:mwäntrʉm*), saubere Toiletten, Wickelräume und zum Teil auch Duschen bieten auf weiten Reisen mit längeren Wartezeiten Bequemlichkeit.

Die Schwedischen Staatsbahnen SJ (**Statens Järnvägar** - *ˇsta:tens ˇjänwägar*) bieten eine Reihe von Ermäßigungen an, u. a. verschiedene Karten, mit denen man eine bestimmte Zeit lang in bestimmten Regionen innerhalb Schwedens oder auch ganz Skandinaviens unbegrenzt reisen kann. Einige Karten sind nur in Schweden erhältlich, andere nur im Ausland. Am besten lassen Sie sich im Reisebüro umfassend beraten. Für alle Fernzüge (im Fahrplan mit **R** oder **IC** gekennzeichnet) sind Platzreservierungen erforderlich.

Fahrkarten

Die Fahrkartenschalter in den Bahnhöfen sind nach Inland (**inrikes** - *'inˇri:kes*) und Ausland (**utrikes**- *'ʉ:tˇri:kes*) getrennt. Zum Teil gibt es Schalter mit besonders schneller Abfertigung, an denen Fahrkarten für denselben Tag verkauft werden. Dort muß man meist eine Wartenummer (**turnummer**- *'ʉtˇ:rnˇmmer*) ziehen. Inhaber von Kreditkarten können ihre Bahnkarte auch aus dem Automaten (**biljettautomat** - *bil'jetautu'ma:t*) holen.

Ähnlich wie bei einem Bankautomaten wählt man am Bildschirm über eine Tastatur Reiseziel und Fahrzeit aus.

Zugfahren

1. Klasse	*'föschta klas*	**första klass**
2. Klasse	*'andra klas*	**andra klass**
Autoreisezug	*ˇbi:lto:g*	**ett biltåg**
Bahnfahrt	*'to:gure:sa*	**en tågresa**
Bahnhofsrestaurant	*ˇjänvägsresto'rang*	**en järnvägs-restaurang**
Bahnsteig	*pe'rong*	**en perrong**
D-Zug	*ex'press'to:g*	**ett expresståg**
Eilzug	*ˇsnälto:g*	**ett snälltåg**
Familienwartesaal	*fa'mi:jˇwäntrum*	**ett familjväntrum**
Frauenwartesaal	*'da:mˇwäntrum*	**ett damväntrum**
Gang	*gong*	**en gång**
Gepäckschein	*poleˇte:rings'kvitu*	**ett poletteringskvitto**
Gepäckwagen	*ba'ga:sch'vang*	**en bagagevagn**
Gleis	*spo:r*	**ett spår**
Großraumwagen	*'öpen wang*	**en öppen vagn**
Inlandsbahn	*'inlandsˇba:nan*	**inlandsbanan**
Kurswagen	*diˇrektwang*	**en direktvagn**
Liegewagen	*ˇligwang*	**en liggvagn**
Lokomotive	*lokomo'ti:w*	**ett lokomotiv**
Mutter-/Kindabteil	*ˇba:nku'pe:*	**en barnkupé**
Nahverkehrszug	*luˇka:lto:g*	**ett lokaltåg**
Schienenbus	*ˇrälsbus*	**en rälsbuss**
Schlafwagen	*ˇso:vwang*	**en sovvagn**
Schnellzug	*ˇsnälto:g*	**ett snälltåg**
Speisewagen	*resto'rang'vang*	**en restaurangvagn**
Wagennummer	*ˇwangnummer*	**ett vagnnummer**
Waschräume	*ˇtwätrum*	**tvättrum**
Wickelraum	*ˇschötrum*	**ett skötrum**

Häufige Hinweisschilder

Familien-wartesaal

Frauenwartesaal

Sopor	*ˇsu:pur*	Abfälle
Handikapptoalett	*'handikaptoa'let*	Behinderten-WC
ledigt/upptaget	*ˇle:digt/ˇupta:get*	frei/besetzt
Nödbroms	*ˇnö:dbroms*	Notbremse
Toalett	*toa'let*	Toilette
Tvättrum	*ˇtwätrum*	Waschraum
Till spåren	*til ˇspo:ren*	zu den Gleisen

Fahrkarten

■ Bitte einmal Nichtraucher/Raucher.
en 'ike ˇrö:kare/ˇrö:kare tak
En icke rökare/rökare, tack.

■ Kann ich einen Fensterplatz bekommen?
kan ja: fo: en 'fönste`plats
Kan jag få en fönsterplats?

■ Was kostet ein *Schlafwagenplatz*?
wa 'kostar en plats i ˇso:wwang
Vad kostar en *plats i sovvagn*?
was - kostet - ein - Platz - im - Schlafwagen

■ Von welchem Gleis fährt der Zug nach *Gävle*?
fro:n 'wilket spo:r go:r 'to:get til 'jäwle
Från vilket spår går tåget till *Gävle*?

■ Gibt es Stundentenermäßigung?
fins de stʉ'dentra'bat
Finns det studentrabatt?

Lautsprecher-ansage:

■ Der Zug nach Malmö läuft jetzt ein auf Gleis drei.
'to:get mut 'malmö 'inkomer nʉ po spo:r tre:
Tåget mot Malmö inkommer nu på spår tre.

Im Zug

■ Entschuldigung, ist hier noch frei?
Fö'lo:t, ä de le:dit här
Förlåt, är det ledigt här?
Entschuldigung - ist - das - frei - hier

◆ Nein, der Platz ist besetzt.
nej de ä ˇʉpta:get
Nej, det är upptaget.
nein - das - ist - besetzt

■ Wie lange hat der Zug Aufenthalt?
hʉr 'länge sto:r 'to:get här
Hur länge står tåget här?

■ An welchem Bahnhof sind wir jetzt?
wa 'he:ter den här ʉstaschu:nen
Vad heter den här stationen?
was - heißt - dieser - hier - Bahnhof

■ Können Sie bitte das Fenster öffnen/schließen?
kan dʉ wa:ra snäll o 'öpna/'stänga 'fönstret
Kan du vara snäll och öppna/stänga fönstret?

Flugzeug

SAS und **Linjeflyg** unterhalten innerhalb Schwedens ein zuverlässiges Streckennetz. Auch für Inlandsflüge gibt es günstige Standby-Tickets für Leute unter 25 und Ermäßigungen für Kinder und Rentner. In einigen Orten besteht die Möglichkeit, Hubschrauber (**helikopter** - *ˇhelikopter*) oder Wasserflugzeuge (**hydroplan** - *ˇhy:dro'pla:n*) zu mieten. Auskünfte geben die örtlichen Touristenbüros.

Fliegen

(sich) anschnallen	*'späna fast sej*	**spänna fast sig**
buchen	*ˇbuka*	**boka**
fliegen	*ˇflyga*	**flyga**
Fluggesellschaft	*ˇfly:gbula:g*	**ett flygbolag**
Flughafen	*ˇfly:gplats*	**en flygplats**
Flugzeug	*ˇfly:gpla:n*	**ett flygplan**
Flugsteig	*geit*	**en gate**
Frischluftdüse	*ˇfriskl ˇfts ˇinta:g*	**ett friskluftsintag**
Handgepäck	*ˇhandbaga:sch*	**ett handbagage**
Inlandsflug	*ˇinlandsfly:g*	**ett inlandsflyg**
Kofferkuli	*ba ˇga:schwang*	**en bagaschvagn**
landen	*ˇlanda*	**landa**
Landung	*ˇlandningen*	**landning**
zur Landung ansetzen	*'jöra kla:t för ˇlandning*	**göra klart för landning**
Nebel	*ˇdima*	**dimma**
Notausgang	*ˇnö:dʉtgong*	**en nödutgång**
Notlandung	*ˇnö:dlandning*	**en nödlandning**
Notrutsche	*ˇnö:drʉtschba:na*	**en nödrutschbana**
Pilot	*pi'lu:t*	**en pilot**
planmäßiger Abflug ... Uhr	*ˇa:vgong enlit ˇti:dta'bel 'klokan*	**avgång enligt tidtabell klockan ...**
Rollfeld	*stat- o ˇlandnings'fält*	**ett start-och landningsfält**
schlechtes Wetter	*ˇdo:lit wäder*	**dåligt väder**
Schwimmweste	*ˇfly:twest*	**en flytväst**
starten	*'stata*	**starta**
Ticket	*bil'jet*	**en biljett**
Verspätung	*fö ˇsche:ning*	**en försening**

■ Gibt es hier einen Flughafen?
fins de en ˇfly:gplats här
Finns det en flygplats här?

■ Kann ich von hier nach *Jokkmokk* fliegen?
kan ja: ˇflyga til ˇjokmok ˇhärifro:n
Kan jag flyga till *Jokkmokk* härifrån?
kann - ich - fliegen - nach - Jokkmokk - hiervon

Schiff

Die unzähligen Schweden vorgelagerten Inseln (**öer**) und Schären (**skär**) sind über ein dichtes Netz von Fähren und Schärenbooten mit dem Festland und zum Teil auch untereinander verbunden. Fahrkarten bekommt man an den Anlegestellen bzw. an Bord. Im Sommer gibt es ein „Schärenticket" **(båtluffarkort** - *ˇbo:tlʉfarkot*), mit dem Sie vierzehn Tage lang im Stockholmer Schärengarten mit dem Schiff fahren können, so oft und so weit Sie wollen. Es ist im Touristenbüro im **Sverige Huset** erhältlich. Genießer mit genügend Muße können sich auch im Binnenland per Schiff (**båt**) von Ort zu Ort bewegen, z. B. zwischen Stockholm und Uppsala oder auf dem berühmten Götakanal von Göteborg nach Stockholm und umgekehrt. Die Fahrt über den Götakanal dauert vier Tage und muß frühzeitig gebucht werden, da sie für Touristen aus aller Welt den Höhepunkt einer Schwedenreise darstellt. Die schmalen Schiffe haben ein modernes Innenleben, vermitteln jedoch ansonsten das Flair der Jahrhundertwende. Auch als Schärenboote sind meist herrliche alte, zum Teil noch dampfbetriebene Schiffe im Einsatz - für viele der Inbegriff der schwedischen Sommerfrische.

Fähren

Auf den großen Fährstrecken zwischen Schweden und den anderen Ostseeanrainern verkehrt eine hochmoderne Flotte mit allem Komfort. Die großen Schiffe haben mehrere Restaurants, Bars und Discos, Geschäfte für den zollfreien Einkauf, Kino, zum Teil Sauna, Swimmingpool und Fitneßraum an Bord. Das Verladen von Fahrzeugen ist gut organisiert und verläuft völlig problemlos; man wird zügig eingewiesen.

ablegen	*'lö:pa ʉ:t*	**löpa ut**
anlaufen	*ˇanlö:pa*	**anlöpa**
Anlegeplatz	*ˇtilägs'plats*	**en tillägsplats**
auf hoher See	*po 'öpet ha:w*	**på öppet hav**
Aufzug	*his*	**en hiss**
Außenkabine	*ˇyterhyt*	**en ytterhytt**
Autodeck	*ˇbi:ldäk*	**ett bildäck**
Damen-WC	*'da:mtoa'let*	**en damtoalett**
Dampfer	*ˇongbo:t*	**en ångbåt**
Erste-Hilfe-Raum	*ˇschʉ:krˇm*	**ett sjukrum**
Fähre	*ˇfärja*	**en färja**
Fahrrad	*ˇsy:kel*	**en cykel**
Fracht	*frakt*	**en frakt**

■ Ich möchte einen Flug nach *Malmö* buche
ja: 'skʉle 'wilja ˇbu:ka en ˇfly:gre:sa til 'malr
Jag skulle vilja boka en flygresa till *Malm*

■ Wann muß ich am Flugplatz sein?
när moste ja: ˇwa:ra po: ˇfly:gplatsen
När måste jag vara på flygplatsen?

Am Flughafen

◆ Der Flug fällt aus.
'flyget ˇinstälas
Flyget inställas.

◆ Wir sind ausgebucht.
wi är ˇfʉlbukat
Vi är fullbokat.

◆ Die Maschine hat Verspätung.
'pla:net ä föˇsche:nat
Planet är försenat.

■ Wann geht der nächste Flug nach *Göteborg*?
när go:r 'nästa 'fly:get til jöte'borj
När går nästa flyget till *Göteborg*?

■ Zu welchem Flugsteig muß ich gehen?
til 'wilken geit 'moste ja: go:
Till vilken gate måste jag gå?

■ Ich habe mein Gepäck nicht bekommen.
ja: har 'inte fot mit ba'ga:sch
Jag har inte fått mitt bagage.

Im Flugzeug

◆ Bitte anschnallen und das Rauchen einstelle
spän fast ˇsä:kerhe:tsbältet o ˇinstäla ˇrö:knir
Spänn fast säkerhetsbältet och inställa rök

■ Können Sie mir etwas zu trinken bringen?
kan ja: fo: ˇno:got at ˇdrika
Kan jag få något att dricka?
kann - ich - bekommen - etwas - zu - trinken

■ Gibt es etwas zu essen?
ska: man fo: ˇno:got at ˇä:ta
Ska man få något att äta?
wird - man - bekommen - etwas - zu essen

■ Mir ist übel.
ja: mur ˇila
Jag mor illa.

Frachtabfertigung	*'fraktexpedi'schu:n*	**en fraktexpedition**
Geldumtausch	*wa'l ˇ:ta'wäxling*	**en valutaväxling**
Gepäckaufbewahrung	*ba'ga:schför'wa:ring*	**en bagageförvaring**
Herren-WC	*'herrtoal`ett*	**en herrtoalett**
Insel	*ö:*	**en ö**
Kabine	*hyt*	**en hytt**
Kai	*kaj*	**en kaj**
Kanal	*ka'na:l*	**en kanal**
Kapitän	*kapt'e:n*	**en kapten**
Kreuzfahrt	*ˇkrysning*	**en kryssning**
Langzeitparken	*ˇlo:ngti:dspar'ke:ring*	**en långtidsparkering**
Liegestuhl	*ˇwi:lstu:l*	**en vilstol**
Meer	*ha:w*	**ett hav**
Münzwechsel	*'mynt'wäxling*	**en myntväxling**
nächste Abfahrt	*'nästa ˇa:wgong*	**nästa avgång**
Rettungsboot	*ˇli:wbo:t*	**en livbåt**
Rettungsring	*ˇli:wboj*	**en livboj**
Rollstuhlgerechtes WC	*ˇrʉlstu:lsto'let*	**en rullstolstoalett**
Schiff	*ˇfa:rty:g*	**ett fartyg**
Schiffsarzt	*scheps ˇlä:kare*	**en skeppsläkare**
Schwimmweste	*fly:twest*	**en flytväst**
Seegang	*ˇschö:gong*	**en sjögång**
seekrank	*ˇschö:schʉ:k*	**sjösjuk**
Sonnendeck	*ˇsu:ldäk*	**ett soldäck**
Spielzimmer	*ˇle:krʉm*	**ett lekrum**
Tragflächenboot	*ˇfly:gbo:t*	**en flygbåt**
Trucker-Restaurant	*scho'föschsa'long*	**en chaufförssalong**

■ Wo legt das Schiff ab/an?
wa:r 'läger bo:ten ʉ:t/til
Var lägger båten ut/till?

■ Wie lange dauert die Überfahrt?
hʉr 'länge ta:r ˇöwerfaten
Hur länge tar överfarten?

■ Wir möchten eine Kabine buchen.
wi 'skʉle 'wilja 'buka en hyt
Vi skulle vilja boka en hytt.

■ Bitte eine Rundfahrt.
en ˇrʉndtʉschbil'jet, tak
En rundtursbiljett, tack.

Fahrradfahren

Wer seinen Drahtesel (**cykel** - *'sykel*) nicht mit nach Schweden nehmen möchte, findet dort überall einen Fahrradverleih (**cykeluthyrande** - *ˇcy:kelˇʉ:thy:rande*). Am besten erkundigt man sich im Touristenbüro. Zunehmend werden auch Pauschalreisen für Radfahrer mit ausgearbeiteten Strecken angeboten. Informationen über besonders schöne Strecken, die in bestimmten Regionen jeweils optimalen Transportmöglichkeiten, Reparaturwerkstätten, Fahrradkarten usw. erhalten Sie bei **Cykelfrämjandet**, Box 3070, S-10 361 Stockholm.

Es gibt gute Radwege, vor allem auch in den Städten. Seitenreflektoren in den Speichen sind Pflicht, die Ladung darf 50 kg nicht überschreiten und in keiner Richtung mehr als 1,20 m überstehen. Für den Transport auf einem Inlandflug muß das Rad in einen Fahrradsack gepackt werden, den man bei der Fluggesellschaft **Linjeflyg** kaufen kann (etwa 300 Kronen). Bei Erwerb eines Fahrradsacks ist der erste Transport kostenlos. Bei der Bahn muß man im Sommer das Rad drei Tage vor der Reise aufgeben. (Preis bis 25 kg ca. 50 Kronen, über 25 kg ca. 100 Kronen). Der Transport im Bus ist selten zulässig und fast immer problematisch, da es meist keinen Platz gibt und man Pedale und Lenker abschrauben oder das Fahrrad in Pappe verpacken muß. Auf den meisten Schiffen darf man sein Fahrrad mitnehmen - zum Teil kostenlos, zum Teil gegen eine kleine Transportgebühr.

■ Ich möchte gern ein Fahrrad mieten.
ja: 'skʉle 'wilja 'hy:ra en 'sykel
Jag skulle vilja hyra en cykel.
ich - würde - wollen - mieten - ein - Fahrrad

Fahrraddiebstahl kommt in Schweden relativ selten vor.

■ Kann ich mein Fahrrad im *Flugzeug* mitnehmen?
kan ja: ta: 'sykeln me mej po ˇpla:net
Kan jag ta cykeln med mig på *planet*?
kann - ich - nehmen - das - Fahr. - mit - mir - ins - Flugzeug

---

■ Wo kann ich mein Fahrrad abstellen?
wa:r kan ja: parˇke:ra min 'sykel
Var kan jag parkera min cykel?
wo - kann - ich - parken - mein - Fahrrad

■ Mein Fahrrad ist kaputt. Kannst Du mir helfen?
min 'sykel är 'sönder. kan dʉ 'jälpa mej
Min cykel är sönder. Kan du hjälpa mig?

Siehe dazu auch im Kapitel „Autofahren“

■ Ich brauche Werkzeug.
ja: be'hö:wer ˇwerkty:g
Jag behöver verktyg.

■ Wo finde ich eine Fahrradwerkstatt?
wa:r fins en 'sykelwerksta:d
Var finns en cykelverkstad?

Das Fahrrad

Achse	*'aksel*	**en axel**
Felge	*fälj*	**en fälg**
Felgenbremse	*ˇfäljbroms*	**en fälgbroms**
Fett	*'olja*	**en olja**
Flickzeug	*repara'schu:ns-ˇwerkty:g*	**ett reparations-verktyg**
Gabel	*'gafel*	**en gaffel**
Gepäckträger	*pa'ke:tˇolare*	**en pakethållare**
Handbremse	*ˇhandbroms*	**en handbroms**
Kabel	*slad*	**en sladd**
Kugelager	*ˇkʉla:ger*	**ett kullager**
Mutter	*'mʉter*	**en mutter**
Nabe	*na:w*	**ett nav**
Plattfuß	*pʉnk'te:ring*	**en punktering**
Radfahrer	*sy'klist*	**en cyklist**
Radweg	*'sykelba:na*	**en cykelbana**
Rahmen	*ra:m*	**en ram**
Rücklicht	*ˇba:klykta*	**en baklykta**
Rücktritt	*ˇfri:jʉ:ls'broms*	**en frihjulsbroms**
Schraube	*skrʉ:w*	**en skruv**
Schraubenschlüssel	*'schiftˇnykel*	**en skiftnyckel**
Schraubenzieher	*ˇskrʉ:wmeisel*	**en skruvmejsel**
Schutzblech	*ˇstänkschärm*	**en stänkskärm**
Tretlager	*ˇtrampla:ger*	**ett tramplager**
Werkstatt	*ˇwerksta:d*	**en verkstad**
Werkzeug	*ˇwerkty:g*	**ett verktyg**

Helm
jälm
en hjälm

Tacho
ˇhastihe:ts'mä:tare
en hastighetsmätare

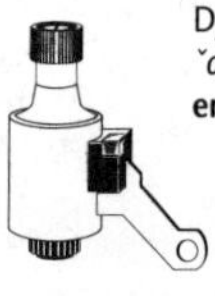

Dynamo
ˇdyna:mo
en dynamo

Luftpumpe
ˇsy:kelpʉmp
en cykelpump

Schloß
lo:s
ett lås

Autofahren

Autofahren

In Schweden macht Autofahren noch Freude. Die gegenüber mitteleuropäischen Verhältnissen kaum befahrenen Straßen sind gut ausgebaut und führen oft schnurgerade durch riesige Waldgebiete. Auf dem Lande kann man jedoch auch auf Straßen stoßen, die nur mit Schotter (**grovt grus** - *gu:wt grʉ:s*) bedeckt sind.

Die Geschwindigkeitsbegrenzung beträgt auf Autobahnen (**motorväg**- *ˇmu:turˋwä:g*) 110 km/h und auf gut ausgebauten Landstraßen (**landsväg**- *ˇlandswä:g*) 90 km/h. Viele Fernstraßen haben einen Seitenstreifen (**vägren** - *ˇwägre:n)* für langsame Fahrzeuge, auf den man auch kurz ausweichen darf, um dem nachfolgenden Auto das Überholen zu erleichtern. Auf 70 % aller schwedischen Straßen gilt die Grundgeschwindigkeit (**bashastigheten** - *ˇba:shastihe:ten*) 70 km/h. In „dichtbebauten Gebieten" - **tätort** (entspricht in etwa unserer geschlossenen Ortschaft) ist das Tempo auf 50 km/h begrenzt.

Grundsätzlich gilt rechts vor links, Fahrzeuge im Kreisverkehr und Straßenbahnen haben immer Vorfahrt. Es besteht Anschnallpflicht auf Vorder- und Rücksitzen. Auch bei Tageslicht muß das Abblendlicht eingeschaltet werden. Die Promillegrenze liegt bei 0,2. Überschreitungen werden streng geahndet. Ab 0,5 Promille muß man mit Führerscheinentzug rechnen. Das Fahren mit Nebelschlußleuchte ist verboten. Spikes sind in der Zeit vom 1. November bis zum ersten Montag nach Ostern erlaubt.

*Achtung: Entfernungen sind oft (nicht auf Verkehrsschildern) in schwedischen Meilen (mi:l/**en mil**) angegeben. 1 Meile = 10 km.*

Trotz der strengen Kontrollen und harten Strafen halten Schweden sich oft nicht an die Geschwindigkeitsbegrenzung. Auch scheint das sonst allgemein verbindliche Gebot zur Rücksichtnahme außer Kraft zu treten, sobald man hinter dem Steuer sitzt. Das Überqueren der Straße bei roter Fußgängerampel wird allgemein toleriert.

Mietwagen

An Flughäfen und größeren Bahnhöfen sind die internationalen Verleihfirmen Avis, Budget, Europcar, Hertz und interRent vertreten, bei denen man Ihnen gern auf Deutsch weiterhilft. Mietwagen sind jedoch höchstens für Geschäftsleute interessant, die nur auf diesem Wege ihren Terminplan einhalten können. Urlaub mit dem Leihwagen ist in Schweden völlig unüblich, da diese teure Reisevariante nicht mit dem preiswerten und gut ausgebauten öffentlichen Transportsystem konkurrieren kann und Ferienhaustouristen das Auto bereits für die Anreise brauchen.

Parken

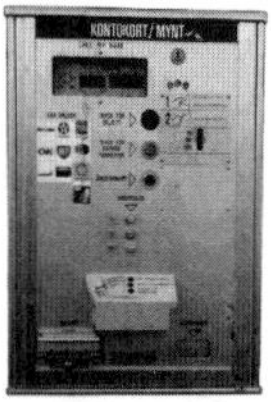

Das Parken in Innenstädten ist sehr kostspielig. In Stockholm zum Beispiel kostet eine Stunde 15 Kronen. Die Stellen, an denen Parken erlaubt ist, sind mit einem weißen **P** auf blauem Grund gekennzeichnet. Zum Teil gibt es noch Parkuhren, aber meist sind Parkautomaten (**parkeringsautomat**- *pa'ke:ringautu`ma:t*) aufgestellt. Für Besucher gilt die Gebühr für **BESÖKSPARKERING** (*be'sö:ksˇpake:ring*).

Bedienung: Erst Geld für die gewünschte Parkzeit einwerfen (z. B. dreißig Kronen für zwei Stunden). Bei Automaten mit Geldschlitzen für mehrere Münzgrößen vorher per Knopfdruck die gewünschte Größe einstellen. Dann rote Taste drücken. Das Display zeigt an, bis wann man parken darf. Wechselgeld an der Klappe mit der Aufschrift **RETURMYNT** entnehmen, Parkschein an der Klappe mit Aufschrift **BILJETT**. Den Schein wie eine Parkscheibe gut sichtbar im Auto anbringen. Parkzeit möglichst nicht überschreiten, denn das Einhalten der Zeiten wird von eifrigen Politessen strengstens überwacht. Es lohnt sich in jedem Fall, das Auto am Stadtrand abzustellen und auf öffentliche Verkehrsmittel umzusteigen. Noch eine typisch schwedische Parkregelung ist die „Datumzone" (**datumzon** - *ʉda:tˇmsu:n*). Hier darf an Tagen mit geradem Datum auf der Straßenseite mit geraden Hausnummern geparkt werden, an ungeraden Daten auf der anderen Seite.

Tanken

Es gibt in Schweden fast ausschließlich SB-Tankstellen, oft völlig ohne Personal. Dort bezahlt man am Automaten mit Scheinen (**sedelautomat**) oder Kreditkarte (**kreditkortsautomat**). Bleifreies Benzin (**blyfritt**) gibt es nur in 95 Oktan, das sowohl „Bleifrei Normal" als auch „Bleifrei Super" abdeckt.

tanken	*tanka*	**ˇtanka**
Tank auffüllen	*fylla på tanken*	**'fyla po 'tanken**
Tankfüllung	*en tankfyllning*	**ˇtankfylning**
Öl	*olja*	**ˇolja**
Waschanlage	*biltvätt*	**ˇbi:ltwät**

Texte auf Verkehrsschildern

Avfart	Abfahrt
Brant nedförslutning	Starkes Gefälle
Enkelriktad gata	Einbahnstraße
Fara	Gefahrenstelle
Farlig korsning	Gefährliche Kreuzung
Farlig kurva	Gefährliche Kurve
Forbud mot infart	Einfahrt verboten
Gågata	Fußgängerzone
Gångtunnel	Fußgängertunnel
Kör sakta	Langsam fahren
Motortrafik förbjuden	Kraftfahrzeuge verboten
Mötande trafik	Gegenverkehr
Parkering förbjuden	Parken verboten
Slirig körbana	Schleudergefahr
Utfart	Ausfahrt freihalten
Välj körfält	Bitte einordnen
Återvändsgata	Sackgasse
Övergångsställe	Fußgängerüberweg

Für Motorschlitten verboten.

Mötesplats - So sind Ausweichbuchten gekennzeichnet.

Vandrarhem - Jugendherberge

Toalett - Toilette

Försäljningsställe för fiskekort - Verkauf von Angelkarten

Friluftsområde - Freizeitgelände

Vandringsled - Wanderweg

Rastplats - Rastplatz

Fragen nach dem Weg

■ Entschuldigung, wie komme ich zur Autobahn nach ...?
fö'lo:t, hʉr 'komer ja: til 'mu:turˇvägen til ...
Förlåt, hur kommer jag till motorvägen till ...?

■ Können Sie mir den Weg auf der Karte zeigen?
kan dʉ ˇwi:sa mej 'wägen po ˇka:tan
Kan du visa mig vägen på kartan?
kannst - du - zeigen - mir - den - Weg - auf - der - Karte

■ Ist dies der richtige Weg nach ...?
ạr de här ˇwägen til ...
Är det här vägen till ...?

■ Wie weit ist es bis zur nächsten Tankstelle/Werkstatt?
hʉr lo:ngt är de til ˇnärmaste ben'si:nsta'schu:n
Hur långt är det till närmaste bensinstation?

■ Ist das weit von hier?
ạr de lo:ngt ˇhärifro:n
Är det långt härifrån?

◆ Das ist die falsche Richtung.
de är fe:l ˇriktning
Det är fel riktning.

◆ Bis zum nächsten Ort sind es ... Kilometer/Stunden.
De är ... chilo'me:ter/ˇtimar til 'nästa by:n
Det är ... kilometer/timmar till nästa byn.

◆ Sie müssen zurückfahren.
dʉ moste o:ka tilˇba:ka
Du måste åka tillbaka.

◆ Geradeaus und an der Ampel links/rechts.
ra:kt fram o wi tra'fi:kˇjʉ:set til wenster/höger
Rakt fram och vid trafikljuset till vänster/höger.

Im Verkehr

abbiegen	*ˇswänga*	**svänga**
Abschleppseil	*bug'se:ringsˇli:na*	**en bogseringslina**
Abschleppwagen	*ˇbärjningsbi:l*	**en bärgningsbil**
Alkohol	*sprit*	**en sprit**
Ampel	*tra'fi:kˇjʉ:s*	**ett trafikljus**
anhalten	*'stana*	**stanna**
Anhänger	*ˇslä:pwang*	**en släpvagn**
(sich) anschnallen	*'späna fast*	**spänna fast**
	ˇsäkerhe:tsbältet	**säkerhetsbätltet**
Autobahn	*ˇmu:turwä:g*	**en motorväg**
Autovermietung	*ˇbi:lʉthyrning*	**en biluthyrning**
Benzin	*ben'si:n*	**en bensin**

beschleunigen	*'ö:ka 'farten*	öka farten
bleifrei	*ˇbly:fri:*	blyfri
blinken	*ˇblinka*	blinka
Bremsen	*ˇbromsa*	bromsa
Brücke	*bru:*	en bro
Diesel	*'di:sel*	diesel
Einbahnstraße	*ˇenkelriktad ˇga:ta*	enkelriktad gata
Führerschein	*ˇchörkut*	ett körkort
Gehweg	*troto'a:r*	en trottoar
geradeaus	*ra:kt fram*	rakt fram
Glatteis	*ˇi:sga:ta*	en isgata
Halteverbot	*ˇstopförbʉ:d*	ett stoppförbud
Kreuzung	*'kuschning*	en korsning
Landstraße	*ˇlandswä:g*	en landsväg
LKW	*ˇlastbi:l*	en lastbil
losfahren	*ˇstata*	starta
Motorpanne	*ˇmu:tur'fe:l*	ett motorfel
Notrufsäule	*ˇjälptel'fo:n*	en hjälptelefon
Nummernschild	*'nʉmerˋplo:t*	en nummerplåt
Öl	*ˇolja*	en olja
Pannendienst	*ˇwä:gchänst*	en vägtjänst
parken	*ˇparke:ra*	parkera
Parkhaus	*ˇparke:ringshʉ:s*	ett parkeringshus
Parkplatz	*ˇparke:ringsplats*	en parkeringsplats
Parkautomat	*ˇparke:rings-autu'ma:t*	en parkerings-automat
Parkverbot	*ˇparke:ringsförbʉ:d*	ett parkeringsförbud
Polizei	*po'li:s*	en polis
rasen	*'chöra för fut*	köra för fort
Richtung	*ˇriktning*	en riktning
Schlagloch	*gru:p*	en grop
Schotterstraße	*grʉ:swäg*	en grusväg
Spikereifen	*ˇdʉbdäk*	ett dubbdäck
Straßenkarte	*ˇwä:gkarta*	en vägkarta
überholen	*chöra om*	köra om
Überholverbot	*ˇomchörningsförˋbʉ:d*	omkörningsförbud
Umleitung	*ˇomdirije:ring*	en omdirigering
Unfall	*ˇu:lyka*	en olycka
Verbandskasten	*förˇbandslo:da*	en förbandslåda
Verkehrsschild	*traˇfi:kschylt*	en trafikskylt
Versicherungskarte	*ˇföschäkrings'kut*	en försäkringskort
Vollkasko	*ˇhe:lföschäkring*	en helförsäkring
Vorfahrt	*ˇförchöschrät*	en förkörsrätt
Warndreieck	*'warningsˇtriangel*	en varningstriangel
Wendeplatz	*ˇwändplats*	en vändplats
Werkstatt	*ˇwerksta:d*	en verkstad
Wohnmobil	*ˇhʉ:sbi:l*	en husbil
Wohnwagen	*ˇhʉ:swang*	en husvagn

Unfall/Panne

Notruf für Feuerwehr, Krankenwagen, Polizei: 90 000

Bei Unfällen wird in der Regel nicht die Polizei eingeschaltet. Es gilt jedoch als selbstverständlich, daß die Betroffenen ihre Anschriften und Versicherungsgesellschaften austauschen. Fahrerflucht wird von der Polizei ebenso streng geahndet wie Geschwindigkeitsüberschreitungen oder Fahren unter Alkohol- bzw. Medikamenteneinfluß. Bei Personenschäden erreicht man von jeder Telefonzelle aus auch ohne Kleingeld den Notruf. Die Nummer der nächsten Pannenhilfe bei Sachschäden findet man im Telefonbuch unter **„Larmtjänst"** (*ˇlarmchänst-* Alarmdienst). Sie ist rund um die Uhr im Einsatz.

■ Wir brauchen einen Krankenwagen.
wi: beˇhö:wer en ambu'lans
Vi behöver en ambulans.

◆ Wo sind Sie?
wa:r är ni:
Var är ni?

■ An der Landstraße zwischen *Karlskrona* und *Ystad*.
wid 'landswägen 'melan kals'kru:na o ˇy:sta:d
Vid landsvägen mellan *Karlskrona* och *Ystad*.

■ Können Sie bitte als Zeuge aussagen?
kan du ˇwa:ra snäl o ˇwitna
Kan du vara snäll och vittna?
kannst - du - sein - nett - und - bezeugen

■ Geben Sie mir bitte Ihre Adresse?
je: mej di:n a'dres tak
Ge mig din adress, tack.

■ Wo sind Sie versichert?
'wilket föˇschä:kringsˇbula:g ha:r dʉ:
Vilket försäkringsbolag har du?
welche - Versicherungsgesellschaft - hast - du

Panne

■ Ich habe eine Panne.
n min bi:l är 'sönder
Min bil är sönder.
mein - Auto - ist - kaputt

■ Das Auto ist stehengeblieben.
ˇbi:len ha:r ˇstanat
Bilen har stannat.

■ Es springt nicht an.
den go:r ˇinte at ˇstarta
Den går inte att starta.
es - geht - nicht - zu - starten

■ Der Reifen ist geplatzt.
'däket är sönder
Däcket är sönder.

■ Die Achse ist gebrochen.
'axeln är ˇbruten
Axeln är bruten.

■ Aus dem Kühler tropft Wasser.
de ˇdropar 'waten ˇu:ta:w 'chylaren
Det droppar vatten utav kylaren.

■ Der Wagen verliert Öl.
'wangnen 'läker 'olja
Vagnen läcker olja.

■ Die Bremsen funktionieren nicht.
ˇbromsarna fun'ge:rar ˇinte
Bromsarna fungerar inte.

■ Irgendetwas ist mit dem Motor nicht in Ordnung.
de är 'nogot fe:l po 'mu:torn
Det är något fel på motorn.
es - ist - etwas - falsch - am - Motor

■ Die Batterie ist leer.
bate'riet är tumt
Bateriet är tomt.

■ Die Schaltung klemmt.
'wäxeln ˇchärwar
Växeln kärvar.

■ Der Auspuff ist kaputt.
ˇa:wgasrö:ret är sönder
Avgasröret är sönder.

Erste Hilfe

■ Kannst du mir helfen?
kan du 'jälpa mej
Kan du hjälpa mig?

■ Das Auto fährt nicht.
ˇbi:len go:r ˇinte
Bilen går inte.

■ Gibt es eine Werkstatt in der Nähe?
fins de en ˇwerksta:d i ˇnärhe:ten
Finns det en verkstad i närheten?

■ Ich brauche einen Abschleppwagen.
ja: be'hö:wer en ˇbärjnings`bi:l
Jag behöver en bärgningsbil.

■ Könnten Sie mich bitte abschleppen?
kan dʉ ˇwa:ra snäl o bug'se:ra bot mej
Kan du vara snäll och bogsera bort mig?
kannst - du - sein - nett - und - schleppen - weg - mich

■ Könntest du mich bitte anschieben?
kan dʉ ˇwa:ra snäl o schʉta po 'bi:len
Kan du vara snäll och skjuta på bilen?
kannst - du - sein - nett - und - schieben - an - das - Auto

In der Werkstatt

Schweden ist gut mit Autowerkstätten (**bilverkstäder**) versorgt. Mit gängigen deutschen, französischen und japanischen Marken - und natürlich mit SAAB und Volvo - gibt es keine Probleme. Im hohen Norden kann die nächste Werkstatt recht weit entfernt sein, aber durch den **Larmtjänst** kann Ihnen überall geholfen werden. Unter Umständen findet man auf dem Lande allerdings eher einen Hobbybastler, der eine alte Scheune zur Autowerkstatt umfunktioniert hat, als eine Telefonzelle.

■ Können Sie sich das Auto mal ansehen?
kan dʉ ˇunde'schö:ka 'bilen
Kan du undersöka bilen?
kannst - du - untersuchen - das - Auto

■ Der Tank ist leer.
benˇsi:nen är slʉ:t
Bensinen är slut.
das - Benzin - ist - alle

■ Könnten Sie mir etwas Benzin verkaufen?
'kʉnde du 'sälja ˇli:te ben'si:n ot mej
Kunde du sälja litet bensin åt mig?
könntest - du - verkaufen - etwas - Benzin - an mich

■ Haben Sie ein Starthilfekabel?
ha:r dʉ en ˇstatka:bel
Har du en startkabel?

Das Auto

Abblendlicht	*ˇhalwjʉ:s*	**ett halvljus**
Achse	*'axel*	**en axel**
Anlasser	*ˇstatmu:tur*	**en startmotor**
anziehen	*ˇo:tdra:ga*	**åtdraga**
aufladen	*'lada ʉp*	**ladda upp**
ausbauen	*demon'te:ra*	**demontera**
ausbeulen	*'bʉkla ʉ:t*	**buckla ut**
Auspuff	*ˇa:wga:srö:r*	**ett avgasrör**
Außenspiegel	*ˇbakspe:gel*	**en backspegel**
austauschen	*ˇbyta*	**byta**
auswuchten	*balan'se:ra*	**balansera**
Automatikgetriebe	*autu'ma:tʉlo:da*	**en automatlåda**
Batterie	*batte'ri:*	**ett batteri**
Benzinkanister	*benˇsi:ndʉnk*	**en bensindunk**
Benzinleitung	*ˇbränslele:dning*	**en bränsleledning**
Benzinpumpe	*ˇbränslepump*	**en bränslepump**
Blinker	*'blinker*	**en blinker**
blockiert	*blo'ˇke:rad*	**blockerad**
Brecheisen	*ˇbrytjän*	**ett brytjärn**
Bremsbacke	*ˇbromsklots*	**en bromsklots**
Bremsbelag	*ˇbromsbeläg*	**ett bromsbelägg**
Bremse	*broms*	**ett broms**
Bremsflüssigkeit	*ˇbromswätska*	**en bromsvätska**
Bremslicht	*ˇbromsjʉ:s*	**ett bromsljus**
Bremstrommel	*'bromsˇtrʉma*	**en bromstrumma**
defekt	*de'fekt*	**defekt**
Dichtung	*ˇtätning*	**en tätning**
Differential	*diferensch'a:l*	**ett differential**
Düse	*ˇmʉnstyke*	**ett munstycke**
einbauen	*mon'te:ra*	**montera**
Einspritzanlage	*'bränsleʉinsprˇtning*	**en bränsleinsprutning**
einstellen	*jˇs'te:ra*	**justera**
entleeren	*'töma*	**tömma**
Ersatzteil	*ˇreserwde:l*	**ett reservdel**
erster Gang	*'etan*	**ettan**
Fahrgestell	*scha'si:*	**ett chassi**
Federung	*ˇfjä:dring*	**en fjädring**
Felge	*fälj*	**en fälg**
Fernlicht	*ˇhe:ljʉ:s*	**ett helljus**
Frostschutzmittel	*antiˇfry:sme:del*	**ett antifrysmedel**
Gang	*'wäxel*	**en växel**
Gangschaltung	*ˇwäxling*	**en växling**
Gaspedal	*ˇga:speda:l*	**en gaspedal**
gebrochen	*'brˇ:ten*	**bruten**
geplatzt	*ʉsprikad*	**sprickad**
Getriebe	*ˇwäxello:da*	**en växellåda**
Glühbirne	*ˇglö:dlampa*	**en glödlampa**
Hammer	*'hamare*	**en hammare**
Handbremse	*ˇhandbroms*	**en handbroms**
Heckklappe	*ˇba:klʉka*	**en baklucka**

Heckleuchte	*ˇba:kjʉ:s*	**ett bakljus**
Heckscheibenheizung	*ˇba:krʉ:teʉp-wärmning*	**en bakruteupp-värmning**
Heizung	*'wärme*	**en värme**
Hinterachse	*ˇba:kaxel*	**en bakaxel**
Hupe	*siˇgna:lhon*	**en signalhorn**
Karosserie	*karose'ri:*	**et karosseri**
Keilriemen	*ˇkʉgrem*	**en kuggrem**
Kindersitz	*ˇbansäte*	**ett barnsäte**
Klimaanlage	*'lʉftkondischu-ˇne:ring*	**en luftkonditio-nering**
Kofferraum	*ba'ga:schˇʉtryme*	**ett bagageut-rymme**
Kofferraumklapee	*ba'ga:schˇlʉka*	**en bagagelucka**
Kolben	*kolw*	**en kolv**
Kontakt	*kon'takt*	**en kontakt**
Kontrolleuchte	*indi'ke:rings'lampa*	**en indikerings-lampa**
Kotflügel	*schärm*	**en skärm**
Kreuzmeißel	*ˇkrysspo:rmejsel*	**en krysspårmejsel**
Kugellager	*ˇkʉla:ger*	**ett kullager**
Kühler	*'chy:lare*	**en kylare**
Kühlwasser	*ˇchy:lar'waten*	**ett kylarvatten**
Kupplung	*ˇkopling*	**en koppling**
Kurbelwelle	*ˇwe:waxel*	**en vevaxel**
Kurzschluß	*ˇkotslʉ:tning*	**en kortslutning**
Leerlauf	*'tomgong*	**en tomgång**
leicht einölen	*ˇanolja*	**anolja**
Lenkrad	*rat*	**en ratt**
Lichtmaschine	*jene'ra:tur*	**en generator**
Luftfilter	*ˇlʉftfilter*	**ett luftfilter**
Motor	*ˇmu:tur*	**en motor**
Motorhaube	*ˇmu:turˋhʉ:w*	**en motorhuv**
Motor klopft	*ˇmu:turn 'hakar*	**motorn hackar**
Motorrad	*ˇmu:tur'sykel*	**en motorcykel**
Mutter	*'mʉter*	**en mutter**
Nummernschild	*ˇnʉmerplo:t*	**en nummerplåt**
Oktanzahl	*okˇta:nta:l*	**ett oktantal**
Öl	*ˇolja*	**en olja**
Ölfilter	*ˇoljefilter*	**ett oljefilter**
Ölpumpe	*ˇoljepʉmp*	**en oljepump**
Ölstand	*ˇoljeni'wo:*	**en oljenivå**
Ölwanne	*ˇoljetro:g*	**ett oljetråg**
Ölwechsel	*ˇolje'by:te*	**ett oljebyte**
PS	*ˇhästkrafter*	**hästkrafter**
Rad	*jʉ:l*	**ett hjul**
Radaufhängung	*ˇjʉ:lʉphängning*	**en**
hjulupphängning		
Radkasten	*ˇjʉ:lhʉ:s*	**ett hjulhus**
Reifen	*däk*	**ett däck**
Reifendruck	*ˇlʉfttryk*	**ett lufttryck**

reinigen	*ˇre:nsa*	**rensa**
Reparatur	*repara'schu:n*	**en reparation**
reparieren	*ˇrepare:ra*	**reparera**
Rückfahrscheinwerfer	*ˇbakjʉ:s*	**ett backljus**
Rücklicht	*ˇba:kly:se*	**ett baklyse**
Rücksitz	*ˇba:ksä:te*	**ett baksäte**
Rückspiegel	*ˇba:kspegel*	**en bakspegel**
Rückwärtsgang	*ˇbakwäxel*	**en backväxel**
Schalthebel	*ˇwäxelspa:k*	**en växelspak**
Scheibenwischer	*ˇtokare*	**en torkare**
Scheinwerfer	*ˇtro:lkastare*	**en strålkastare**
Schiebedach	*ˇta:klʉka*	**en taklucka**
Schlauch	*slang*	**en slang**
schmieren	*ˇsmörja*	**smörja**
Schneeketten	*ˇsnö:chedjur*	**snökedjor**
Schraube	*skrʉ:w*	**en sruv**
Schraubenschlüssel	*ˇmʉterdra:gare*	**en mutterdragare**
Schraubenzieher	*ˇskrʉ:wmejsel*	**en skruvmejsel**
Sicherheitsgurt	*'bi:l`bälte*	**ett bilbälte**
Sitz	*'sä:te*	**ett säte**
Standlicht	*paˇke:rings`jʉ:s*	**ett parkeringsljus**
Starthilfekabel	*ˇstatka:bel*	**en startkabel**
Stoßdämpfer	*ˇstö:tdämpare*	**en stötdämpare**
Stoßstange	*ˇstö:tfongare*	**en stötfångare**
Tachometer	*ˇhastihe:ts'mä:tare*	**en hastighetsmätare**
Tank	*tank*	**en tank**
Teilkasko	*ˇde:lfö'schä:kring*	**en delförsäkring**
Türschloß	*ˇdörlo:s*	**ett dörrlås**
überhitzt	*öwerˇhetad*	**överhettad**
Ventil	*wen'ti:l*	**en ventil**
Vergaser	*fö'ga:sare*	**en förgasare**
verrostet	*'rostig*	**rostig**
verschmutzt	*ˇne:dsmʉtsad*	**nedsmutsad**
Verteiler	*fö'de:lare*	**en fördelare**
vibriert	*wi'bre:rar*	**vibrerar**
Vorderachse	*ˇframaxel*	**en framaxel**
Vorderrad	*ˇframjʉ:l*	**ett framhjul**
Vorderradantrieb	*ˇframjʉ:ls`drift*	**en framhjulsdrift**
Wagenheber	*ˇdumkraft*	**en domkraft**
Warnblinkanlage	*ˇwarnings'blinker*	**en varningsblinker**
Wasserpumpe	*'waten`pʉmp*	**en vattenpump**
Windschutzscheibe	*ˇwindrʉ:ta*	**en vindruta**
Winterreifen	*ˇwinter`däk*	**ett vinterdäck**
Zange	*tong*	**en tång**
Zentralverriegelung	*senˇtra:llo:s*	**ett centrallås**
Zündkerze	*ˇtändstift*	**ett tändstift**
Zündschloß	*ˇtändlo:s*	**ett tändlås**
Zündschlüssel	*ˇtändnykel*	**en tändnyckel**
Zündung	*'tändning*	**en tändning**
Zylinder	*sy'linder*	**en cylinder**
Zylinderkopf	*sy'linderˇhʉwʉd*	**ett cylinderhuvud**

Reifen
däk
ett däck

Winterreifen
ˇwinter`däk
ett vinterdäck

Spikereifen
ˇdʉbdäk
ett dubbdäck

Tachometer
ˇhastihe:ts'mä:tare
en hastighetsmätare

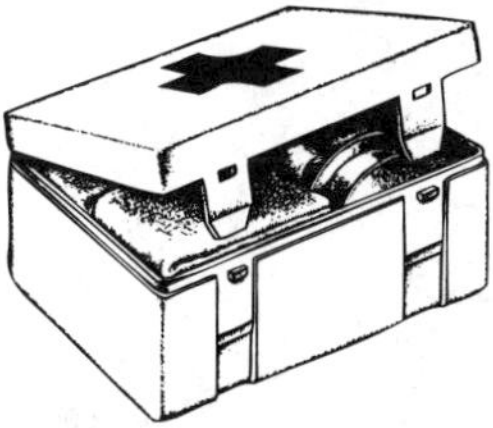

Verbandskasten
förˇbandslo:da
en förbandslåda

Warndreieck
'warningsˇtriangel
en varningstriangel

Ampel
tra'fi:k`jʉ:s
ett trafikljus

Ölmeßstab
ˇoljestika
en oljesticka

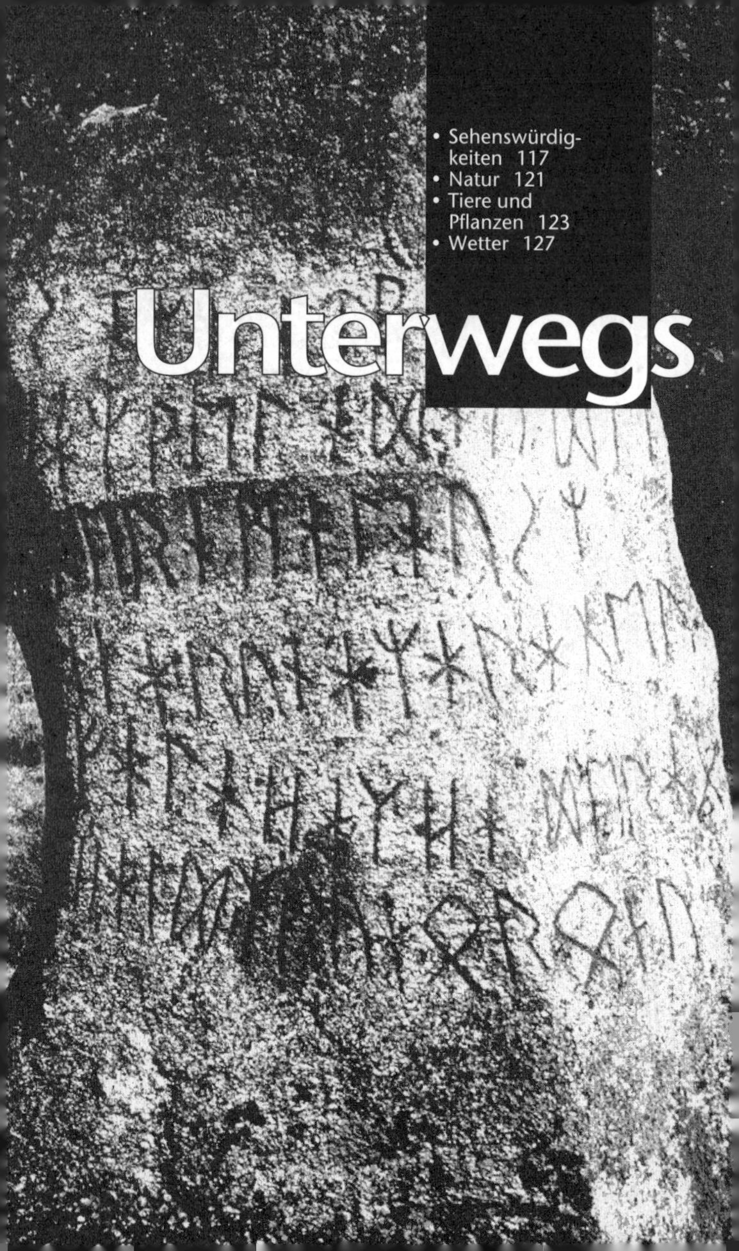

Unterwegs

Sehenswürdigkeiten

Wälder, Wasser und Elche - darauf freut sich jeder Skandinavienreisende. Ob mit Kind und Kegel im roten Ferienhaus am einsamen Waldsee oder beim Wandern, Segeln und Kanufahren: der Reiz Schwedens liegt für die meisten Touristen in der relativ unberührten Natur und der Weite des Landes. Daß auch der Norden viele kulturelle Schätze bereithält, wissen die wenigsten. Allein Stockholm bietet reichlich Sehenswertes vor allem aus Mittelalter, Barock und aus der Zeit um die Jahrhundertwende. Moderne Kunst des 20. Jh. hat einen hohen Stellenwert, und es gibt ständig viele Ausstellungen zeitgenössischer Künstler.

Auf Ihrer Reise durch Schweden können Sie „am Straßenrand" prähistorische Stätten (**fornminnen** - *'fun'minen*) mit Felszeichnungen (**hällristningar** - *ˇhälristningar*) oder Steinsetzungen (**stensättningar** - *ˇste:nsätningar*) sowie Runensteine (**runsten** - *ˇrʉ:nste:n*) und Gräber aus der Wikingerzeit besichtigen. Die Touristenbüros bieten - auch in Deutsch oder Englisch - Führungen zu diesen Stätten an, bei denen der historische oder sagenumwobene Hintergrund erklärt wird.

Über das ganze Land verteilt gibt es in den kleinsten Orten Kirchen, Schlösser und Herrenhäuser zu entdecken. Wenn Sie Glück haben, treffen Sie einen alten Küster oder Gärtner, der früher zur See gefahren ist und ein paar Worte Deutsch spricht. Er wird Ihnen sicher erzählen, welche Altardecke von einer Prinzessin persönlich bestickt wurde, welche Eigenarten der Gutsherr hatte oder welche Liebeshändel das Dorf im Laufe seiner Geschichte erschüttert haben.

Volkskultur

Vor allem aber findet man überall sehr lebendige Zeugnisse der Volkskultur. Schweden wurde erst relativ spät, dann aber umso rasanter industrialisiert. Dieser schnelle Umbruch weckte das Bedürfnis, so viel wie möglich von der traditionellen Lebensform zu bewahren. Ein Ausdruck hierfür ist das erste europäische Freilichtmuseum **Skansen** in Stockholm.

Im sozialdemokratischen Schweden wurde „Geschichte von unten" besonders gefördert. In unzähligen Projekten wurde das harte Leben der Landarbeiter, Kleinbauern und Fischer erforscht und in großen und kleinen Heimatmuseen (**hembygdsmuseum**) dokumentiert. Dort wird dem Besucher die Geschichte, z. B. durch die Präsentation alter Handwerkstätigkeiten, anschaulich nahegebracht. Auch an die Frühphase der Industrialisierung werden Erinnerungen in Form alter Fabriken (**bruk**/*brʉ:k*), Sägewerke u. ä. (**sågverk**/*ˇso:gwärk*) bewahrt.

Typische Begriffe zur schwedischen Sozialgeschichte

Torpare, statare (*'torpare, ˇsta:tare*): Landarbeiter, die sich mit ihrer Familie auf einem der großen Güter in Mittel- und Südschweden verdingten, überwiegend in Naturalien entlohnt wurden und weder Land noch Wohnung besaßen.

Bruk (*brʉ:k*): kleine Fabriken (z. B. Eisenhütten, Glasbläsereien, Sägewerke o. ä., oft in Nähe eines Wasserfalls), z. T. als Museen für die Geschichte der Industrialisierung eingerichtet. Viele große schwedische Unternehmen kultivieren so ihre Unternehmensgeschichte, zeigen, „wie alles begann".

Utvandrarna (*'ʉ:t`wandrana*): Die Auswanderer. Im vorigen Jahrhundert emigrierten etwa 25 % der Bevölkerung, hautpsächlich nach Amerika. Grund war eine weitreichende Verarmung. Die Emigration hat einen wichtigen Platz im schwedischen Bewußtsein (Interessierte erfahren mehr im Auswanderermuseum Växjö).

Kultur

Altar	*ˇalta:re*	**ett altare**
Altstadt	*'gamla sta:n*	**gammla staden**
(für Stockholm:		**Gamla Stan**)
Archtitektur	*architek'tʉ:r*	**en arkitektur**
Ausflug	*ˇʉ:tflykt*	**en utflykt**
Ausgrabung	*ˇʉ:tgräwning*	**en utgrävning**
Ausstellung	*ˇʉ:tstälning*	**en utställning**
Auswanderer	*emi'grant*	**en emigrant**
Bauernhof	*'bundgo:d*	**en bondgård**
Besichtigung	*be'sö:k*	**ett besök**
besuchen	*be'sö:ka*	**besöka**
Bild	*bild*	**en bild**
Bildhauer	*skʉlp'tör*	**en skulptör**
Bildstein	*ˇbildste:n*	**en bildsten**
Brauchtum	*se:d*	**en sed**
Bronzezeit	*ˇbronsolder*	**en bronsålder**
Brücke	*bru:*	**en bro**
Brunnen	*brʉn*	**en brunn**
Burg	*borj*	**en borg**
Christentum	*ˇkristen`du:m*	**en kristendom**
Deckenmalerei	*ˇta:kmo:lning*	**en takmålning**
Denkmal	*monʉ'ment*	**ett monument**
Dolmengrab	*dö:s*	**en dös**
Dom	*ˇdu:mchyrka*	**en domkyrka**
Eisenzeit	*ˇjänolder*	**ett järnålder**

Fassade	*fa'sa:d*	**en fasad**
Felszeichnung	*ˇhällristning*	**en hällristning**
Festung	*'fästning*	**en fästning**
fotografieren	*futugra'fe:ra*	**fotografera**
Freilichtmuseum	*ˇfri:lʉftsmˇ`se:ˇm*	**ett friluftsmuseum**
Fremdenführer	*gaid*	**en guide**
Friedhof	*ˇchykugo:d*	**en kyrkogård**
Führung	*ˇwi:sning*	**en visning**
Fußgängerzone	*ˇgo:ga:ta*	**en gågata**
Galerie	*gale'ri:*	**ett galleri**
Garten	*'trä:go:d*	**en trädgård**
Gasse	*gränd*	**en gränd**
Gebäude	*ˇbygnad*	**en byggnad**
Gemälde	*ˇta:wla*	**en tavla**
Gewölbe	*walw*	**ett valv**
Gottesdienst	*ˇgʉdschänst*	**en gudstjänst**
Grab	*gra:w*	**en grav**
Großmachtzeit	*ˇstumaktsti:den*	**stormaktstiden**
Handwerk	*ˇhantwerk*	**ett hantverk**
Häuslerkate	*torp*	**ett torp**
heidnisch	*ˇhe:dnisk*	**hednisk**
Heimatmuseum	*'bygdemuseˇm*	**ett bygdemuseum**
Herrenhaus	*'hergo:d*	**en herrgård**
Hünengrab	*'jätehö:g*	**en jättehög**
Jahrhundert	*ˇse:kel*	**ett sekel**
Jahrhunderwende	*ˇse:kelschiftet*	**sekelskiftet**
Kirche	*ˇchyka*	**en kyrka**
König	*kʉng*	**en kung**
Königin	*'drotning*	**en drottning**
Kreuz	*kosch*	**ett kors**
Kultstätte	*ˇkʉltplats*	**en kultplats**
Leuchtturm	*fyr*	**en fyr**
Maler	*'mo:lare*	**en målare**
Mittelalter	*ˇme:delti:den*	**medeltiden**
Museum	*mʉs'e:ʉm*	**ett museum**
Oper	*ˇu:pera*	**en opera**
Orgel	*ˇorjel*	**en orgel**
Park	*park*	**en park**
Platz	*torj*	**ett torg**
Rathaus	*ˇro:dhʉ:s*	**ett rådhus**
Ruine	*rʉí:n*	**en ruin**
Sägewerk	*ˇso:gwerk*	**ett sågverk**
Schiffahrtsmuseum	*ˇschö:fatsmu`se:ʉm*	**ett sjöfartsmuseum**
Schiffssetzung	*ˇskepsätning*	**en skeppsättning**
Schleuse	*slʉs*	**en sluss**
Schloß	*slot*	**ett slott**
Schule	*ˇsku:la*	**en skola**
Skulptur	*skʉlp'tʉ:r*	**en skulptur**
Stadtrundfahrt	*ˇsta:dstʉ:r*	**en stadstur**
Statue	*sta'ty:*	**en staty**
Steinzeit	*ˇste:nolder*	**en stenålder**

Turm	*ton*	**ett torn**
Umgebung	*ˇomjiwning*	**en omgivning**
Wachablösung	*ˇwakta:w`lö:sning*	**en vaktavlösning**
Vorführung	*ˇʉpwi:sning*	**en uppvisning**
Vorgeschichte	*ˇfu:nti:d*	**en forntid**
Wikinger	*ˇwi:king*	**en viking**

Fragen

Dieses Straßenschild macht auf Sehenswürdigkeiten** (sevärdhet) **aufmerksam.

■ Wie kommt man zum Dom?
hʉr 'komer man til ˇdu:mchykan
Hur kommer man till domkyrkan?

■ Wo ist das Museum für Moderne Kunst?
wa:r fins mʉ'seet för mo'den konst
Var finns museet för modern konst?

■ Wie heißt diese Kirche?
wa 'heter den här 'chykan
Vad heter den här kyrkan?

■ Welche Sehenswürdigkeiten hat der Ort?
wilka atrak'schu:ner ha:r orten
Vilka attraktioner har orten?

■ Wann ist das Heimatmuseum geöffnet?
när är 'bygdemʉ`se:et 'öpet
När är bygdemuseet öppet?

■ Aus welchem Jahrhundert ist dieses Gebäude?
fro:n 'wilket 'se:kel är 'dena 'bygnad
Från vilket sekel är denna bygnad?

■ Gibt es eine Führung durch dieses Museum?
fins de en 'wisning je'nom mʉ'seet
Finns det en visning genom museet?

■ In welcher Sprache?
po 'wilket spro:k
På vilket språk?

■ Darf man hier fotografieren?
fo:r man futugra ˇfe:ra
Får man fotografera?

■ Kann man die alte Fabrik besichtigen?
kan man 'tita po: de 'gamla 'bʉ:ket
Kan man titta på det gamla bruket?

■ Gibt es in dieser Gegend Runensteine?
fins ˇrʉ:nste:n i om'jiwningen
Finns runstenar i omgivningen?

Natur

Die imposante nordische Landschaft ist die Hauptattraktion für Schwedenreisende. Die klare Luft, die Weite der Wälder und vor allem die dünne Besiedelung (21 Einwohner pro qkm) erwecken den Eindruck einer unberührten Landschaft. So urwüchsig sie im Vergleich zu mitteleuropäischen Ländern auch sein mag - Schweden ist ein hochindustrialisiertes Land, und auch hier hat es erhebliche Eingriffe in die Natur gegeben. Gigantische Kraftwerke (davon 12 Kernreaktoren), Bergbau und Stahlindustrie, Zellstoff- und Papierherstellung hinterlassen natürlich Spuren. Hinzu kommen „importierte" Belastungen, wie z. B. der saure Regen. Die „unberührten" Wälder sind zum allergrößten Teil intensiv genutzte Forste, die aus der Luft künstlich gedüngt und mit Schädlingsbekämpfungsmitteln besprüht werden. Da jedoch das Umweltbewußtsein im Vergleich zu anderen Ländern hier sehr hoch ist, halten strenge Auflagen die Auswirkungen auf die Natur in Grenzen.

Landschaft	Aussichtspunkt	*ˇʉ:tsiktspʉnkt*	**en utsiktspunkt**
	Bach	*bäk*	**en bäck**
	Berg	*berj*	**ett berg**
	Botanischer Garten	*bo'ta:niska 'trä:`go:rn*	**botaniska trädgården**
	Brücke	*bru:*	**en bro**
	Bucht	*wi:k*	**en vik**
	Düne	*dy:n*	**en dyn**
	eben	*slä:t*	**slät**
	Felsen	*ˇklipa*	**en klippa**
	Fischerdorf	*'fiske`lä:ge*	**ett fiskeläge**
	Fluß	*älw*	**en älv**
	Gebirge	*fjäl*	**ett fjäll**
	Höhle	*'grota*	**en grotta**
	Hügel	*'kʉle*	**en kulle**
	Kanal	*ka'na:l*	**en kanal**
	Kies	*grʉ:s*	**ett grus**
	Klettersteig	*'klätersti:g*	**en klätterstig**
	Landschaft	*ˇlandska:p*	**ett landskap**
	Lappenzelt	*'lapˇko:ta*	**en lappkåta**
	Leuchtturm	*fy:r*	**en fyr**
	Meer	*ha:w*	**ett hav**
	Moor	*'mosse*	**en mosse**
	Mündung	*'myning*	**en mynning**
	Naturschutzgebiet	*ˇnatʉrreserwa:t*	**ett naturreservat**
	Polarkreis	*ˇpu:lsirkeln*	**polcirkeln**

Quelle	*ˇchäla*	**en källa**
Sand	*sand*	**en sand**
Sandbank	*ˇsandbank*	**en sandbank**
Schäre	*schä:r*	**ett skär**
Schilf	*wass*	**en vass**
Schleuse	*slʉss*	**en sluss**
Schlucht	*ˇklyfta*	**en klyfta**
See	*schö:*	**en sjö**
Stausee	*ˇʉpdämd schö:*	**en uppdämd sjö**
Steg	*ˇbryga*	**en brygga**
steil	*brant*	**brant**
Steppe	*stäp*	**en stäpp**
Stromschnelle	*ˇströ:dra:g*	**ett strömdrag**
Sumpf	*träsk*	**ett träsk**
Tal	*da:l*	**en dal**
Ufer	*strand*	**en strand**
Urwald	*'ˇschku:g*	**en urskog**
Vogelschutzgebiet	*ˇfo:gelreser`wa:t*	**ett fågelreservat**
Wald	*sku:g*	**en skog**
Wasserfall	*'watenfal*	**ett vattenfall**
Weg	*wä:g*	**en väg**
Wildnis	*'wildmark*	**en vildmark**
Wildreservat	*'vildˇreserwa:t*	**ett vildreservat**
Wiese	*äng*	**en äng**
Windmühle	*'wä:der`kwan*	**ett väderkvarn**
Zoo	*suu'lu:giska trä:go:n*	**zoologiska trädgården**

Tiere und Pflanzen

In Schweden findet man noch viele Tier- und Pflanzenarten, die in anderen europäischen Ländern bereits nahezu ausgestorben sind. Vielerorts werden botanische oder ornithologische Führungen angeboten. Auskünfte erteilen die Touristenbüros. Gefährliche Tiere gibt es kaum, es sei denn, man hat eine unglückliche Begegnung mit Bären, Elchen oder Wölfen. Bären sind jedoch sehr scheu und Wölfe sehr selten.

Elche sind allerdings in Schweden eine Landplage, die in Land- und Forstwirtschaft große Schäden anrichtet. Auch die hohen Abschußquoten (jährlich etwa 200.000), verhindern nicht die kontinuierliche Zunahme des Bestandes. Trotz der stattlichen Größe und des gewaltigen Geweihs sind Elche in der Regel harmlos. Sie greifen nur an, wenn sie sich bedroht fühlen, z. B. wenn man sich ihren Jungen zu sehr nähert, um sie zu fotografieren. Wirklich gefährlich ist es, sie mit dem Auto anzufahren, was in der Dämmerung häufig vorkommt. Die Warnschilder „Elchwechsel" sind ernstzunehmen.

Äußerst lästig sind die Mücken, und in Lappland die **knott**, eine beißende Kleinfliegenart. Am Zelt bieten Mückennetze ein wenig Erleichterung. Mückenmittel sollten Sie in Schweden kaufen, da sie wirklich funktionieren. Wenn es nachts in Wänden oder Dach der **Stuga** rumort, handelt es sich meist um einen Marder (**mård**) o. ä., selten um Ratten (**råttor**). Es empfiehlt sich, beim Beeren- und Pilzesammeln feste Schuhe anzuziehen, um Kreuzotterbisse zu vermeiden.

■ Wie heißt dieses Tier?
wa 'he:ter den här 'jʉ:ren
Vad heter det här djuret?

■ Bieten Sie botanische Wanderungen an?
er'bjʉder ni bo'ta:niska 'wandring`tʉ:rer
Erbjuder ni botaniska vandringsturer?
anbieten - Sie - botanische - Wanderungen

Baumarten

Baum	*trä:d*	**ett träd**
Birke	*björk*	**en björk**
Buche	*bu:k*	**en bok**
Eiche	*e:k*	**en ek**
Fichte	*gra:n*	**en gran**
Kiefer	*tal*	**en tall**

Pferd
häst
en häst

Ziege
je:t
en get

Schwein
gri:s
en gris

Hund
hʉnd
en hund

Katze
kat
en katt

Fuchs
rä:w
en räv

Elch
älj
en älg

Spinne
'spindel
en spindel

Fliege
'flʉga
en fluga

Mücke
ˇmyga
en mygga

Ameise
'my:ra
en myra

Kuh
ku:
en ko

Gans
go:s
en gås

Huhn
höns
ett höns

Seehund
'sä:l
en säl

Fisch
fisk
en fisk

Hase
ha:re
en hare

Marder
mo:d
en mård

Ente
and
en and

Frosch
'gru:da
en groda

Ratte
'rota
en råtta

Schlange
urm
en orm

Eidechse
'ö:dla
en ödla

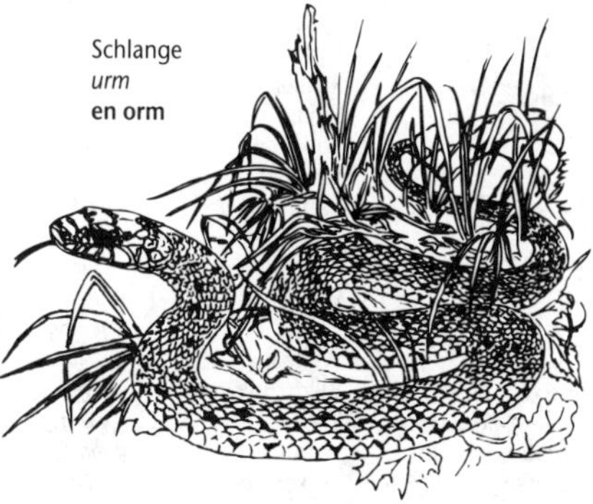

Tiere

Adler	*örn*	**en örn**
Ameise	*'my:ra*	**en myra**
Auerhahn	*'chä:der*	**en tjäder**
Bär	*bjön*	**en björn**
Birkhuhn	*'ore*	**ett orre**
Biene	*bi:*	**ett bi**
Dachs	*'grä:wling*	**en grävling**
Eichhörnchen	*'e:korre*	**en ekorre**
Eidechse	*'ö:dla*	**en ödla**
Elch	*älj*	**en älg**
Ente	*and*	**en and**
Fasan	*fa'sa:n*	**en fasan**
Fisch	*fisk*	**en fisk**
Fliege	*'flʉga*	**en fluga**
Frosch	*'gru:da*	**en groda**
Fuchs	*rä:w*	**en räv**
Gans	*go:s*	**en gås**
Hahn	*tʉp*	**en tupp**
Hase	*ha:re*	**en hare**
Huhn	*höns*	**ett höns**
Hund	*hʉnd*	**en hund**
Igel	*íjelkot*	**en igelkott**
Kaninchen	*ka'ni:n*	**en kanin**
Katze	*kat*	**en katt**
Kranich	*ˇtra:na*	**en trana**
Kreuzotter	*'hʉgurm*	**en huggorm**
Kröte	*'pada*	**en padda**
Kuh	*ku:*	**en ko**
Luchs	*'lu:jʉr*	**ett lodjur**
Marder	*mo:d*	**en mård**
Maus	*mʉ:s*	**en mus**
Mücke	*ˇmyga*	**en mygga**
Möwe	*mo:s*	**en mås**
Muschel	*'mʉsla*	**en mussla**
Pferd	*häst*	**en häst**
Qualle	*ma'ne:t*	**en manet**
Ratte	*'rota*	**en råtta**
Rentier	*re:n*	**en ren**
Schaf	*fo:r*	**ett får**
Schlange	*urm*	**en orm**
Schwein	*gri:s*	**en gris**
Seehund	*'sä:l*	**en säl**
Spinne	*'spindel*	**en spindel**
Stier	*chʉ:r*	**en tjur**
Vogel	*ˇfo:gel*	**en fågel**
Wespe	*'je:ting*	**en geting**
Wildgans	*'wildgo:s*	**en vildgås**
Wildschwein	*ˇwildswi:n*	**ett vildsvin**
Wolf	*warg*	**en varg**
Wurm	*mask*	**en mask**
Zecke	*'fästing*	**en fästing**

Beeren, Pilze und Meerestiere siehe im Kapitel „Einkaufen"

Wetter

Das Klima ist in Südschweden maritim, im Norden eher kontinental. So kann es zwar im Sommer kurzfristig im Norden heißer sein als im Süden, aber die Durchschnittstemperatur für Juli liegt in Lappland bei 13°, in Malmö bei 17°. Im Januar beträgt sie in Malmö 0°, in Lappland -14°. An der Westküste ist es oft windig und regnerisch, besonders trocken und warm ist es auf Öland.

In ganz Schweden sind im Sommer die Tage und im Winter die Nächte länger als in Mitteleuropa. Die Mitternachtssonne (**midnattssol**) scheint am Polarkreis in der Mittsommernacht, ganz im Norden von Anfang Juni bis Mitte Juli. Im Winter wird es jenseits des Polarkreises (**polcirkel**) bis zu vier Wochen lang nicht hell.

In besonders klaren Winternächten kann man in Nordschweden das Nordlicht sehen.

bewölkt	*ˇmulnit*	**molnigt**
Blitz	*blixt*	**en blixt**
Donner	*ˇo:ska*	**en åska**
Flaute	*ˇstiltje*	**en stiltje**
frieren	*ˇfry:sa*	**frysa**
Frost	*frost*	**en frost**
Gewitter	*ˇo:skwäder*	**ett åskväder**
Glatteis	*ˇhalka*	**en halka**
Hagel	*ˇha:gel*	**ett hagel**
heiß/kalt	*het/kalt*	**hett/kallt**
Himmel	*'himel*	**en himmel**
Mitternachtssonne	*ˇmidnatssu:l*	**en midnattssol**
Mond	*ˇmo:ne*	**en måne**
Nachtfrost	*ˇnatfrost*	**en nattfrost**
naß/feucht	*blö:t/fʉktig*	**blöt/fuktig**
Nebel	*ˇdima*	**en dimma**
Nieselregen	*ˇdʉgreng*	**ett duggregn**
Nordlicht	*ˇnorsche:n*	**ett norrsken**
Regen	*reng*	**ett regn**
Schnee	*snö:*	**en snö**
Schneesturm	*ˇsnö:stom*	**en snöstorm**
Schneewehen	*ˇsnö:dri:wa*	**en snödriva**
schwitzen	*ˇsweta*	**svetta**
schwül	*kwa:w*	**kvav**
Sonne	*su:l*	**en sol**
Sonnenaufgang	*ˇsu:lʉpgong*	**en soluppgång**
-untergang	*ˇsu:lne:dgong*	**en solnedgång**
Stern	*ˇschäna*	**en stjärna**
Sturm	*stom*	**en storm**
Tauwetter	*ˇbli:dwä:der*	**ett blidväder**

Temperatur	*tempera'tʉ:r*	**en temperatur**
trocken	*torr*	**torr**
Überschwemmung	*öwe'schwämning*	**en översvämning**
wechselhaft	*'wäxlande*	**växlande**
Wetter	*ˇwä:der*	**ett väder**
Wetterbericht	*ˇwädele:ksra'pot*	**en väderleksrapport**
Wind	*wind*	**en vind**
Windstärke	*ˇwindstyka*	**en vindstyrka**
Wolke	*muln*	**ett moln**
wolkenlos	*ˇmulnfri:*	**molnfri**

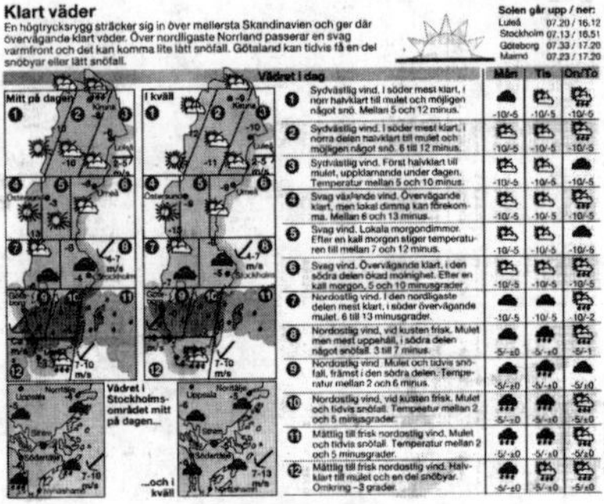
Klart väder
En högtrycksrygg sträcker sig in över mellersta Skandinavien och ger där övervägande klart väder. Över nordligaste Norrland passerar en svag varmfront och det kan komma lite lätt snöfall. Götaland kan tidvis få en del snöbyar eller lätt snöfall.

Solen går upp / ner:
Luleå 07.20 / 16.12
Stockholm 07.13 / 16.51
Göteborg 07.33 / 17.20
Malmö 07.23 / 17.20

Vädret i dag		Mån	Tis	On/To
1	Sydvästlig vind. I söder mest klart, i norr halvklart till mulet och möjligen något snö. Mellan 5 och 12 minus.	-10/-5	-10/-5	-10/-5
2	Sydvästlig vind. I söder mest klart, i norra delen halvklart till mulet och möjligen något snö. 6 till 12 minus.	-10/-5	-10/-5	-10/-5
3	Sydvästlig vind. Först halvklart till mulet, uppklarnande under dagen. Temperatur mellan 5 och 10 minus.	-10/-5	-10/-5	-10/-5
4	Svag växlande vind. Övervägande klart, men lokal dimma kan förekomma. Mellan 6 och 13 minus.	-10/-5	-10/-5	-10/-5
5	Svag vind. Lokala morgondimmor. Efter en kall morgon stiger temperaturen till mellan 7 och 12 minus.	-10/-5	-10/-5	-10/-5
6	Svag vind. Övervägande klart, i den södra delen ökad molnighet. Efter en kall morgon, 5 och 10 minusgrader.	-10/-5	-10/-5	-10/-5
7	Nordostlig vind. I den nordligaste delen mest klart, i söder övervägande mulet. 6 till 13 minusgrader.	-10/-5	-10/-5	-10/-2
8	Nordostlig vind, vid kusten frisk. Mulet men mest uppehåll, i södra delen något snöfall. 3 till 7 minus.	-5/-±0	-5/-±0	-5/-1
9	Nordostlig vind. Mulet och tidvis snöfall, främst i den södra delen. Temperatur mellan 2 och 6 minus.	-5/-±0	-5/-±0	-5/±0
10	Nordostlig vind, vid kusten frisk. Mulet och tidvis snöfall. Tempeatur mellan 2 och 5 minusgrader.	-5/-±0	-5/-±0	-5/±0
11	Måttlig till frisk nordostlig vind. Mulet och tidvis snöfall. Temperatur mellan 2 och 5 minusgrader.	-5/-±0	-5/-±0	-5/±0
12	Måttlig till frisk nordostlig vind. Halvklart till mulet och en del snöbyar. Omkring -3 grader.	-5/-±0	-5/-±0	-5/±0

Eine detaillierte Wettervorhersage findet sich in der Tageszeitung „Dagens Nyheter". Dank der Verwendung von Symbolen ist sie auch verständlich, wenn man nicht Schwedisch spricht. Das einzige, was man wissen muß, sind die Wochentage: Mån, Tis, On, To, Fr, Lö, Sö (Mo, Di, Mi, Do, Fr, Sa, So)

■ Wie wird das Wetter heute?
wa bli:r de för 'wä:der i'da:g
Vad blir det för väder idag?

◆ Es gibt ein Gewitter.
de bli:r ˇo:skwä:der
Det blir åskväder.

◆ Es bleibt schön.
de 'wakra 'wä:dret ˇfutsäter
Det vackra vädret fortsätter.

■ Es ist sehr windig!
de ˇblo:ser rät 'kraftit
Det blåser rätt kraftigt!
es - bläst - recht - kräftig

■ Wird es heute nacht frieren?
'komer de at ˇfry:sa i'nat
Kommer det att frysa inatt?

◆ Ja, es sollen -*5 Grad* werden.
ja: de 'komer at bli: fem ˇmi:ʉsgra:der
Ja, det kommer att bli *fem minusgrader*.

Erholung und Sport

Erholung und Sport

Lieblingsbeschäftigung der Schweden und ihrer Gäste aus dem Ausland sind **friluftsaktiviteter** - jede Art von Bewegung, bei der man möglichst mit sich und der Natur allein ist: Wandern zu Fuß, per Rad oder Kanu, Übernachten in der Wildnis, Jagen und Fischen. Auch zu anderen Sportarten, vor allem Reiten, Golf und Tennis, sowie zu allen Arten von Wasser- und Wintersport gibt es reichlich Gelegenheit.

Anfänger	*ˇny:börjare*	**en nybörjare**
Ausritt	*ˇri:dtʉ:r*	**en ridtur**
Drachenfliegen	*ˇdra:kflygning*	**en drakflygning**
Eisbahn	*ˇskrisku:ba:na*	**en skridskobana**
Fallschirmspringen	*ˇfalschäms'hopning*	**en fallskärms-hoppning**
Federball	*badminton*	**badminton**
Freibad	*ˇfri:lʉftsba:d*	**ett friluftsbad**
Fitneßcenter	*mo'schu:ns`ßenter*	**ett motionscenter**
Fußball	*ˇfu:tbol*	**en fotboll**
Gleitschirmspringen	*ˇpa:rasejling*	**en parasailing**
Golfplatz	*'golfˇba:na*	**en golfbana**
Gymnastik	*jymnas'ti:k*	**en gymnastik**
Hallenbad	*ˇsimhal*	**en simhall**
Handball	*ˇhandbol*	**en handboll**
Leichtatlethik	*'fri:ˇidrot*	**en friidrott**
Massage	*ma'sa:sch*	**en massage**
Minigolfanlage	*'minigolfˇba:na*	**en minigolfbana**
Orientierungslauf	*orien'te:ring*	**en orientering**
reiten	*ˇri:da*	**rida**
Rundflug	*ˇflygtʉr*	**en flygtur**
Sauna	*ˇba:stʉ:*	**en bastu**
schwimmen	*ˇsima*	**simma**
Segelfliegen	*ˇse:jelfly:ga*	**segelflyga**
Solarium	*suˇla:riʉm*	**ett solarium**
Tennis	*'tenis*	**en tennis**
-platz	*'tenisˇba:na*	**en tennisbana**
-schläger	*'tenis`raket*	**en tennisracket**
-netz	*'tenisnät*	**ett tennisnät**
Tischtennis	*ˇbu:dtenis*	**en bordtennis**
Tor	*mo:l*	**ett mål**
Trainerstunde	*ˇtra:nings`pas*	**ett träningspass**
Volleyball	*'woli`bol*	**en volleyboll**
Whirlpool	*ˇbʉbelba:d*	**ett bubbelbad**

*Orientierungslauf (**orientering**) ist in Schweden sehr weit verbreitet und wird gezielt auch für Touristen veranstaltet. Infos im Touristenbüro.*

Am Wasser

Mit 7.624 km Küste und den unzähligen Seen und Flüssen ist Schweden ein ideales Reiseziel für Wassersportler. Die Flüsse haben vor allem im Norden eine starke Strömung (**ström**) und viele Stromschnellen (**forsar**). Sie sind auch im Sommer eisig, und für Kanuten sind Neoprenanzüge empfehlenswert. Richtig warm werden auch die Seen und das Meer nie. Sie bieten also eine echte Erfrischung bei großer Hitze. Auch nach einem Saunagang ist das klare kühle Wasser die ideale Erquickung. Viele Ferienhäuser liegen am Wasser und haben eine kleine Sauna (**bastu**), von der aus man sich direkt in den Fluß bzw. See stürzen kann.

Vorsicht!

Planen Sie einen Badeurlaub mit Kindern, sollten Sie sich ausdrücklich nach kinderfreundlichen Stränden (**banrvänliga stränder**) erkundigen. Oft ist das Wasser plötzlich mehrere Meter tief, und bei dem Versuch, an den steil abfallenden, bemoosten Felsen wieder an Land zu kommen; braucht man Ausdauer.

Vor allem an der Westküste und auf den Seen kann plötzlich starker Wind aufkommen. Kinder sollten daher in Booten nie ohne Schwimmweste mitgenommen werden. Schwimmwesten können Sie überall dort ausleihen, wo Boote vermietet werden. Für Motorboote, die länger als 12 und breiter als 4 m sind, braucht man einen Führerschein.

FKK

Man kann grundsätzlich überall nackt baden, sucht sich dann aber nach Möglichkeit ein Plätzchen etwas abseits der Menge. Es gibt auch ausgesprochene FKK-Strände (**nakenbad**).

Angeln

Zum Angeln müssen Sie im Touristenbüro oder im Sportgeschäft eine Angelkarte (**fiskekort**) kaufen. Es gibt Tages-, Wochen- und Saisonkarten. In den Küstengewässern sowie den Seen Vänern, Vättern, Mälaren, Hjälmaren und Storsjön ist das Angeln frei. In einigen Orten werden Kurse in Fliegenfischen (**flugfiske**), Lachsangeln (**laxfiske**), Eisangeln (**isfiske**) u. ä. angeboten.

Am Wasser

angeln	*'fiska*	**fiska**
Angelkarte	*ˇfiskekut*	**ett fiskekort**
Angelschnur	*ˇme:tre:w*	**en metrev**
Anker	*'ankare*	**en ankare**
den Anker lichten	*'läta 'ankar*	**lätta ankar**

vor Anker gehen	*'kasta 'ankar*	**kasta ankar**
Außenbordmotor	*ˇʉ:tombudsmu'tu:r*	**en utombordsmotor**
Badeanzug	*ˇba:ddräkt*	**en baddräkt**
Badehose	*ˇba:dbyxur*	**badbyxor**
baden	*ˇba:da*	**bada**
Blinker	*ˇsche:ddra:g*	**ett skeddrag**
Boje	*boj*	**en boj**
Bootshaus	*ˇbo:thʉ:s*	**ett båthus**
Bootssteg	*'bo:tˇbryga*	**en båtbrygga**
Gasthafen	*ˇwädsham*	**en värdshamn**
Bucht	*wi:k*	**en vik**
Dusche	*dʉsch*	**en dusch**
Ebbe	*eb*	**en ebb**
Eisfischen	*ˇi:sfiske*	**en isfiske**
Faltboot	*ˇfaltbo:t*	**en faltbåt**
Felsen	*ˇklipa*	**en klippa**
FKK-Strand	*ˇna:kenba:d*	**ett nakenbad**
flach/tief	*grʉnd/jʉ:p*	**grund/djup**
Flaute	*ˇstiltje*	**en stiltje**
Fliegenfischen	*flʉgfiske*	**en flugfiske**
Flut	*flu:d*	**ett flod**
Handtuch	*ˇhanddʉ:k*	**ett handduk**
Hochseeangeln	*ˇstuschö:fiskning*	**en storsjöfiskning**
Kanadier	*kana'densare*	**en kanadensare**
Kanu	*ka'nu:t*	**ett kanot**
Kiel	*chöl*	**ett köl**
Kiesstrand	*ˇgr:sstranden*	**grusstrand**
Kurs	*kʉsch*	**en kurs**
Lachsangeln	*ˇlaxfiske*	**en laxfiske**
Lufttemperatur	*ˇlʉfttemeraˋtʉ:r*	**en lufttemperatur**
Mast	*mast*	**en mast**
Motorboot	*ˇmu:turbo:t*	**en motorbåt**
Muschel	*ˇmʉsla*	**en mussla**
Nichtschwimmer	*ˇinte 'simare*	**inte simmare**
Rettungsring	*ˇli:wboj*	**en livboj**
Ruderboot	*ˇrodbo:t*	**en roddbåt**
Sandstrand	*ˇsandstrand*	**en sandstrand**
Schlauchboot	*ˇgʉmiflote*	**en gummiflotte**
Schnorchel	*ˇsnorkel*	**en snorkel**
schnorcheln	*snorkla*	**snorkla**
Schwimmer	*'simare*	**simmare**
Schwimmweste	*ˇfly:twäst*	**en flytväst**
Segelboot	*ˇse:gelbo:t*	**en segelbåt**
Segelschule	*ˇseglaschku:la*	**en seglarskola**
Sonnenbrand	*ˇsu:lswe:da*	**en solsveda**
Sonnenbrille	*ˇsu:lgla:sögon*	**solglasögon**
Sonnenöl	*ˇsu:lolja*	**en sololja**
Stromschnelle	*fosch*	**en fors**
Strömung	*ström*	**en ström**
Sturmwarnung	*'stomwaning*	**en sjtormvarning**
Surfbrett	*ˇsöfing'bräda*	**en surfingbrädda**

Tauchausrüstung	*'dy:kˇʉ:trʉstning*	**en dykutrustning**
Taucheranzug	*ˇdy:kadräkt*	**en dykardräkt**
Taucherbrille	*ßy'klo:pˇöga*	**en cyklopöga**
Taucherflossen	*simföter*	**simfötter**
Wasserrutsche	*ˇrʉtschba:na*	**en rutschbana**
Wasserski	*'watenˇschi:dur*	**vattenskidor**
Wassertemperatur	*'watenˇtemeporatʉ:r*	**en vattentemperatur**
Wellen	*wo:g*	**våg**

Am Strand

■ Geht es hier zum Strand?
är de här 'wägen til 'watnet
Är det här vägen till vattnet?
ist - das - hier - der - Weg - zum - Wasser

■ Ich gehe jetzt ins Wasser.
ja: ska in i 'watnet nʉ
Jag ska in i vattnet nu.
ich - soll - hinein - ins - Wasser - jetzt

■ Kannst Du bitte auf meine Sachen aufpassen?
kan dʉ 'kasta et 'öga po: mina sa:ker
Kan du kasta ett öga på mina saker?
kannst - du - werfen - ein - Auge - auf - meine - Sachen

■ Ist dieser Strand für Kinder geeignet?
är den här 'stranden 'lämplit för ban
Är den här stranden lämpligt för barn?

Achtung

◆ Die Klippen sind sehr steil und glatt.
ˇklipurna är 'branta o ˇha:la
Klipporna är branta och hala.

◆ Die Strömung ist stark.
de är strömt
Det är strömt.
das - ist - geströmt

◆ Vorsicht! Es kommt Sturm auf!
obs de blir storm
Obs! Det blir storm!

◆ Der Boden ist sehr steinig.
de är en 'masa 'ste:nar po 'boten
Det är en massa stenar på botten.
das - ist - eine - Masse - Steine - auf - dem - Grund

◆ In diesem Jahr gibt es hier viele Quallen.
de fins 'monga ma'ne:ter i o:r
Det finns många maneter i år.

In Wald und Flur

Es gibt in Schweden ein gut ausgebautes Netz von Wanderwegen - vom Rundweg bis zum berühmten **Kungsleden** (Königsweg), der sich an der norwegischen Grenze entlang von Hemavan über 500 km in Richtung Norden bis Abisko erstreckt. Für die Übernachtung stehen überall Jugendherbergen (**vandrarhem**) sowie Bergstationen (**fjällstationer**) und Hütten (**hytter**) zur Verfügung, bei denen man sich auf jeden Fall (möglichst schon drei Monate) vorher anmelden sollte.

Auch Behinderte brauchen auf intensive Naturerlebnisse nicht zu verzichten. Es gibt behindertengerechte Wanderwege.

Jagd

Für Jäger ist es am unproblematischsten, einen speziellen Jagdurlaub zu buchen oder sich von einem Jagdfreund einladen zu lassen, der einem beim Kampf mit den Behörden behilflich ist. Sie brauchen nämlich: 1. Eine Jagderlaubnis des Jagdrechtinhabers, d. h. einen Jagdschein (**jaktkort**) 2. Eine Quittung über die Einzahlung der Jagdschutzgebühr von 180 Kronen. Diese Quittung müssen Sie während des Jagens bei sich tragen. 3. Eine Haftpflichtversicherung. 4. Eine Bescheinigung, daß Sie an einem schwedischen Jagdschießstand eine Prüfung abgelegt haben, falls Sie Elche jagen wollen. 5. Eine Einfuhrgenehmigung für Waffen und Munition (kostet 400 Kronen), die Sie rechtzeitig vor Ihrem Urlaub bei der Polizei des Ortes, in dem Sie nach Schweden einreisen werden, beantragen müssen. Die Schonzeiten variieren von Region zu Region.

Vorsicht!

Nicht im Grünzeug zur Elchjagd antreten! Möglichst auffallend kleiden (Elche sind farbenblind). Ganz Schweden ist zur Elchsaison im Jagdfieber, und man bekommt leicht eine Ladung ab, wenn man nicht weithin sichtbar ist.

Bergstation	*'fjälstaschu:n*	**en fjällstation**
Bergsteigen	*'berjsbe'stigning*	**en bergsbestigning**
Bergwacht	*ˇfjälrädningen*	**fjällräddningen**
Eispickel	*ˇi:syxa*	**en isyxa**
feste Schuhe	*'sta:diga sku:r*	**stadiga skor**
Jagen	*ja:ga*	**jaga**
Jagdschein	*ˇjaktkot*	**ett jaktkort**
Klettereisen	*'käterjän*	**ett klätterjärn**
Klettergarten	*'klippar`ti:*	**en klipparti**

klettern	*'klätra*	**klättra**
Kompaß	*kom'pas*	**en kompass**
Markierung	*marˇke:ring*	**en markering**
Munition	*amʉni'schu:n*	**en ammunition**
Schneewächte	*ˇhängdri:wa*	**en hängdriva**
Schonzeit	*ˇfri:dlysnings`ti:d*	**en fridlysningstid**
Schutzhütte	*öve'natningsˇstʉ:ga*	**en övernattningsstuga**
Seilbahn	*ˇli:nba:na*	**en linbana**
Steigeisen	*ˇsti:gjän*	**ett stigjärn**
trampen	*ˇlifta*	**lifta**
Treibjagd	*ˇdre:wjakt*	**en drevjakt**
wandern	*ˇwandra*	**vandra**
Wanderweg	*'wandrings`le:d*	**en vandringsled**
Weggabelung	*wä:gga:wling*	**en väggavling**
Wegweiser	*ˇwä:gwi:sare*	**en vägvisare**

■ Ist das Wasser trinkbar?
är 'watnet 'drikbart
Är vattnet drickbart?

■ Für diesen Weg brauchen Sie feste Schuhe.
för den här 'wä:gen be'hö:wer dʉ: ˇsta:diga sku:r
För den här vägen behöver du stadiga skor.

■ Wo kann man am besten den Bach überqueren?
war kan man bäst ta: sej 'öwer o:n
Var kan man bäst ta sig över ån?
wo - kann - man - am besten - begeben - sich - über den - Fluß

■ Wir haben uns verlaufen.
wi: har got ˇwilse
Vi har gått vilse.

■ Wartet!
ˇwänta
Vänta!

■ Hierher!
kom hit
Kom hit!

■ Ich hole Hilfe.
ja: ska ˇhämta jälp
Jag ska hämta hjälp.

■ Beeil dich!
ˇschynda dej
Skynda dig!

Im Schnee

Bis auf die südlichen Provinzen gilt Schweden von Dezember bis März - Lappland sogar bis Mai - als schneesicher. Nur wenige ausländische Touristen haben bis jetzt das Winterland Schweden entdeckt. Daher kann man hier noch ohne endlose Schlangen an den Liften und Massenkarambolagen auf vereisten Pisten die Stille und Weite eines klaren Wintertages genießen. Der klassische Wintersport ist in Schweden der Langlauf, doch im Norden, vor allem im **Fjäll**, gibt es auch gute Alpinanlagen. Die längste Abfahrt beträgt allerdings nur 6 km.

Auch für alle anderen Wintersportarten bietet Schweden ideale Bedingungen. Eine Spezialität des hohen Nordens sind Fahrten mit dem Hundeschlitten (**hundsläde**).

Jährlich am ersten Sonntag im März beteiligen sich Tausende von Schweden aller Altersgruppen am **Vasaloppet**. Auf Langlaufskiern legen sie 90 km von Sälen nach Mora zurück - die Strecke, auf der der spätere König Gustav Vasa 1521 auf Skiern vor seinen dänischen Feinden floh.

Wegen der langen Winternächte im Norden sind viele Pisten und Loipen beleuchtet. Sie heißen dann **elljusspår** (*ˇe:ljʉ:sspo:r*) bzw. **elljusbacke** (*ˇe:ljʉ:sbake*)

Im Schnee

Abfahrtslauf	*al'pi:nˇschi:da*	**en alpinskida**
Eisbahn	*ˇskri:dsku:ba:na*	**en skridskobana**
Eishockey	*ˇi:shoki*	**en ishockey**
Eiskunstlauf	*ˇkunsto:kning*	**en konståkning**
eislaufen	*o:ka 'skri:dsku:*	**åka skridsko**
geschlossene Schneedecke	*he:lst ˇsnö:täke*	**ett helt snötäcke**
Harsch	*ska:re*	**en skare**
Hundeschlitten	*ˇhʉndslä:de*	**en hundsläde**
Langlauf	*ˇlängdlö:pning*	**en längdlöpning**
Lawinengefahr	*la'wi:nˇfa:ra*	**en lavinfara**
Loipe	*ˇlö:pspo:r*	**ett löpspår**
Neuschnee	*ˇny:snö:*	**en nysnö**
Pferdeschlitten	*ˇhästlä:de*	**en hästsläde**
Pulverschnee	*ˇpʉ:deschnö:*	**en pudersnö**
rodeln	*'o:ka 'chälke*	**åka kälke**
Schlepplift	*ˇslä:plift*	**en släplift**
Schlitten	*'slä:de*	**en släde**
Schneeballschlacht	*ˇsnö:bolskri:j*	**ett snöbollskrig**
Schneefräse	*ˇsnö:frä:s*	**en snöfräs**
Schneehöhe	*ˇsnö:jʉ:p*	**ett snödjup**

Schneemann	*ˇsnö:gʉbe*	**en snögubbe**
Schneemobil	*ˇsnö:sku:ter*	**en snöskoter**
Schneeschaufel	*ˇsnö:schyfel*	**en snöskyffel**
Schneetreiben	*ˇsnö:y:ra*	**en snöyra**
Sessellift	*ˇstu:llift*	**en stollift**
Skianzug	*ˇschi:dräkt*	**en skidräkt**
Skibindung	*ˇschi:dbindning*	**en skidbindning**
Skibrille	*et par ˇschidglasö:gon*	**ett par skidglasögon**
Skihütte	*ˇschi:dstʉga*	**en skidstuga**
Skikurs	*ˇschi:dkʉsch*	**en skidkurs**
skilaufen	*'o:ka schi:dur*	**åka skidor**
Skilehrer	*ˇschi:dlärare*	**en skidlärare**
Skischuh	*ˇschi:dpjäxa*	**en skidpjäxa**
Skistock	*ˇschi:dst:w*	**en skidstav**
Skiwachs	*ˇschi:dwala*	**en skidvalla**
Skiwanderung	*ˇschi:dtʉ:r*	**en skidtur**
Slalomhügel	*'sla:lom`bake*	**en slalombacke**

Gestürzt

■ Ich kann nicht aufstehen.
ja: kan 'inte ˇre:sa mej
Jag kan inte resa mig.
ich - kann - nicht - erheben - mich

■ Können Sie mir aufhelfen?
kan dʉ: ˇjälpa mej ʉp
Kan du hjälpa mig opp?

■ Hast du dir wehgetan?
'ju:de dʉ dej ˇila
Gjorde du dig illa?

Unter-
haltung

Unterhaltung

In den großen Städten gibt es reichlich Gelegenheit für Theater-, Kino-, Konzert- und Opernbesuche. Auf dem Lande ist das kulturelle Angebot natürlich weniger vielfältig, jedoch muß man auch in kleinen Orten nicht völlig auf Unterhaltung verzichten. In den Sommermonaten sind mobile Theatergruppen mit Bussen oder Schiffen unterwegs. Auch ländliche Orte haben ein **Kulturhus** mit einem abwechslungsreichen Veranstaltungsprogramm.

Eine schwedische Spezialität ist die traditionelle Spielmannsmusik (**spelmansmusik**). Sie wird vor allem in Dalarna, Hälsingland, Jämtland und Uppland gepflegt. Zum Tanzen kleidet man sich in der Regel ziemlich „ordentlich", d. h. Männer tragen Krawatte und Jackett.

Ausgehen

Zum Ausgehen siehe auch im Kapitel „Zwischenmenschliches" ab S. 153

ausgehen	*go: ʉ:t*	**gå ut**
Band	*band*	**ett band**
Bar	*ba:r*	**en bar**
Barockmusik	*ba'rokmʉ'si:k*	**en barockmusik**
Cassette	*ka'set*	**en kassett**
Chor	*chör*	**en kör**
CD	*ˇse:de:*	**en CD**
Disco	*disku'te:k*	**ett diskotek**
Eintritt	*ˇinträ:de*	**ett inträde**
Ermäßigung	*ra'bat*	**en rabatt**
Fest	*fest*	**en fest**
Festival	*festi'wal*	**en festival**
Fiedel	*fi'u:l*	**en fiol**
Film	*film*	**en film**
Freiluft	*ˇfri:lʉfts*	**frilufts**
-konzert	*kon'ßert*	**-konsert**
-theater	*te'a:ter*	**-teater**
hören	*ˇlysna til*	**lyssna till**
Jazz	*jas*	**en jazz**
Kasse	*ˇkasa*	**en kassa**
Kindertheater	*ba:nteater*	**ett barnteater**
Kino	*bi:u*	**en bio**
Kirche	*ˇchyka*	**en kyrka**
Klassische Musik	*'klasisk mʉ'si:k*	**klassisk musik**
Kneipe	*kru:g/pʉb/ˇwärdshʉ:s*	**krog/pub/värdshus**
Konzertsaal	*kon'sertsa:l*	**en konsertsal**
kostenlos	*'gra:tis*	**gratis**
Lied	*ˇwi:sa*	**en visa**
Musik	*mʉ'si:k*	**en musik**
Nachtlokal	*'natbar*	**en nattbar**

Platz	*plats*	**en plats**
Popkonzert	*popkonsert*	**en popkonsert**
Reihe	*bänk*	**en bänk**
Schallplatte	*schi:wa*	**en skiva**
Tanz	*dans*	**en dans**
Tanzboden	*ˇdansgolw*	**ett dansgolv**
tanzen	*ˇdansa*	**dansa**
Theater	*te'a:ter*	**en teater**
traditionelle Musik	*ˇfolkmʉsi:k*	**en folkmusik**
Türsteher	*ˇdörwakt*	**en dörrvakt**
vorn/hinten	*fram/ba:k*	**fram/bak**
Vorverkauf	*ˇföchö:p*	**ett förköp**

Kino

■ Welcher Film läuft heute?
'wilken film 'wi:sar ni i`da:g
Vilken film visar ni idag?
welchen - Film - zeigen - Sie - heute

■ Wo bekommt man Karten?
wa:r kan man 'chö:pa bil'jeter
Var kan man köpa biljetter?
wo - kann - man - kaufen - Karten

■ Zwei Karten für heute abend, bitte.
two: bil'jeter til i'kwäl tak
Två biljetter till ikväll, tack.

Kinofilme werden immer in Originalfassung mit schwedischen Untertiteln gezeigt.

■ Ich hätte gern ein Programm.
ja: skʉle ˇwilja ha: et pro'gram
Jag skulle vilja ha ett programm.

■ Wann beginnt die Vorstellung?
när 'börjar 'före`stälningen
När börjar föreställningen?

Tanz

■ Wo kann man tanzen gehen?
wa:r kan man go: po: dans
Var kan man gå på dans?
wo - kann - man - gehen - zum - Tanz

■ Was spielen sie da für Musik?
wad 'spe:las för mʉ'si:k där
Vad spelas för musik där?
was - wird - gespielt - für - Musik - da

■ Was trifft man da für Leute?
'hʉrdan pʉ'bli:k är de där
Hurdan publik är det där?

Radio und Fernsehen

Die Hauptnachrichtensendungen im Fernsehen sind **Rapport** um 19 Uhr in TV2 und **Aktuellt** um 21 Uhr in TV1. Ca. 50 % der Sendungen sind Auslandsproduktionen (meist englischsprachig), die in Originalsprache mit schwedischen Untertiteln gesendet werden.

Im Radio gibt es täglich von 22 bis 23 Uhr Nachrichten sowie den Land- und Seewetterbericht in deutscher Sprache (Schwedenwelle von Radio Schweden, MW 1179 kHz, Großraum Stockholm UKW 89,6MHz). Außerdem bringen regionale Touristensender (**turistradio**) aktuelle Informationen und Veranstaltungstips in deutscher Sprache. Die jeweiligen Sendezeiten erfährt man im Touristenbüro.

Radio und Fernsehen

Fernsehen	*ˇte:we*	**TV**
Hörspiel	*ˇra:diopjäs*	**en radiopjäs**
Kinderprogramm	*ˇba:nprogram*	**ett barnprogramm**
Krimi	*ˇdekare*	**en deckare**
Kurzwelle	*ˇkutwo:g*	**en kortvåg**
Langwelle	*ˇlongwo:g*	**en långvåg**
Mittelwelle	*ˇmelanwo:g*	**en mellanvåg**
Nachrichten	*ˇny:he:ter*	**nyheter**
Programm	*pogram*	**ett program**
Radio	*ˇra:dio*	**en radio**
Sender	*sta'schu:n*	**en station**
Spielfilm	*ˇlongfilm*	**en långfilm**
Touristenradio	*tʉ'ristˇra:dio*	**en turistradio**
UKW	*ˇʉltrakutwo:g*	**en ultrakortvåg**
umschalten	*ˇbyta ka'na:l*	**byta kanal**
Wetterbericht	*ˇwä:derle:ksrapot*	**en väderleksrapport**

Fernsehen

■ Ich möchte gern die Nachrichten sehen.
ja: 'skʉle ˇwilja se: po: ˇnyhe:terna
Jag skulle vilja se på nyheterna.
ich - würde - wollen - sehen - an - die - Nachrichten

■ Würde es Ihnen etwas ausmachen, umzuschalten?
'skʉle dʉ ha 'no:got e'mu:t at 'byta ka'na:l
Skulle du ha något emot att byta kanal?
würdest - du - haben - etwas - dagegen - zu - wechseln - Kanal

■ Gibt es heute einen deutschen/englischen Film?
go:r de ˇno:gon tysk/éngelsk film i'da:g
Går det någon tysk/engelsk film idag?

Feste und Feiertage

Fasta (Fastenzeit)

Im protestanischen Schweden wird nicht gefastet, aber aus der Zeit vor der Reformation hat der Brauch überlebt, am „Fettdienstag" (**fettisdag** - *ˇfe:ti:sda:g*) reichhaltige Fleischeintöpfe und eine „**semla**" zu essen, ein zweigeteiltes Milchbrötchen, das in der Mitte reichlich mit Marzipanmasse und Schlagsahne gefüllt ist (wird heute in Cafés und Konditoreien von Januar bis Ostern angeboten).

Die Märkte bieten in der Fastenzeit ein besonders farbenprächtiges Bild: Überall prangen Zweige mit leuchtendbunten Federn als Osterdekoration.

Påsk (Ostern)

Die Karwoche ist in Schweden eine stille, ernste Zeit. Bis vor wenigen Jahren wurden in dieser Zeit keine Feste gefeiert; auch heute noch wird am Karfreitag im Rundfunk getragene Musik gespielt, und die meisten Lokale und Kinos sind geschlossen.

Zu Ostern färbt man Eier und entzündet Osterfeuer; heute gibt es auch oft am Karsamstag ein Feuerwerk.

Der Gründonnerstag entspricht in etwa unserer Walpurgisnacht. Nach altem Aberglauben sind dann alte Zauberweiber (**påskkäringar**) auf ihrem Besen unterwegs und treffen sich auf dem **Blåkulla**, einer Art Blocksberg, zum Hexensabbat. An diesen Spuk erinnern heute als Hexen verkleidete Kinder, die am Gründonnerstag oder Karsamstag von Haus zu Haus ziehen.

Första April (1. April)

Wie bei uns ist es üblich, seine Mitmenschen „in den April zu schicken".

Valborgsmässoafton (Walpurgis)

Das ist der Abend des 30. April, hat aber nichts mit unserer „Walpurgisnacht" zu tun, in der die Hexen tanzen; es handelt sich vielmehr um eine Frühlingsfeier. In Uppsala ziehen die Studenten mit ihren weißen Studentenmützen durch die Straßen, hören eine „Frühlingsansprache", singen Frühlingslieder und feiern die ganze Nacht. In ganz Schweden entzündet man große Walpurgisfeuer (**majbrasor**), singt und tanzt in den Mai und unternimmt am 1. Mai einen Ausflug ins Grüne mit Picknick.

Första Maj (1. Mai)

Tag der Arbeit. Staatlicher Feiertag mit Maikundgebung usw.

Kristi Himmelsfärds dag (Christi Himmelfahrt)	Offizieller Feiertag, an dem gern Ausflüge in den Wald unternommen werden, zu denen man möglichst vor Sonnenaufgang aufbricht. Traditionell der erste Angeltag des Jahres. Seit 1938 wird Himmelfahrt von den Abstinenzlern als Kampftag gegen den Alkohol begangen.
Pingst (Pfingsten)	Zu Pfingsten werden Haus und Hof mit Zweigen geschmückt. Konfirmations- und beliebter Hochzeitstermin.
Mors Dag (Muttertag)	Das ist in Schweden der letzte Sonntag im Mai. Er wurde 1919 aus Amerika eingeführt und hat heute überwiegend kommerziellen Charakter. Dasselbe gilt für den **Fars Dag** (Vatertag) am zweiten Sonntag im November.
Nationaldagen (Nat.feiertag)	**Svenska Flaggans Dag** (Tag der Fahne) ist der 6. Juni. Es gibt Paraden und Festreden, aber der Tag ist nicht arbeitsfrei.
Midsommar (Mittsommer)	Er wird an dem Samstag gefeiert, der dem 24. Juni (Johannistag) am nächsten liegt. Anläßlich der Sommersonnenwende hält man „Mittsommerwache", d. h. in dieser Nacht wird nicht geschlafen. Alles wird mit Blumen und Zweigen geschmückt, und man richtet einen Maibaum auf, um den abends im Kreis getanzt wird.
Kräftpremiären	Krebsessen zur Eröffnung der Krebsfangsaison (2. Mittwoch im August).
Surströmmingspremiären	Am 3. Donnerstag im August kommen die ersten angegorenen Ostseeheringe in den Handel. Vor allem in Nordschweden werden aus diesem Anlaß Feste veranstaltet.
Alla helgons dag (Allerheiligen)	Dieser katholische Feiertag wurde im protestantischen Schweden 1952 wieder eingeführt. Am Sonnabend nach dem 30. Oktober werden die Gräber mit Tannengrün und Lichtern geschmückt.
Mårten Gås (Martinstag)	Dieser Tag wird am 11. November mit einem Gänsebraten zu Hause oder im Restaurant gefeiert, ursprünglich zum Gedenken an St. Martin, später zur Erinnerung an Martin Luther. Als Vorspeise ißt man **svartsoppa**, eine Suppe aus Gänseblut. Dieser Brauch ist vor allem in Skåne zu Hause.

Advent Wie in Deutschland am Heiligen Abend gehen in Schweden am 1. Advent überdurchschnittlich viele Leute zur Kirche. Der Kirchgang ist - vor allem in kleineren Orten - ein gesellschaftliches Ereignis, das mit einem Spaziergang verbunden wird, bei dem man die Weihnachtsdekoration der Geschäfte ansieht. Viele Kaufhäuser eröffnen am Sonntagmorgen vor Beginn des Weihnachtsgeschäfts um 11 Uhr ihre Schaufenster. Während die Menschen davor gespannt warten, werden die Scheiben von ihrer Papierverkleidung befreit. Unter Ahs und Ohs kommt die festliche Dekoration zum Vorschein, und während über Lautsprecher himmlische Chöre Weihnachtslieder anstimmen, reiht das Publikum sich in eine Schlange ein und promeniert an den Fenstern vorbei.

Lucia wird am 13. Dezember gefeiert. Im Mittelalter galt diese Nacht als die längste des Jahres. In Familien, Büros und Schulen erscheint morgens Lucia in einem weißen Gewand mit Lichterkranz im Haar und verteilt Kaffe, Pfefferkuchen und **lussekatt**, ein spezielles Hefegbäck. Manchmal erscheint Lucia in Begleitung von Sternsingern, die ebenfalls weiße Hemden und tütenförmige Papierhüte auf dem Kopf tragen und Lucialieder singen.

Jul (Weihnachten) Weihnachten feiert man in Schweden auch mit Weihnachtsbaum, aber nicht so still und andächtig wie z. B. in Deutschland. Schwedische Weihnachtslieder sind eher ausgelassen, und man tanzt im Kreis um den Weihnachtsbaum. Die Geschenke bringt der **tomte**, ein Wichtel mit roter Zipfelmütze und Bart, der nach altem Volksglauben im Stall wohnte und eine Art guter Hausgeist war.

Nyår (Neujahr) wird eher still zu Hause gefeiert. Um Mitternacht wird im Stockholmer Freilichtmuseum **Skansen** das Gedicht „Die Mitternachtsglocke" von Tennyson vorgetragen und live im Fernsehen übertragen.

Trettondag Jul Heiligedreikönige wird mit einem Festessen und mancherorts mit Sternsingern begangen.

Tjugondag Knut Der Knut-Tag findet genau eine Woche später statt und beendet die Weichnachtszeit. Zur Christbaumplünderung werden Kinderfeste veranstaltet, bei denen der „gerupfte" Baum dann gemeinsam hinausgeworfen wird.

Zwischen-menschliches

Über die schwedische Mentalität

Selbst im Verhältnis zu Mitteleuropäern wirken Schweden kühl und reserviert. Man wird überall freundlich behandelt, aber spontane Gefühlsäußerungen sind selten. Zurückhaltung, Wortkargheit und weitgehend ausdruckslose Gesichter wertet der Reisende leicht als Desinteresse.

Man darf sich jedoch nicht so leicht abschrecken lassen. In der Regel interessieren sich Schweden sehr für das Ausland, und sie können auch sehr gesellig sein. Doch eine tiefsitzende Bescheidenheit und der Respekt vor der Privatsphäre des anderen hindert sie daran, Neugier zu zeigen und Fremden „zu nahe zu treten". Man wird das besser verstehen, wenn man weiß, daß Schweden eine streng protestantische, nahezu puritanische Tradition hat, in der Demut (**ödmjukhet**) und Bescheidenheit (**anspråkslöshet**) groß geschrieben wurden. Heute spielt die Religion kaum noch eine Rolle, aber das gesamte Wertesystem ist stark davon geprägt. Dazu gehört zum Beispiel auch das protestantische Arbeitsethos, was den Schweden im Ausland einen ähnlichen Ruf eingebracht hat wie den Deutschen, nämlich arbeitswütig, besonders pflichtbewußt, penibel und effektiv zu sein. Hinzu kommt ein ausgeprägtes Nützlichkeitsdenken, das das funktionale schwedische Design hervorgebracht hat, aber eben auch die Einstellung, ein Gespräch müsse einen Zweck haben.

Man erzählt nicht ungefragt von sich selbst, aber das heißt keineswegs, daß ein Schwede nicht gern zuhört, wenn jemand anderes etwas über sich erzählt. Und nach einer Weile wird dann auch der „kühle Nordländer" auftauen und sehr offen und herzlich sein. Es dauert eben nur ein bißchen länger.

Den Gesprächsthemen sind keine Grenzen gesetzt. Schweden sind in der Regel gut über das internationale Geschehen unterrichtet und an aktuellen Themen jeder Art interessiert. Ausgesprochene Tabuthemen gibt es nicht. Kritik an Schweden ist jedoch nicht gern gesehen, auch wenn die Einheimischen selbst oft über die hohen Steuern usw. schimpfen. Die Schweden sind im Grunde sehr stolz auf die Errungenschaften des Wohlfahrtsstaates, die Neutralität und den hohen technischen und wirtschaftlichen Standard, den sie in den letzten hundert Jahren praktisch aus dem Nichts geschaffen haben.

In den letzten Jahren ist jedoch dieses Selbstbewußtsein etwas ins Wanken geraten, und das Land befindet sich in einer Art Identitätskrise. Bereits in den 70er Jahren setzte die große Desillusionierung ein. Zwischen den hohen Idealen und der gesellschaftlichen Realität traten immer mehr Abgründe zutage. Mitbestimmung ist in allen Bereichen der Gesellschaft immer groß geschrieben worden, aber de facto war der Einzelne ohnmächtig einem gigantischen Verwaltungsapparat ausgeliefert. Schweden galt international als Friedensstifter, entpuppte sich jedoch als einer der größten Waffenexporteure der Welt. Die „unberührte Natur" wurde besungen, aber bei Forstarbeitern, Kindern und Tieren traten Krankheiten und Mißbildungen u. a. in Folge von Pestizideinsätzen aus der Luft auf.

In den 80er Jahren kamen noch Skandale im Zusammenhang mit Datenmißbrauch hinzu. Die Schweden hatten den Staat immer als fürsorgliche, dem Gemeinwohl dienende Einrichtung betrachtet und ihre persönlichen Daten ohne Vorbehalte zur Verfügung gestellt. So rief es zum Beispiel keine Proteste hervor, daß jeder Schwede bei seiner Geburt eine Identitätsnummer bekommt, unter der eine Personenakte geführt wird, auf die alle Behörden Zugriff haben. Erst als offenbar wurde, daß ein ganzer Geburtsjahrgang jahrzehntelang systematisch beobachtet worden war und sich die Fälle häuften, in denen versehentlich oder vorsätzlich falsche Daten gespeichert und zum Nachteil von Mitbürgern eingesetzt worden waren, kam Unmut auf.

Die gesellschaftliche Verunsicherung setzte sich in den 90er Jahren fort. Die anhaltende wirtschaftliche Depression und die hohe Staatsverschuldung haben den Sozialstaat in seinen Grundfesten erschüttert. Durch den EG-Binnenmarkt fühlt sich das Exportland etwas in Abseits geschoben und hat Angst, den Anschluß zu verpassen. Die Wirtschaft verspricht sich von der EG-Mitgliedschaft den Weg aus der Krise, aber in der Bevölkerung weckt sie Ängste. Man fürchtet weitere Abstriche an den bisher als vorbildlich geltenden sozialen Errungenschaften; aber auch Probleme wie das Verbot von Kautabak (**snus**) oder die Abschaffung der staatlichen Alkoholläden (**systembolag**) werden heiß diskutiert.

Einstellung gegenüber Ausländern

Im allgemeinen gibt es in Schweden keine Vorbehalte gegenüber Deutschen. Nationalsozialismus und Zweiter Weltkrieg gelten als historische Ereignisse, die man Nachkriegsdeutschen nicht vorwirft. Nach der Wiedervereinigung sah die schwedische Öffentlichkeit mit gewissem Unbehagen ein neues „Großdeutschland" entstehen und befürchtete dessen Anspruch auf Vorherrschaft in Europa und ein Wiederaufleben des Miltitarismus, aber diese Bedenken wurden inzwischen zerstreut. Bewohner der neuen Bundesländer werden in Schweden immer ein offenes Ohr für ihre Probleme finden. Schweden hatte gute kulturelle und wirtschaftliche Kontakte zur DDR, und in Schweden war man vor der Wiedervereinigung besser über die Verhältnisse im östlichen Teil Deutschlands informiert als in den alten Bundesländern. Früher weckte die Unfreiheit in der DDR Anteilnahme, heute sind es die sozialen Probleme.

Die ausländerfeindlichen Aktionen in Deutschland rufen zwar Entsetzen hervor, aber man nimmt sie nicht zum Anlaß, das Bild vom häßlichen Deutschen zu kultivieren, denn auch in Schweden gibt es Anschläge auf Asylantenheime. Offiziell ist Schweden tolerant und ausländerfreundlich. Der Zustrom von Zuwanderern ist zwar streng reglementiert, wer jedoch bleiben darf, dem wird jede erdenkliche Integrationshilfe zuteil. Es gibt keine Ghettobildung, und in der Schule und am Arbeitsplatz nimmt man sich der Ausländer gezielt an. Trotzdem gibt es in der Bevölkerung eine mehr oder weniger latente Ausländerfeindlichkeit, und es ist durchaus verbreitet, von Gastarbeitern oder Asylanten abfällig als **svartskalle** (Schwarzschädel) zu sprechen.

Religion und Werte

Noch vor hundert Jahren lebten 90 % der schwedischen Bevölkerung auf dem Lande. Es herrschte bittere Armut, und unzählige Kleinbauern und Landarbeiter mußten nach Amerika auswandern. Aber nicht nur materielle Not und die harten dunklen Winter machten den Menschen das Leben schwer, sondern auch die Kirche.

Seit dem 16. Jahrhundert ist ganz Schweden protestantisch. Scharen religiöser Eiferer gründeten Freikirchen und Sekten, die den Menschen bei Einhaltung besonders strenger moralischer Vorschriften die Erlösung aus dem irdischen Jammertal versprachen. Und sie fanden reichlich Anhänger, denn bei den harten Lebensbedingungen nahmen die Menschen jede Art von Heilsversprechen dankbar auf. Lachen, Singen, Tanzen und vor allem Sexualität waren Sünde. Und für jede Sünde hatte man einen fürchterlichen Racheakt Gottes zu erwarten. Mit Drohungen und Verwünschungen schürten die Geistlichen die Angst vor der ewigen Verdammnis. Jeder Mensch wurde als unwürdiger Sünder behandelt, jede Spur von Selbstbewußtsein als Hochmut angeprangert. Psychische Krankheiten mit religiösen Wahnvorstellungen waren weit verbreitet. Noch heute wird diese beklemmende Welt von Schuld und Buße in der schwedischen Literatur aufgearbeitet. Und selbst bei erklärten Atheisten findet man oft die Angst, „es sich mit den Mächten zu verderben", und den Glauben, es sei nicht gut, richtig glücklich zu sein, weil man dafür mit einem großen Unglück bezahlen müsse.

Bis heute sind viele gesellschaftliche Wertvorstellungen von der protestantischen Tradition geprägt, doch hat die Religion stark an Bedeutung verloren. Viele Schweden besuchen nur noch an Feiertagen den Gottesdienst, und die Kirche betont heute eher die soziale Komponente des Christentums.

Emanzipation

Engagierte Aufklärungsarbeit von Parteien und Verbänden sowie in Schulen und Jugendgruppen hat u. a. auch dazu beigetragen, die Einstellung zur Sexualität grundlegend zu ändern. Vor allem die Sexualität der Frau wurde von vielen Tabus befreit. Heute ist es zum Beispiel selbstverständlich, daß auch die Frau sexuell die Initiative ergreift. Vielleicht hat darin der in den sogenannten Schwedenpornos aufgebaute Mythos von den besonders freizügigen Schwedinnen seinen Ursprung. Mit der Realität haben diese Bücher und Filme nicht viel zu tun, und so manche Erwartung auf diesem Gebiet dürfte wohl enttäuscht werden. Schwedinnen können nämlich nicht nur artikulieren, was sie wollen, sondern auch, was sie nicht wollen.

Kontakte

Begrüßung

Die Begrüßung läuft in Schweden sehr locker ab. Man begrüßt sich einfach mit „**hej**", und stellt sich vor, indem man dem anderen die Hand reicht und Vor- bzw. Vor- und Nachnamen nennt.

Wer bist du?

◆ Wie heißt du?
wa 'he:ter du
Vad heter du?

■ Ich heiße Andreas.
ja: 'he:ter Andreas
Jag heter Andreas.

◆ Woher kommst du?
warifro:n 'komer du
Varifrån kommer du?

■ Ich komme aus *Bonn*.
ja: komer fro:n bon
Jag kommer från *Bonn*.

■ Ich bin Deutscher.
ja: är tysk
Jag är tysk.

◆ Was machst du hier?
wa jör du här
Vad gör du här?

■ Ich mache Urlaub.
ja: är po se'mester
Jag är på semester.

■ Ich bin beruflich hier.
ja: är här po 'chänsteˇre:sa
Jag är här på tjänsteresa.

◆ Bist du allein hier?
är du här ˇe:nsam
Är du här ensam?

■ Ich bin mit einem Freund hier.
ja: är här med en wä:n
Jag är här med en vän.

◆ Wie lange bleibt ihr?
hʉr 'länge ska ni: 'stana
Hur länge ska ni stanna?

◆ Bist du verheiratet?
är dʉ jift
Är du gift?

■ Nein, ich bin ledig.
nej ja: är ˇu:jift
Nej jag är ogift.

◆ Hast du Kinder?
har dʉ barn
Har du barn?

■ Ja, einen Sohn und eine Tochter.
ja: en so:n o en 'doter
Ja, en son och en dotter.

Wie gefällt es dir?

◆ Gefällt dir Schweden?
'tyker dʉ om 'swärje
Tycker du om Sverige?

■ Ja, Schweden ist schön!
ja: 'swärje är 'wakert
Ja, Sverige är vackert!

■ Die Natur ist phantastisch!
na'tʉ:ren är fan'tastisk
Naturen är fantastisk!

■ Und die Luft ist so sauber!
o 'wilken re:n lʉft de är
Och vilken ren luft det är!

■ Ist das schön hier!
so: 'wakert de är här
Så vackert det är här!

Persönliche Verhältnisse

Bruder	*brur*	**en bror**
Ehefrau	*ˇhʉstrʉ*	**en hustru**
Ehemann	*'ma:ke*	**en make**
Eltern	*för'äldrar*	**föräldrar**
Familie	*fa'mij*	**en familj**
fester Freund	*'pojkwän*	**en pojkvän**
feste Freundin	*'flikwän*	**en flickvän**
Freund/Freundin	*wän/ˇwänina*	**en vän/vännina**
Geschwister	*'syskon*	**syskon**

	heißen	*'he:ta*	**heta**
	Kinder	*barn*	**barn**
	Lebensgefährte	*ˇsambu:*	**en sambo**
	ledig	*ˇu:jift*	**ogift**
	mein	*mi:n/mit*	**min/mitt**
	meine	*'mi:na*	**mina**
	Nachname	*'efternam*	**ett efternamn**
	Name	*nam*	**ett namn**
	Schwester	*'syster*	**en syster**
	Sohn	*sön*	**ett sön**
	Tochter	*'doter*	**en dotter**
	verheiratet	*jift*	**gift**
	Verlobte	*'fästmö:*	**en fästmö**
	Verlobter	*'fästman*	**en fästman**
	Vorname	*ˇförnam*	**ett förnamn**
	wohnen	*bu:*	**bo**
Verwandtschaft	Onkel ...		
	... väterlicherseits	*ˇfa:rbrur*	**en farbror**
	... mütterlicherseits	*ˇmurbrur*	**en morbror**
	Tante ...		
	... väterlicherseits	*'faster*	**en faster**
	... mütterlicherseits	*'moster*	**en moster**
	Großvater ...		
	... väterlicherseits	*farfar*	**en farfar**
	... mütterlicherseits	*murfar*	**en morfar**
	Großmutter ...		
	... väterlicherseits	*farmur*	**en farmor**
	... mütterlicherseits	*murmur*	**en mormor**
Zwischen-menschliches	Abschied	*ˇa:wsche:d*	**ett avsked**
	Begrüßung	*ˇhälsning*	**en hälsning**
	begrüßen	*välˇkomna*	**välkommna**
	flirten	*ˇflörta*	**flörta**
	Gespräch	*samta:l*	**ett samtal**
	kennenlernen	*'lä:ra 'chäna*	**lära känna**
	Kuß	*chys/pʉs*	**en kyss/en puss**
	reden	*pra:ta*	**prata**
	Scherz	*schämt*	**ett skämt**
	spazieren gehen	*promˇne:ra*	**promenera**
	tratschen	*'skwalra*	**skvallra**
	Umarmung	*om'famning*	**en omfamning**
	Unterhaltung	*'samta:l*	**ett samtal**
	Verabredung	*'möte*	**ett möte**
	verabschieden	*ta: ˇa:wsche:d*	**ta avsked**
	vorstellen	*presen'te:ra*	**presentera**
	wiedersehen	*se: i'jen*	**se igen**
	Witz	*schämt*	**ett skämt**
	witzig	*ru:lig/lʉstig*	**rolig/lustig**
	lachen	*'skrata*	**skratta**
	weinen	*ˇgro:ta*	**gråta**

Ausgehen

■ Hast du heute abend schon etwas vor?
ha:r dʉ 're:dan pla'ne:rat ˇno:got för i'kwäl
Har du redan planerat något för ikväll?
hast - du - schon - geplant - etwas - für - heute abend

■ Was machst du heute abend?
wa ska: dʉ 'jöra i'kwäl
Vad ska du göra ikväll?

◆ Ich gehe ins Kino. Hast du Lust mitzukommen?
ja: ska: go: po 'bi:u ha: dʉ lʉst at 'följa me
Jag ska gå på bio. Har du lust att följa med?
ich - werde - gehen - ins - Kino - hast - du - Lust - zu - kommen - mit

■ Heute habe ich keine Zeit. Vielleicht morgen?
ja: är 'ʉpta:gen i'da:g i'muron 'kansche
Jag är upptagen idag. I morgon kanske?
ich - bin - beschäftigt - heute - morgen - vielleicht

■ Ich möchte gern an einer typisch schwedischen Mittsommerfeier teilnehmen.
ja: wil 'järna ˇwa:ra me om et ˇtypiskt swänskt ˇmidsomarfi:rande
Jag vill gärna vara med om ett typiskt svenkst midsommarfirande.
ich - will - gern - sein - mit - bei - einer - typisch - schwedischen - Mittsommerfeier

■ Sollen wir spazierengehen?
ska: vi ta: en prom'na:d
Ska vi ta en promenad?
sollen - wir - nehmen - einen - Spaziergang

■ Sollen wir uns ein bißchen die Stadt ansehen?
ska wi go: o ˇtita 'li:te po sta:n
Ska vi gå och titta litet på stan?
sollen - wir - gehen - und - sehen - etwas - an - die Stadt

■ Ja, das wäre schön.
ja: de 'skˇle ˇwa:ra ˇru:lit
Ja, det skulle vara roligt.
ja - das - würde - sein - lustig

Ausgehen und Unterhaltung siehe auch ab S. 139

■ Es geht leider nicht.
ˇtywär de go:r ˇinte
Tyvärr, det går inte.
leider - das - geht - nicht

■ Ich habe keine Zeit.
ja: ha:r ˇinte ti:d
Jag har inte tid.
ich - habe - nicht - Zeit

■ Ich habe keine Lust.
n ja: ha:r íngen lʉst
Jag har ingen lust.

Sich näher-kommen

■ Sollen wir tanzen?
ska: wi ˇdansa
Ska vi dansa?

■ Wo/wann sollen wir uns treffen?
wa:r/när ska: wi 'träfas
Var/när ska vi träffas?

■ Darf ich dich nach Hause bringen?
fo:r ja: 'följa dej hem
Får jag följa dig hem?
darf - ich - folgen - dir - nach Hause

■ Hast du einen festen Freund?
ha:r dʉ 'fästman/ha:r dʉ ˇno:gon ˇpojkwä:n
Har du fästman/har du någon pojkvän?

■ Willst du noch mit zu mir kommen?
wil dʉ 'följa med mej hem
Vill du följa med mig hem?
willst - du - kommen - mit - mir - nach Hause

■ Du hast schöne *Augen/Beine.*
dʉ ha:r 'wakra ˇö:gon/be:n
Du har vackra *ögon/ben*.

■ Vielen Dank für den netten Abend.
tak för en ˇtre:wlig kwäl
Tack för en trevlig kväll.
danke - für - einen - netten - Abend

■ Ich hoffe, wir treffen uns bald wieder.
ja: 'hopas wi: se:s i'jen sna:t
Jag hoppas vi ses igen snart.
ich - hoffe - wir - sehen uns - wieder - bald

■ Gibst du mir deine Adresse/Telefonnummer?
kan ja: fo: di:n a'dres/dit te:le'fu:n`nʉmer
Kan jag få din address/ditt telefonnummer?

Abwehren aufdringlicher Anmache

In kaum einem anderen Land kann man als Frau so problemlos alleine reisen. In Schweden wird es als selbstverständlich betrachtet, daß eine Frau allein unterwegs ist, und in Lokalen wird sie weder belästigt, noch als Kuriosität betrachtet. Schwedinnen sind sehr souverän, und auch Touristinnen werden mit ensprechendem Respekt behandelt. Trotzdem sind unangenehme Begegnungen, z. B. mit angetrunkenen Jugendlichen, natürlich nicht restlos auszuschließen.

■ Lassen Sie mich bitte in Ruhe!
wa:r snäl o lo:t mej ˇwa:ra i fre:d
Var snäll och låt mig vara i fred!
sei - nett - und - laß - mich - sein - in - Frieden

■ Hau ab!
stik i'wä:g
Stick iväg!

Floskeln

Danken

Höflichkeitswendungen werden in Schweden sehr häufig angewendet. Man dankt lieber zu viel als zu wenig und erwartet auch vom andern, daß er Dankbarkeit zeigt. Außerdem entschuldigt man sich viel, auch im voraus, wenn man überhaupt mit einem Ansinnen an jemanden herantritt.

■ Können Sie mir bitte helfen?
för'lo:t kan dʉ 'jälpa mej
Förlåt, kan du hjälpa mig?
Entschuldigung - kannst - du - helfen - mir

■ Danke.
tak
Tack.

■ Vielen Dank!
tak so: 'myke
Tack så mycket!

■ Danke gleichfalls.
tak de'sama
Tack detsamma.

■ Danke, das ist sehr freundlich von Ihnen.
tak de war snält
tack, det var snällt.
danke - was - war - freundlich

■ Danke für Ihre Mühe.
tak för be'swä:ret
Tack för besväret.

■ Danke für die gute Fahrt.
tak för en ˇtre:wlig ˇre:sa
Tack för en trevlig resa.

■ Gern geschehen./Nichts zu danken.
de wa:r wäl ˇinget
Det var väl inget.
das - war - wohl - nichts

Weitere Floskeln

angenehm (beim Kennenlernen)	*ˇtre:wlit at ˇro:kas*	**trevligt att råkas**
Entschuldigung	*fö'lo:t*	**förlåt**
es tut mir leid	*ja: är 'lesen*	**jag är ledsen**
es ist/war mir ein Vergnügen	*ˇjärna de*	**gärna det**
es war nicht so gemeint	*de wa:r 'inte 'me:ningen*	**det var inte meningen**
Gesundheit	*'pro:sit*	**prosit**
Gute Besserung	*gud 'bätring*	**god bättring**
Gute Heimfahrt	*'tre:wlig 'hemˇre:sa*	**trevlig hemresa**
Gute Reise	*'tre:wlig ˇre:sa*	**trevlig resa**
Guten Appetit	*'sma:klig ˇmo:ltid*	**smaklig måltid**
Herzlichen Glückwunsch	*'gratis*	**grattis**
Prost	*sko:l*	**skål**
auf ...	*en sko:l för/ nu 'sko:lar wi: för ...*	**en skål för ... /nu skålar vi för ...**
schade	*de war synd*	**det var synd**
schöne Feiertage	*ˇtre:wlig helj*	**trevlig helg**
viel Erfolg	*lyka 'til*	**lycka till**
viel Glück	*lyka 'til*	**lycka till**
wie ärgerlich	*so: ˇförarglit*	**så förargligt**

Einladungen

Der Sinn der Schweden für formale Höflichkeit zeigt sich besonders auch bei Einladungen.

Grundsätzlich besucht man sich nur, wenn man eingeladen ist. Man bringt Blumen, Pralinen o. ä. mit, vor allem, wenn man zum erstenmal bei jemandem zu Gast ist. Es wird absolute Pünktlichkeit erwartet. Auch fünf Minuten zu früh zu erscheinen gilt als sehr unhöflich, da die Gastgeber eventuell noch nicht mit den Vorbereitungen fertig sind. Man bricht also so zeitig zu einer Einladung auf, daß man auf keinen Fall zu spät kommt und vertreibt sich dann gegebenenfalls die Zeit, indem man noch einmal um den Block läuft.

Die Schuhe werden an der Wohnungstür ausgezogen. Oft stehen Hausschuhe für Gäste bereit; wenn man jedoch sichergehen möchte, daß man keine kalten Füße bekommt, kann man die eigenen oder auch dicke Socken mitnehmen. Für das schöne Heim zeigt man überschwengliche Begeisterung und dankt den Gastgebern für ihre Mühe. In jedem Fall dankt der Gast nach der Mahlzeit oder beim Abschied für das Essen, der Gastgeber dankt für den Besuch. Bei etwas formelleren Einladungen erhebt sich oft der Gast, der zur Linken der Gastgeberin sitzt, und hält eine kurze Dankesrede - ein Brauch, den der ausländische Gast nicht unbedingt beherrschen muß. Ab und zu hält der Gastgeber eine Willkommensansprache.

Zuprosten

Auch das Zuprosten erfolgt nach einem strengen Ritual. Der Gast hebt sein Glas, blickt seinem Nachbarn fest ins Auge, sagt **„skål"** (*sko:l*), und ohne den Blick abzuwenden trinkt er, nickt kurz und setzt sein Glas wieder ab. Die Kunst dabei besteht darin, daß das möglichst alle gleichzeitig tun.

Sattessen

Beim Kaffeetrinken gilt es als höflich, sich trotz der ständig wiederholten Aufforderung zuzugreifen, nicht am Kuchen sattzuessen. Sind Sie zum Krebsessen eingeladen, dürfen Sie auch nicht damit rechnen, satt zu werden. Außer den Krebsen gibt es nur Schnaps. Daher empfiehlt es sich, schon vorher eine Kleinigkeit zu sich zu nehmen. Wird Ihnen beim Essen ein Butterspachtel samt Butter gereicht, bestreichen Sie Ihr Brot mit Butter, füllen den Spachtel ggf. nach und reichen ihn weiter.

Fete

Sind Sie zu einer Fete eingeladen, fragen Sie am besten, was Sie mitbringen sollen. Aus Zeit- und Geldgründen ist es üblich, daß alle Gäste ihren Beitrag zu einem Fest leisten. Außerdem wird für jede Einladung eine Gegeneinladung ausgesprochen.

Trifft man den Gastgeber am nächsten Tag wieder, bedankt man sich mit **„Tack för igår"**, begegnet man ihm erst später - auch nach Wochen oder Monaten - dankt man noch einmal für „neulich" mit **„Tack för senast"**.

■ Sie haben es schön hier!
so: ˇtre:wlit dʉ har de
Så trevligt du har det!
so - schön - du - hast - das

■ Noch etwas Kaffee?
ˇli:te mer 'kafe
Litet mer kaffe?

■ Nein danke, ich möchte nichts mehr.
nej tak de är bra:
Nej, tack, det är bra.
nein - danke - das - ist - gut

◆ Sie können doch noch ein bißchen bleiben?
dʉ kan wäl 'stana en li:ten stʉnd til
du kan väl stanna en liten stund till?
du - kannst - wohl - bleiben - eine - kleine - Weile - noch

■ Nein, ich muß jetzt gehen.
nej ja: 'moste je: mej i'wäg nʉ.
Nej jag måste ge mig iväg nu.
nein - ich - muß - begeben - mich - weg - jetzt

■ Herzlichen Dank für den schönen Abend.
ta so: 'myke för i'kwäl
Tack så mycket för ikväll.
danke - so - sehr - für - heute abend

■ Danke für das Essen.
tak för 'ma:ten
Tack för maten.

◆ Nichts zu danken ...
de war ínget at 'taka för
Det var inget att tacka för ...
da - war - nichts - zu - danken - für

Ausbildung/Beruf

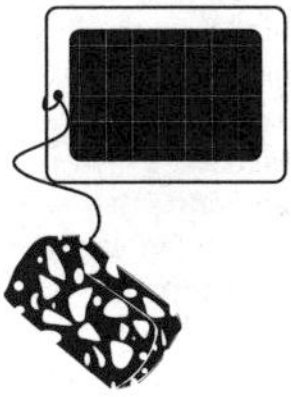

Schwedische Kinder werden mit sieben Jahren eingeschult und besuchen neun Jahre lang die Grundschule (**grundskolan**). Die Schulpflicht endet mit 16 Jahren, aber die Mehrheit der Jugendlichen erlernt nicht gleich einen Beruf, sondern geht anschließend auf die Gymnasialschule (**gymnasieskolan).** Hier kann man zwischen verschiedenen Zweigen wählen. Das gesamte Schulsystem ist sehr praktisch und berufsorientiert ausgerichtet. Dasselbe gilt für die Universitäten. Ein hervorragendes Angebot in der Erwachsenenbildung bietet wirklich jedem die Möglichkeit, sich ein Leben lang nebenberuflich weiterzubilden oder auch das Berufsleben zur Fortbildung eine Weile zu unterbrechen.

◆ Was machst du beruflich?
wa 'jobar dʉ me
Vad jobbar du med?
was - arbeitest - du - mit

■ Ich bin Student.
ja: är stʉˇde:rande
Jag är studerande.

◆ Welches Fach?
'wilket 'ämne
Vilket ämne?

Ausbildung

Fach	*'ämne*	**ett ämne**
Gesamtschule	*ˇgrʉndsku:la*	**en grundskola**
Grundschule	*ˇlo:gsta:diet*	**lågstadiet**
Gymnasium	*jym'na:siˇm*	**ett gymnasium**
Handelsschule	*'handelsˇsku:la*	**en handelsskola**
Hauptfach	*'hʉwʉd`ämne*	**ett huvudämne**
Nebenfach	*'bi:`ämne*	**ett biämne**
Schule	*ˇsku:la*	**en skola**
Sekundarstufe 1	*ˇhö:gsta:diet*	**högstadiet**
Sekundarstufe 2	*jym'na:sieˇsku:lan*	**gymnasieskolan**
Semester	*ter'mi:n*	**en termin**
Universität	*ʉniweschi'te:t*	**ett universitet**
Unterricht	*ˇunderwi:sning*	**en undervisning**
Vorlesung	*'före`läsning*	**en föreläsning**

Berufe

Angestellter	*ˇchänsteman*	**en tjänsteman**
Apotheker	*apu'te:kare*	**en apotekare**
Arbeiter	*ˇarbe:tare*	**en arbetare**
Archäologe	*arkeu'lo:g*	**en arkeolog**
Architekt	*arki'tekt*	**en arkitekt**
Arzt	*ˇlä:kare*	**en läkare**
Arzthelferin	*ˇmu:ta:gnings-schö:teschka*	**en mottagnings-sköterska**
Bäcker	*ˇba:gare*	**en bagare**
Beamter	*ˇchänsteman*	**en tjänsteman**
Betriebswirt	*ˇfö:reta:gseko'no:m*	**en företagsekonom**
Briefträger	*ˇbre:wbärare*	**en brevbärare**
Buchhändler	*ˇbukhandlare*	**en bokhandlare**
Chemiker	*che:'mist*	**en kemist**
Dachdecker	*ˇta:klägare*	**en takläggare**
Dolmetscher	*tolk*	**en tolk**
Elektriker	*e'lektriker*	**en elektriker**
Fischer	*ˇfiskare*	**en fiskare**
Förster	*ˇsku:gwaktare*	**en skogvaktare**
Fotograf	*fu:tu'gra:f*	**en fotograf**
Friseur	*fri'sö:r*	**en frisör**
Gärtner	*ˇträ:gods`mästare*	**en trädgårdsmästare**
Hausangestellte	*ˇhembiträ:de*	**ett hembiträde**
Hausfrau	*ˇhemafrʉ:*	**en hemmafru**
Hausmann	*ˇhemaman*	**en hemmaman**
Informatiker	*informa'schu:ns-be`handlare*	**en informations-behandlare**
Ingenieur	*insche'niö:r*	**en ingenjör**
Journalist	*schurna'list*	**en journalist**
Kaufmann	*ˇchö:pman*	**en köpman**
Kellner	*ˇchy:pare*	**en kypare**
Kellnerin	*ˇserwitri:s*	**en servitris**
Koch	*kok*	**en kock**
Köchin	*ku:keschka*	**en kokerska**
Krankenpfleger/-schwester	*ˇschʉ:kschö:teschka*	**en sjuksköterska**
Landwirt	*ˇju:dbrʉ:kare*	**en jordbrukare**
Lehrer	*ˇlä:rare*	**en lärare**
Lehrling	*ˇlärling*	**en lärling**
Maler	*ˇmo:lare*	**en målare**
Matrose	*ma'tru:s*	**en matros**
Maurer	*ˇmʉ:rare*	**en murare**
Mechaniker	*me'ka:niker*	**en mekaniker**
Metzger	*'slaktare*	**en slaktare**
Musiker	*mʉ:siker*	**en musiker**
Optiker	*'optiker*	**en optiker**
Notar	*nu'ta:rie*	**en notarie**
Pfarrer	*präst*	**en präst**
Physiker	*'fy:siker*	**en fysiker**
Pilot	*pi'lu:t*	**en pilot**
Polizist	*po'li:s*	**en polis**

	Professor	*pro'fesor*	**en professor**
	Psychologe	*psyko'lo:g*	**en psykolog**
	Rechtsanwalt	*adwu'ka:t*	**en advokat**
	Reiseleiter	*ˇre:se'le:dare*	**en reseledare**
	Rentner	*panschu'när*	**en pensionär**
	Richter	*ˇdu:mare*	**en domare**
	Schlosser	*ˇlo:ssme:d*	**en låssmed**
	Schneider	*'skrädare*	**en skräddare**
	Schneiderin	*ˇsömeschka*	**en sömmerska**
	Schreiner	*ˇsnikare*	**en snickare**
	Schriftsteller	*för'fatare*	**en författare**
	Schuhmacher	*ˇsku:ma:kare*	**en skomakare**
	Schüler	*e'le:w*	**en elev**
	Sekretärin	*sekreˇte:rare*	**en sekreterare**
	Sozialarbeiter	*soˇscha:lar`be:tare*	**en socialarbetare**
	Steward	*'stju:wad*	**en steward**
	Stewardesse	*ˇfly:wärdina*	**en flygvärdinna**
	Techniker	*'tekniker*	**en tekniker**
	Tierarzt	*weteri'när*	**en veterinär**
	Übersetzer	*ˇöwer`schätare*	**en översättare**
	Verkäufer	*expe'di:t*	**en expedit**
	Zahnarzt	*ˇtandlä:kare*	**en tandläkare**
	Zimmermann	*ˇbygnadssnikare*	**en byggnadssnik-kare**
Studienfächer	Archäologie	*ˇarkeoloji:*	**arkeologi**
	Architektur	*ˇarkitektʉ:r*	**arkitektur**
	Bauwesen	*ˇbygnads'wä:sen*	**byggnadsväsen**
	Betriebswirtschaft	*ˇfö:reta:gsekono'mi:*	**företagsekonomi**
	Biologie	*biulo'gi:*	**biologi**
	Chemie	*che'mi:*	**kemi**
	Geographie	*je:ugra'fi:*	**geografi**
	Geologie	*je:ulo'ji:*	**geologi**
	Geschichte	*his'tu:ria*	**historia**
	Informatik	*informa'schu:ns-be`handling*	**informations-behandling**
	Jura	*jʉri'di:k*	**juridik**
	Kunst	*konst*	**konst**
	Kunstgeschichte	*ˇkonsthis'tu:ria*	**konsthistoria**
	Literatur	*litera'tʉ:r*	**litteratur**
	Maschinenbau	*ma'schi:n-ˇkonstrukschu:n*	**maskin-konstruktion**
	Mathematik	*matema'ti:k*	**matematik**
	Medizin	*medi'si:n*	**medicin**
	Musik	*mʉ'si:k*	**musik**
	Philosophie	*filoso'fi:*	**filosofi**
	Physik	*fy'si:k*	**fysik**
	Psychologie	*psykolo'ji:*	**psykologi**
	Theologie	*teolo'ji:*	**teologi**
	Volkswirtschaft	*naschu'na:lekuno`mi:*	**nationalekonomi**

Was man sonst noch brauchen kann

Mit dem Baby/Kleinkind unterwegs

Schweden ist ein sehr kinderfreundliches Land, und seit einem Tiefststand zu Beginn der 80er Jahre gehört inzwischen die Geburtenrate zu den höchsten in Europa. In allen Bereichen der Gesellschaft wird Familien, aber auch Alleinerziehenden, das Leben erleichtert. Hierzu gehören steuerliche Vergünstigungen, Mutterschaftsurlaub und Babyjahr ebenso wie eine ehemals vorbildliche Kinderbetreuung.

Einrichtungen und Vergünstigungen

Auch dem Reisenden fällt sofort auf, daß Kinder in Schweden einen hohen Stellenwert haben. Auf der Fähre, im Zug, in Bahnhöfen und Flughäfen, vielen Restaurants, Hotels und Kaufhäusern gibt es Wickelräume (**skötrum**) und Kinderspielzimmer oder -ecken (**barnhöga**). In jedem Restaurant gibt es Kinderstühle (**barnstol**) und Kindergerichte (**barnmenü**). Hotels, Museen und öffentliche Verkehrsmittel bieten erhebliche Kinderermäßigungen (**barnrabatt**), Kleinkinder bezahlen meist gar nichts. Größere Hotels und viele Urlaubsorte bieten Kinderbetreuung (**barnpassning**) an. In den Geschäften finden Sie viele kindgerechte Artikel, wie Kindersicherungen für Möbel, Fenster, Steckdosen usw. sowie besonders sichere und praktische Kindersitze für Fahrrad und Auto und Fahrradhelme. Kleine Kinder tragen in Schweden auch beim Eislaufen Helme.

Im Auto müssen Kinder bis 12 Jahre hinten sitzen, Kinder bis zu 6 Jahren in einem ihrer Größe angemessenen Kindersitz.

Umgang mit Kindern

Die Schweden bringen Kleinkindern und dem mit ihnen verbundenen Lärm viel Verständnis entgegen. Es ist auch kein Problem, in der Öffentlichkeit zu stillen. Mit einem Baby auf dem Arm findet man schnell Kontakt, viele richten ein paar freundliche Worte an das Kind. Anfassen ist jedoch unüblich und wird auch bei den eigenen Kindern nicht gern gesehen. Schlagen ist verboten. Wer sein Kind in der Öffentlichkeit schlägt, muß wenn nicht mit einer Anzeige, auf jeden Fall mit energischer Kritik oder gar dem Einschreiten seiner Mitmenschen rechnen. Auch lautes Schimpfen kommt selten vor.

Sobald die Kinder im Schulalter sind, erwartet man „gutes Benehmen“. So wird man selten in einem Restaurant Kinder herumtollen sehen oder gar hören.

Die hervorragenden schwedischen Kinderbücher, nicht nur von Astrid Lindgren, vermitteln einen lebhaften Eindruck davon, was Kindsein in Schweden bedeuten kann.

Unterstützung

■ Haben Sie einen Kinderbetreuungsservice?
er'bjʉder ni: ˇba:npasning
Erbjuder ni barnpassning?

■ Können Sie mir einen Babsitter empfehlen?
kan ni: rekomenˇde:ra en ˇba:nvakt o:t mej
Kan ni rekommendera en barnvakt åt mig?

■ Könnten Sie ein Babybett ins Hotelzimmer stellen?
kan ni: 'stäla ʉp en ba;nsäng i ho'tel`rʉmet
Kan ni ställa upp en barnsäng i hotellrummet?

■ Wo finden wir einen Kinderstuhl?
wa:r finns en ˇba:nstu:l
Var finns en barnstol?

■ Gibt es hier einen Wickelraum?
fins de et ˇskö:trʉm här
Finns det ett skötrum här?

■ Können Sie mir mit dem Kinderwagen helfen?
kan dʉ 'jälpa mej me 'wangnen
Kan du hjälpa mig med vagnen?
kannst - du - helfen - mir - mit - dem Wagen

■ Kann ich etwas heißes Wasser für das Baby haben?
kan ja: fo: 'lite warm 'waten för 'ba:net
Kan jag få litet varm vatten för barnet?

■ Das Wasser muß abgekocht sein.
'watnet 'moste 'wa:ra ku:kt
Vattnet måste vara kokt.

■ Ist das Wasser steril?
är 'watnet ste'ri:lt
Är vattnet sterilt.

■ Können Sie mir das Fläschchen aufwärmen?
kan dʉ 'wärma ʉp 'flaskan
Kan du värma upp flaskan?

■ Gibt es Kinderermäßigung?
fins de ˇba:nrabat
Finns det barnrabatt?

Typische Floskeln

◆ Schau mal wie süß!
ˇtita wa han/hun ä'schö:t
Titta, vad han/hon är söt!

◆ Wie niedlich er/sie ist!
han/hun är al'de:les föˇchʉ:sande
Han/hon är alldeles förtjusande!

◆ Ist es ein Junge oder Mädchen?
'pojke 'eler 'flika
Pojke eller flicka?

■ Es ist ein Junge/Mädchen.
de är en 'pojke/en 'flika
Det är en pojke/en flicka.

◆ Wie alt ist er/sie denn?
hʉr ga'mal är han/hun
Hur gammal är han/hon?

■ Er/sie ist ... Monate/Jahre alt.
han/hun är ... 'mo:nader/o:r ga'mal
Han/hon är ... månader/år gammal.

◆ Wie heißt das Baby?
wa 'he:ter 'bebin
Vad heter babyn?

■ Ich bin im ... Monat schwanger.
ja: är i ... 'mo:naden
Jag är i ... månaden.

Das Baby hat/ist ...

■ Das Baby hat/ist ...
'bebyn ha:r/är ...
Babyn har/är ...

Blähungen	*ˇwädeschpäningar*	**väderspänningar**
Hunger	*ˇhʉnger*	**en hunger**
Durst	*töscht*	**en törst**
müde	*tröt*	**trött**
Angst	*ˇo:ngest*	**en ångest**
krank	*schʉ:k*	**sjuk**
die Windeln voll	*'fʉla ˇblöjur*	**fulla blöjor**
muß schlafen	*'moste ˇso:wa*	**måste sova**
schläft	*ˇsower*	**sover**
weint	*ˇgro:ter*	**gråter**

Rund um's Kind

Kinderpflegeartikel bekommt man in Schweden in Drogerien und Apotheken

Baby	*'bebi*	**en baby**
Babsitter	*ˇba:nwakt*	**en barnvakt**
Babywäsche	*ˇba:nline*	**ett barnlinne**
Ball	*bol*	**en boll**
Bauklötze	*ˇbygklos*	**byggkloss**
Bilderbuch	*ˇbilderbuk*	**en bilderbok**
Brei	*'wäling*	**en välling**
Creme	*krä:m*	**en kräm**
Eimer	*hink*	**en hink**
Fencheltee	*ˇfänkolˋte:*	**ett fenkålte**
Fläschchen	*'flaska*	**en flaska**
füttern	*ˇfö:da*	**föda**
Höschenwindeln	*alti'etˇblöjur*	**allt-i-ett-blöjor**
Hort	*ˇda:ghem*	**ett daghem**
Kind	*ba:n*	**ett barn**
Kinderarzt	*ˇba:nlä:kare*	**en barnläkare**
Kinderbett	*ˇba:nsäng*	**en barnsäng**
Kinderermäßigung	*ˇba:nrabat*	**en barnrabatt**
Kinderfest	*ˇba:nkala:s*	**ett barnkalas**
kinderfreundlich	*ˇba:nwänlig*	**barnvänlig**
Kinderpflege	*ˇba:nschötning*	**en barnskötning**
kindersicher	*ˇba:nsä:ker*	**barnsäker**
Kinderteller	*ˇba:nmenü*	**en barnmenü**
Kindersitz	*ˇba:nsäte*	**ett barnsäte**
Kinderspielzimmer	*ˇba:nstʉga*	**en barnstuga**
Kinderspielplatz	*ˇle:kplats*	**en lekplats**
Kinderstuhl	*ˇba:nstu:l*	**en barnstol**
Kinderwagen	*ˇba:nwang*	**en barnvagn**
Lätzchen	*ˇha:klap*	**en haklapp**
Milch	*mjölk*	**en mjölk**
Mittagsschlaf	*ˇmida:gslʉ:r*	**en middagslur**
Mullwindel	*ˇga:sblöja*	**en gasblöja**
nuckeln	*ˇsʉ:ga*	**suga**
Öl	*ˇolja*	**en olja**
Puder	*ˇpʉ:der*	**ett puder**
Puppe	*'doka*	**en docka**
Säugling	*ˇspädba:n*	**ett spädbarn**
Säuglingsnahrung	*ˇba:nma:t*	**en barnmat**
Schaufel	*'skyfel*	**en skyffel**
Schaukel	*ˇgʉnga*	**en gunga**
schreien	*skri:ka*	**skrika**
Schnuller	*nap*	**en napp**
Spielzeug	*ˇle:ksa:k*	**en leksak**
stillen	*ˇama*	**amma**
Strampelanzug	*ˇspa:kbyxur*	**sparkbyxor**
Tagesmutter	*ˇda:gmama*	**en dagmamma**
Teddy	*'nale*	**en nalle**
weinen	*ˇgro:ta*	**gråta**
wickeln	*ˇschö:ta*	**sköta**
Wiege	*ˇwaga*	**en vagga**
Windel	*ˇblöja*	**en blöja**

Fotografieren

abholen	*'hämta*	**hämta**
Abzug	*ku'pi:*	**en kopi**
Auslöser	*ˇʉ:tlö:sare*	**en utlösare**
Batterie	*bate'ri:*	**ett batteri**
Blitzgerät	*blixt*	**en blixt**
Dia	*di:a*	**en dia**
Diafilm	*'di:afilm*	**en diafilm**
Farbfilm	*ˇfärjfilm*	**en färgfilm**
Filmkamera	*ˇfilmka:mera*	**en filmkamera**
Format	*for'ma:t*	**ett format**
Lichtempfindlichkeit	*ˇfilmchänslighe:t*	**en filmkänslighet**
Negativ	*'ne:gati:w*	**ett negativ**
Objektiv	*objek'ti:w*	**ett objektiv**
reparieren	*repa're:ra*	**reparera**
Schwarzweißfilm	*ˇswa:twi:tfilm*	**en svartvitfilm**

Im Fotoladen

Filmmaterial ist in Schweden etwas teurer als bei uns.

■ Können Sie bitte diesen Film entwickeln?
kan dʉ 'framˇkala den här 'filmen o:t mej
Kan du framkalla den här filmen åt mig?
kannst - du - entwickeln - diesen - hier - den - Film - für - mich

■ Wie lange wird das dauern?
hʉr 'länge ska: de ta:
Hur länge ska det ta?

■ Was kostet das Entwickeln/ein Abzug?
wa 'kostar ˇframkalningen/en ku'pi:a
Vad kostar framkallningen/en kopia?

■ Bitte je einen Abzug matt/glänzend.
et kut me mat/blank ˇy:ta a:w 'warje ˋne:gatiw
Ett kort med matt/blank yta av varje negativ.
einen - A. - mit - m./g. - Oberfläche - von - jedem - Negativ

■ Können Sie meine Kamera reparieren?
kan dʉ ˇla:ga min 'ka:mera
Kan du laga min kamera?

Fotoapparat
ka:mera
en kamera

Videokamera
'wideuˇkamera
en videokamera

Geschäftlich in Schweden

Hier einige Tips für den, der geschäftlich in Schweden zu tun hat:

- Die Geschäftskleidung ist konventionell. Krawatten sind üblich, dunkelblaue Anzüge weitverbreitet. Wie bei uns gibt es Unterschiede von Branche zu Branche.
- Am besten klären Sie gleich zu Anfang, wie die Anrede geregelt werden soll (du oder Sie, Vor- oder Nachname). Allgemein ist das Du üblich, aber teilweise wird auch das Sie wieder eingeführt. Die Schweden selbst sind oft unsicher, wie sie es mit dem Duzen halten sollen, da sie einerseits dem Gast das Gefühl vermitteln möchten, dazuzugehören, andererseits aber nicht ins Fettnäpfchen treten wollen.
- Sie dürfen davon ausgehen, daß Ihre Geschäftspartner hervorragend Englisch sprechen.
- Eine kleine Aufmerksamkeit aus dem Heimatland - idealwerweise eine Flasche Wein o. ä. - wird nicht unbedingt erwartet, aber gern gesehen.
- Einladungen sind nicht so verbreitet wie in südlicheren Ländern und relativ förmlich. Wenn Sie in eine „Bar“ oder in ein „Nachtlokal“ eingeladen werden, heißt das eigentlich nur, daß das Lokal lange geöffnet und volle Alkoholrechte hat und daß Sie dort nur mit Krawatte eingelassen werden. Das Nachtleben ist in Schweden nicht besonders aufregend. Bei guten Geschäftsbeziehungen dürfen Sie damit rechnen, über das Wochenende auf ein Segelboot, in eine Stuga, zum Jagen oder zum Angeln eingeladen zu werden. Auch gemeinsame Saunabesuche sind üblich.
- Versprechen werden gehalten, man meint wirklich, was man sagt.
- Bei Verhandlungen kommt man gern schnell zur Sache. Die Ausgangsforderung entspricht meist den realen Erwartungen. Verfällt Ihr schwedischer Geschäftspartner in Schweigen, lassen Sie sich davon nicht irritieren, er möchte Ihnen nur die Chance geben, in Ruhe nachzudenken. Und auch hier gilt wieder: ausdruckslose Gesichter bedeuten nicht zwangsläufig Desinteresse. Wichtiges Verkaufsargument: die technischen Vorzüge und die Sicherheit eines Produkts (möglichst nach schwedischem Standard getestet). Bestehen noch Unstimmigkeiten oder Konflikte, sollten Sie sie ansprechen, Ihr schwedischer Verhandlungspartner wird das höchstwahrscheinlich nicht tun.

- Besprechungen laufen meist streng nach Plan ab. Es gibt eine ausgefeilte Tagesordnung, an der nicht zu rütteln ist. Die schwedischen Teilnehmer halten sich dabei eher im Hintergrund. Wenn jemand das Wort ergreift, sollten Sie ihn unter keinen Umständen unterbrechen, und auch wenn er fertig ist, noch einen Moment warten, für den Fall, daß er noch etwas ergänzen möchte. „Diskussion" heißt in Schweden der sachliche Austausch von Argumenten, nicht eine hitzige Debatte.
- Die Kernzeit im Büro ist 8 - 16.30 Uhr. Da aber überall Gleitzeit üblich ist, wird es schwer sein, morgens früh oder gegen Feierabend jemanden zu erreichen.
- Der schwedische Sommer ist kurz. Daher wird er intensiv genutzt, und im Juli haben alle Betriebe geschlossen oder nur eine Notbesetzung. Die schwedischen Schulferien gehen von Juni bis August; in dieser Zeit ist es schwer, die gewünschten Leute anzutreffen. Dasselbe gilt für die Zeit von Weihnachten bis zum 6. Januar.
- Die Unternehmenshierarchie ist sehr flach, daher gibt es oft lange und schwer durchschaubare Entscheidungswege.

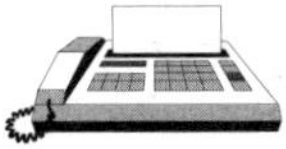

TeleCenter

Im Hauptbahnhof Stockholm gibt es ein **TeleCenter**, in dem Sie telefonieren, Telegramme, Faxe und Fernschreiben schicken und Btx benutzen können. Die Mitarbeiter sprechen Deutsch. Öffnungszeiten: täglich 8 bis 21 Uhr.

Geschäftsvokabular

Abteilung	*ˇa:wde:lning*	**en avdelning**
Abteilungsleiter	*ˇa:wde:lningsschef*	**en avdelningschef**
Abweichung	*ˇa:wwi:kelse*	**en avvikelse**
Aktiengesellschaft	*'aktiebuˇla:g*	**ett aktiebolag**
anbieten	*er'bjʉda*	**erbjuda**
Anfrage	*för'fro:gan*	**en förfrågan**
Angebot	*o'fert*	**en offert**
Ansprechpartner	*kon'taktpe`schu:n*	**en kontaktperson**
Auftrag	*ˇʉpdra:g/'order*	**ett uppdrag/ en order**
bar	*kon'tant*	**kontant**
Besprechung/Sitzung	*'möte/ˇsamanträ:de*	**ett möte/ sammanträde**
Bestellung	*be'stälning*	**en beställning**
Bilanz	*ba'lansˇräkning*	**en balansräkning**
Büro	*kon'tu:r*	**ett kontor**
Chef	*schef*	**en chef**
Dolmetscher	*tolk*	**en tolk**
Einfuhrzoll	*im'port`tʉl*	**en importtull**
Eingang/Ausgang	*ˇingong/ʉ:tgong*	**en ingång/utgång**

Einkauf	*ˇinchö:p*	**ett inköp**
Einzelhandel	*de'talj`handel*	**en detaljhandel**
entspricht ISO-Standard	*ˇgudchänt ˇe:nlit iso ...*	**godkänt enligt ISO ...**
Export	*ex'port*	**en export**
Finanzierung	*finansi'e:ring*	**en finansiering**
Forderung	*ˇfudran*	**en fordran**
Fracht	*frakt*	**en frakt**
Frachtbrief	*ˇfraktse:del*	**en fraktsedel**
Frachtkosten	*ˇfraktkostnad*	**en fraktkostnad**
Führungskraft	*ˇle:dare*	**en ledare**
Garantie	*garan'ti:*	**en garanti**
Generalvertretung	*jeneˇra:lagentur*	**en generalagentur**
Gerichtsstand	*ˇdu:mstu:l*	**domstol, -en**
Geschäftsbericht	*ˇoschreduwi:sning*	**en årsredovisning**
Gewinn und Verlust	*winst o för'lust*	**vinst och förlust**
Großhändler	*gro'sist*	**en grossist**
Handelsspanne	*margi'na:l*	**en marginal**
Hauptverwaltung	*ˇhuwudkontu:r*	**ett huvudkontor**
Hersteller	*produ'sent*	**en producent**
Kalkulation	*kalky'le:ring*	**en kalkylering**
Katalog	*kata'lu:g*	**en katalog**
kaufen	*ˇchö:pa*	**köpa**
Kaufvertrag	*ˇchö:a:wta:l*	**ett köpavtal**
Kopie	*kuˇpi:a*	**en kopia**
Kosten	*ˇkostnader*	**kostnader**
kostenlos	*ˇkostnadsfri:*	**kostnadsfri**
Kostenvoranschlag	*ˇkostnadsföschla:g*	**ett kostnadsförslag**
Kredit	*kre'di:t*	**en kredit**
Kunde	*kund*	**en kund**
Lager	*ˇla:ger*	**ett lager**
Lieferant	*leweran'tö:r*	**en leverantör**
Lieferbedingungen	*ˇleweransˇwilkur*	**leveransvillkor**
Lieferzeit	*ˇlewerans`ti:d*	**en leveranstid**
Lizenz	*li'sens*	**en licens**
Luftfracht	*ˇluftfrakt*	**en luftfrakt**
Mahnung	*ˇkra:wbre:w*	**ett kravbrev**
Marke	*ˇwa:rumärke*	**ett varumärke**
Menge	*mängd*	**en mängd**
Messe	*ˇmäsa*	**en mässa**
per Post	*me 'posten*	**med posten**
Pförtner	*ˇputwakt*	**en portvakt**
Preis	*pri:s*	**ett pris**
- günstig	*lo:gt*	**lågt**
- angemessen	*ˇlämplit*	**lämpligt**
- zu hoch	*för hö:gt*	**för högt**
- vereinbart	*ˇa:wta:lat*	**avtalat**
Preisliste	*ˇpri:slista*	**en prislista**
Produktmuster	*'wa:ru`pu:w*	**ett varuprov**
Proforma-Rechnung	*proˇforma ˇräkning*	**proforma räkning**
Prospekt	*pros'pekt*	**ett prospekt**

Protokoll	*proto'kol*	**ett protokoll**
Provision	*prowi'schun*	**en provision**
Qualität	*kvali'te:t*	**en kavalitet**
Rabatt	*ra'bat*	**en rabatt**
Rechnung	*ˇrä:kning*	**en räkning**
Sekretärin	*sekre'te:rare*	**en sekreterare**
Skonto	*ˇkasarabat*	**en kassarabatt**
Spedition	*spedi'schu:n*	**en spedition**
Steuer	*skat*	**en skatt**
steuerfrei	*'skatefri:*	**skattefri**
Stockwerk	*ˇwo:ning*	**en våning**
stornieren	*säga 'ʉp*	**säga upp**
Tagesordnung	*ˇda:gudning*	**en dagordning**
Umsatz	*ˇomsätning*	**en omsättning**
Umsatzsteuer	*ˇomsätningsskat*	**en omsättningsskatt**
Verbraucher	*konsʉ'ment*	**en konsument**
Verhandlung	*för'handling*	**en förhandling**
verkaufen	*ˇsälja*	**sälja**
Verkäufer	*'säljare*	**en säljare**
Verpackung	*för'pakning*	**en förpackning**
Versandkosten	*trans'portˇkostnader*	**transportkostnader**
Versicherung	*föˇschäkring*	**en försäkring**
Vertrag	*kon'trakt*	**ett kontrakt**
Vertragsbedingungen	*kondi'schu:ner*	**konditioner**
Vertreter	*represen'tant*	**en representant**
Vertrieb	*distribu'schu:n*	**en distribution**
Visitenkarte	*ˇwisi:tkot*	**ett visitkort**
Ware	*ˇwa:ra*	**en vara**
Werbung	*re'kla:m*	**en reklam**
Zahlungsbedingungen	*beˇta:lningswilkur*	**betalningsvillkor**
Zinsen	*ˇräntur*	**räntor**

■ Wo ist der Haupteingang?
wa:r fins/hʉwʉdˋingongen
Var finns huvudingången?

■ Ich bin *Bernd Lehmann* von *Schulze & Co.*
ja: är ... a:w ...
Jag är *Bernd Lehmann* av *Schulze & Co.*

■ Ich möchte zu *Gunilla Jonsson.*
ja: 'sö:ker gʉ'nila ˇjo:nson
Jag söker *Gunilla Jonsson.*

◆ Nehmen Sie bitte noch eine Augenblick Platz.
wa:schogu o sit ne:r en 'li:ten stʉnd
Varsågod och sitt ner en liten stund.
sei so gut - und - sitz - nieder - eine - kleine - Weile

Adressen

Die zentrale Anlaufstelle bei allen Fragen zum Thema Schweden ist das schwedische Touristikamt. Dort erhalten Sie u. a. den „Reiseführer für Behinderte" und die jährlich erscheinende Broschüre „Schweden". Sie bietet nicht nur eine farbenfrohe Einstimmung auf die verschiedenen Landschaften sondern auch die aktuellsten Informationen über Zollbestimmungen, Verkehrsregeln usw. Besonders wertvoll sind die unzähligen Adressen, bei denen Sie sich - zum Teil ganz bequem per Coupon - weitere Informationen über bestimmte Regionen, Reiseveranstalter, Fährbetriebe, Ferienhäuser und Veranstaltungen bestellen können.

Schwedisches Touristikamt

- Deutschland: Next Stop Sweden, Lilienstraße 19, 20095 Hamburg
- Österreich: ÖAMTC-Reisen, Schubertring 1-3, 1010 Wien
- Schweiz: Schwedische Touristikinformation, Wiesenstraße 9, 8008 Zürich

Botschaften und Konsulate

- Deutsche Botschaft, Skarpögatan 9, S-115 27 Stockholm-8-6701500, Tel.: 0046-8-6701500
- Deutsches Generalkonsulat, Drottninggatan 63, S-401 21 Göteborg, Tel.: 0046-31-178365
- Österreichische Botschaft, Kommendörsgatan 35, S-114 58 Stockholm, Tel.: 0046-8-233490
- Schweizerische Botschaft, Birger Jarlsgatan 64, S-114 29 Stockholm, Tel.: 0046-8-6767900

Informationen für Behinderte

De Handikappades Riksförbund, Katrinebergsvägen 6, S-117 43 Stockholm, Tel.: +46-8-189 100, Fax: +46-8-6456541.

Jugendherbergswerk

STF, Box 25, Drottninggatan 31-33, S-101 20 Stockholm, Tel.:+46-(0)8-790 31 00)

Wohnungsvermittlung in Studentenwohnheimen

SSRS Hotel Service, Box 5906, S-11 489 Stockholm, Tel. +46-(0)8-16 01 95, in Lund: Hotel Sparta, Tunavägen 39, S-22 363 Lund)

Im Falle eines Falles

Arzt und Apotheke

Deutsche und Österreicher brauchen in Schweden keinen Krankenschein. Wie die Schweden bezahlen Sie für einen Besuch beim Arzt (**läkare** - *ˇlä:kare*) oder Zahnarzt (**tandläkare** - *ˇtandlä:kare*) ca. 150 Kronen bar. Über die aktuelle Kostenerstattung bei Zahnersatz und Krankenhausaufenthalten sollten Sie sich bei Ihrer Krankenkasse informieren. Im schwedischen Gesundheitswesen werden zur Zeit viele Änderungen vorgenommen, die möglicherweise auch Konsequenzen für Touristen haben.

Es gibt in Schweden nur wenige niedergelassene Ärzte. Am besten wendet man sich immer an die Ambulanz im Krankenhaus (**akutmottagelse** - *a'kʉ:tˇmuta:gelse*, umgangssprachlich **akuten** - *a'kʉ:ten*), in Notfällen benachrichtigt man den Notruf: 90 000. Bei der Ambulanz braucht man keinen Termin, jedoch auf jeden Fall beim Zahnarzt. Die Ambulanz ist auch die erste Anlaufstelle, wenn man Medikamente braucht, denn bis vor kurzem bekam man ohne Rezept noch nicht einmal Nasentropfen. Zur Zeit wird die Verschreibungspflicht für immer mehr Medikamente aufgehoben.

Apotheke

Meist gibt es eine Apotheke (**apotek** - *apu'te:k*) im Krankenhaus oder in unmittelbarer Nähe. Apotheken erkennt man an dem weißen Symbol auf grünem Grund. Ein Nachtdienstsystem wie in Deutschland gibt es in Schweden nicht. Die Apotheken sind außer sonntags täglich von 10-18 Uhr geöffnet, bei den Krankenhäusern und in den Großstädten gibt es einige Nachtapotheken (**jourapotek** - *'ju:rapu`te:k*), die 24 Stunden geöffnet sind, z. B. in Stockholm Apoteket C.W. Schoele, Klarabergsgatan 64, Tel.: 21 89 34 und in Göteborg Nordstan, Götgatan 12, Tel.: 80 44 10. Die Rezeptgebühr beträgt etwa 100 bis 150 Kronen. Wer bestimmte Medikamente regelmäßig braucht, sollte sie vor der Reise besorgen, da viele Medikamente in Schweden nicht erhältlich sind.

Aids

Aids (**aids**) ist in Schweden genauso verbreitet wie in Mitteleuropa, und man versucht mit Anti-Aids-Kampagnen die Infektionen zu begrenzen. Die Versorgung und Betreuung von Aids-Kranken ist relativ gut, scheitert jedoch oft an den beschränkten finanziellen Mitteln. Kondome (**kondomer**) bekommt man wie bei uns in Automaten (auch auf der Damentoilette), Apotheken, Drogerien und Supermärkten.

Gesundheit

ansteckend	*ˇsmitsam*	**smittsam**
Arzt	*'lä:kare*	**en läkare**
Augenarzt	*ˇö:gonlä:kare*	**en ögonläkare**
bewußtlos	*ˇmedwe:tslö:s*	**medvetslös**
Bruch	*frak'tʉ:r*	**en fraktur**
Diaphragma	*pe'sar*	**en pessar**
Gips	*gips*	**en gips**
Gynäkologe	*jyneku'lo:g*	**en gynekolog**
Kondom	*kon'du:m*	**en kondom**
Krankenhaus	*ˇschʉ:khʉ:s*	**ett sjukhus**
Krankenschein	*ˇschʉ:kföschäkrings-besche:d*	**ett sjukförsäkrings besked**
Krankenwagen	*ambu'lans*	**en ambulans**
Krankheit	*ˇschʉ:kdum*	**en sjukdom**
Ohrenarzt	*ˇö:ronlä:kare*	**en öronläkare**
Operation	*opera'schu:n*	**en operation**
Pille	*'piler*	**ett piller**
Pflaster	*plo:ster*	**ett plåster**
Röntgenaufnahme	*'röntgenbild*	**en röntgenbild**
Rücktransport	*'hemtrans`port*	**en hemtransport**
Salbe	*ˇsalwa*	**en salva**
Spirale	*spi'ra:l*	**en spiral**
Spritze	*ˇsprʉ:ta*	**en spruta**
Tabletten	*ta'bleter*	**tabletter**
Tropfen	*'dropar*	**droppar**
Untersuchung	*ʉnde'schö:kning*	**en undersökning**
Verband	*för'band*	**ett förband**
Vergiftung	*för'jiftning*	**en förgiftning**
Verletzung	*ˇska:da*	**en skada**
Wunde	*so:r*	**ett sår**
Zahnarzt	*ˇtandläkare*	**en tandläkare**
Zäpfchen	*ˇstu:lpiler*	**stolpiller**
Zerrung	*ˇsträkning*	**en sträckning**

Erste Hilfe

■ Wer kann mir helfen?
wem kan 'jälpa mej
Vem kan hjälpa mig?

■ Rufen Sie schnell einen Arzt!
'hämta en 'lä:kare - fut
Hämta en läkare - fort!
hol - einen - Arzt - schnell

■ Holen Sie Hilfe!
'hämta jälp
Hämta hjälp!

■ Schnell einen Krankenwagen!
fut, en ambʉ'lans
Fort, en ambulans.

■ Wie kann ich einen Krankenwagen erreichen?
hʉr kan ja: fo: ta:g i en ambʉ'lans
Hur kan jag få tag i en ambulans?
wie - kann - ich - bekommen - Zugriff - auf -einen - Krankenw.

■ Wie ist der Notruf?
wa är es u es 'nʉmret
Vad är SOS-numret?

Die Notrufnummer ist 90000

■ Es gibt einen Verletzten in ...
de fins en ˇska:dad i ...
Det finns en skadad i ...

■ Wo geht es zum nächsten Krankenhaus?
hʉr 'komer ja: til 'närmaste ˇschʉkhʉ:s
Hur kommer jag till närmaste sjukhus?
wie - komme - ich - zum - nächsten - Krankenhaus

■ Wo gibt es einen Arzt?
war fins en ˇlä:kare
Var finns en läkare?

■ Kann der Arzt herkommen?
kan 'doktorn 'koma hi:t
Kan doktorn komma hit?

Im Vorzimmer

■ Ich fühle mich schlecht.
ja: mor ˇila
Jag mår illa.

■ Ich bin krank.
ja: är schʉk
Jag är sjuk.

■ Ich habe hier Schmerzen.
de är här ja: ha: unt
Det är här jag har ont.

■ Ich habe Fieber.
ja: har 'fe:ber
Jag har feber.

■ Kann der Arzt mich untersuchen?
kan 'doktorn ˇʉnderschö:ka mej
Kan doktorn undersöka mig?

■ Können Sie mir bitte einen Termin geben?
kan ja: fo: en ti:d
Kan jag få en tid?
kann - ich - bekommen - eine - Zeit

■ Es ist sehr dringend!
de är 'myke bro:skande
Det är mycket brådskande.

■ Wie lange muß ich warten?
hʉr 'länge 'moste ja: 'wänta
Hur länge måste jag vänta?

■ Wo finde ich eine Apotheke?
wa:r fins ett apu'te:k
Var finns ett apotek?

Gespräch mit dem Arzt

■ Können Sie mir ein Medikament verschreiben?
kan dʉ 'skriwa ʉt ett re'sept o:t mej
Kan du skriva ut ett recept åt mig?
kannst - du - schreiben - aus - ein - Rezept - für - mich

■ Könnten Sie mir dieses Medikament verschreiben?
kan dʉ 'skriwa ʉt den här medi'cinen o:t mej
Kan du skriva ut den här medicinen åt mig?
kannst - du - schreiben - aus - dieses - hier - M. - für - mich

■ Hat das Nebenwirkungen?
har den ˇnogon ˇbi:werkan
Har den någon biverkan?

■ Wie oft muß ich es einnehmen?
hʉr 'ofta 'moste ja: ta: den
Hur ofta måste jag ta den?

■ Ich bin allergisch gegen ...
ja: är aˇlerjisk mu:t ...
Jag är allergisk mot ...

■ Wann werde ich wieder gesund sein?
när 'komer ja: at ˇwa:ra frisk igen
När kommer jag att vara frisk igen?

■ Kann ich die Reise fortsetzen?
kan ja: ˇfutsäta ˇre:san
Kan jag fortsätta resan?

■ Vielen Dank für Ihre Hilfe!
tak för 'jälpen
Tack för hjälpen.

Ankreuzlisten für die Verständigung mit dem Arzt

Umgang mit den Formularen

■ Ich habe meine Beschwerden hier angekreuzt.
ja: har ˇkrysat för 'mina be'swär här
Jag har kryssat för mina besvär här.
ich - habe - gekreuzt - für - meine - Beschwerden - hier

Hinweise für den Arzt – Upplysningar åt doktorn

Die folgenden Seiten sollen der klaren Verständigung zwischen Ihnen und dem Patienten dienen. Sie enthalten die wichtigsten zur Behandlung notwendigen Fragen und Antworten. Kreuzen Sie links die Fragen an, die Ihnen der Patient beantworten soll. Vergessen Sie nicht, Ihre Diagnose schriftlich niederzulegen. Es ist für den Patienen dann leichter, die Diagnose zu verstehen und bedeutet auch eine wichtige Information für den heimischen Arzt.

De följande sidorna skall hjälpa till att förbättra förståelsen mellan läkare och patient. De innehåller viktiga frågor och svar som är nödvändiga för att läkarbehandlingen skall kunna genomföras. Var god och kryssa för dem frågor som patienten skall besvara. Glöm ej att skriva ned Er diagnos, så att patienten lättare kan förstå den och informera sin läkare i hemlandet om det inträffade.

Unfall - Olycka

Ich ...	**Jag ...**
❑ bin hingefallen	**har fallit omkull**
❑ bin umgeknickt	**har vrickat foten**
❑ habe mich verletzt	**har skadat mig**
❑ habe mich geschnitten	**har skurit mig**
❑ bin gebissen worden	**har blivit biten**
❑ bin gestochen worden	**har blivit stucken**
❑ habe einen elektrischen Schlag erlitten	**har fått en elektrisk stöt**
❑ habe mich verbrannt	**har bränt mig**
❑ habe einen Sonnenbrand	**har fått solbränna**
❑ habe einen Sonnenstich	**har fått solsting**
❑ habe zu viel Wasser geschluckt	**har fått en kallsup**
❑ habe etwas Schlechtes gegessen	**har ätit något dåligt**

Probleme - Problem

❑ Allergie	allergi
❑ Asthma	astma
❑ Atemnot	andningsbesvär
❑ Augenschmerzen	ont i ögonen
❑ Ausschlag	utslag
❑ Bauchschmerzen	ont i magen
❑ Beschwerden bei der Monatsblutung	mestruationsbesvär
❑ Blasen an den Füßen	blåsor på fötterna
❑ Blasenschmerzen	ont i blåsan
❑ Blut im Stuhl	blod i avföringen
❑ Blutung	blödning
❑ Brustschmerzen	ont i bröstet
❑ Durchblutungsstörungen	problem med blodomloppet
❑ Durchfall	diarré
❑ Entzündung	inflammation
❑ Erbrechen	kräkning
❑ Erkältung	förkylning
❑ Fieber, Grad ___	feber, grader ___
❑ Frösteln	småfrysning
❑ Gelenkschmerzen	ont i lederna
❑ Geschwulst	svulst
❑ Geschwür	böld
❑ Halsschmerzen	ont i halsen
❑ Harndrang	urinträngning
❑ Heiserkeit	heshet
❑ Herzschmerzen	ont i hjärtat
❑ Heuschnupfen	hösnuva
❑ Husten	hosta
❑ Kopfschmerzen	huvudvärk
❑ Magenschmerzen	ont i magen
❑ Nierenschmerzen	ont i njurarna
❑ Ohrenschmerzen	ont i öron
❑ Rückenschmerzen	ryggvärk
❑ Schlaflosigkeit	sömnlöshet
❑ Schmerzen beim Wasserlassen	ont vid urinering
❑ Schnupfen	snuva
❑ Schwächeanfall	anfall av svaghet
❑ Schwindel	svindel
❑ Sehstörungen	synrubbning
❑ Übelkeit	illamående
❑ Verstopfung	förstoppning

Vorgeschichte des Patienten - Patientens historia

Hatten/haben Sie folgende Leiden
Har du haft följande sjukdom

❑ Aids	**aids**
❑ Allergie	**allergi**
❑ Arzneimittel-überempfindlichkeit	**läkemedelsallergi**
❑ Asthma	**astma**
❑ Blutkrankheiten	**blodsjukdomar**
❑ Bluthochdruck	**högt blodtryck**
❑ Diabetes	**diabetes**
❑ Fehlgeburt	**missfall**
❑ Gastritis	**gastrit**
❑ Gelbsucht	**gulsot**
❑ Herzfehler	**hjärtfel**
❑ Herzinfarkt	**hjärtinfarkt**
❑ Krebs	**cancer**
❑ Lebererkrankung	**leversjukdom**
❑ Leistenbruch	**ljumskbråck**
❑ Lungenentzündung	**lunginflammation**
❑ Lungentuberkulose	**tuberkulos**
❑ Magengeschwür	**magsår**
❑ Niedriger Blutdruck	**lågt blodtryck**
❑ Rippenfellentzündung	**lungsäcksinflammation**
❑ Schilddrüsenprobleme	**sköldkörtelproblem**
❑ Schlaganfall	**slaganfall**

❑ Nehmen Sie momentan Medikamente ein?
Ta ni någon medicin nu?

❑ Welche?	**Vilka?**
❑ Haben Sie Schmerzen?	**Har ni ont?**
❑ Wo haben Sie Schmerzen?	**Var har ni ont?**
❑ Seit wann?	**Hur länge?**
❑ Sind Sie Raucher?	**Är ni rökare?**
❑ Sind Sie schwanger?	**Väntar ni barn?**

Zur Behandlung – För behandling

❑ Machen Sie sich bitte frei.	**Var snäll och klä av er.**
❑ Krempeln Sie den Ärmel hoch.	**Var snäll kavla upp ärmen.**
❑ Atmen Sie tief durch.	**Andas djupt.**
❑ Jetzt bitte nicht atmen.	**Håll andan nu.**
❑ Husten Sie bitte.	**Hosta, tack.**
❑ Legen Sie sich hier hin.	**Var snäll lägg er här.**
❑ Tut das weh?	**Gör det ont?**
❑ Sie müssen geröntgt werden.	**Ni måste röntgas.**
❑ Ich brauche eine Blutprobe.	**Jag behöver ett blodprov.**
❑ Ich brauche eine Urinprobe.	**Jag behöver ett urinprov.**
❑ Ich brauche eine Stuhlprobe.	**Jag behöver ett avföringsprov.**
❑ Öffnen Sie den Mund weit.	**Öppna munnen vitt.**

Diagnose - Diagnos

Es wird folgende Diagnose gestellt
Diagnos

....

....

....

Maßnahmen - Åtgärder

- ❑ Meiden Sie die direkte Sonne.
  Undvik direkt solljus.
- ❑ Meiden Sie fette/blähende Speisen.
  Undvik feta/svällande rätter.
- ❑ Meiden Sie Zucker/Kaffee/Alkohol.
  Undvik socker/kaffe/alkohol.
- ❑ Bleiben Sie ___ Tage im Bett.
  Stanna i sängen i ___ dagar.
- ❑ Baden Sie ___ Tage nicht.
  Undvik att bada i ___ dagar.
- ❑ Sie dürfen ___ Tage keinen Sport teiben.
  Ni får inte idrotta i ___ dagar.
- ❑ Wärmen/kühlen Sie die kranke Stelle.
  Värm/kyl den sjuka punkten.
- ❑ Kommen Sie noch einmal am ...
  Kom igen den ...
- ❑ Wir müssen einen Gips anlegen.
  Vi måste gipsa.
- ❑ Ich muß Sie ins Krankenhaus einweisen.
  Jag måste remittera er till sjukhuset.
- ❑ Sie müssen zu einem Facharzt.
  du måste konsultera en specialist.
- ❑ Es besteht Ansteckungsgefahr.
  Det finns smittorisk.

Medikamenteneinnahme - Användning av medikament

Einnahme des Medikaments
Användning av medikamentet.

Tage/Wochen lang
i ___ **dagar/veckor**

mal täglich
___ **ggr per dag**

Tabletten
___ **tabletter**

Tropfen
___ **droppar**

Eßlöffel/Teelöffel
___ **matsked/tesked**

- ❑ morgens
  på morgonen
- ❑ mittags
  om middagen
- ❑ abends
  på kvällen
- ❑ vor der Mahlzeit
  före måltiden
- ❑ nach der Mahlzeit
  efter måltiden

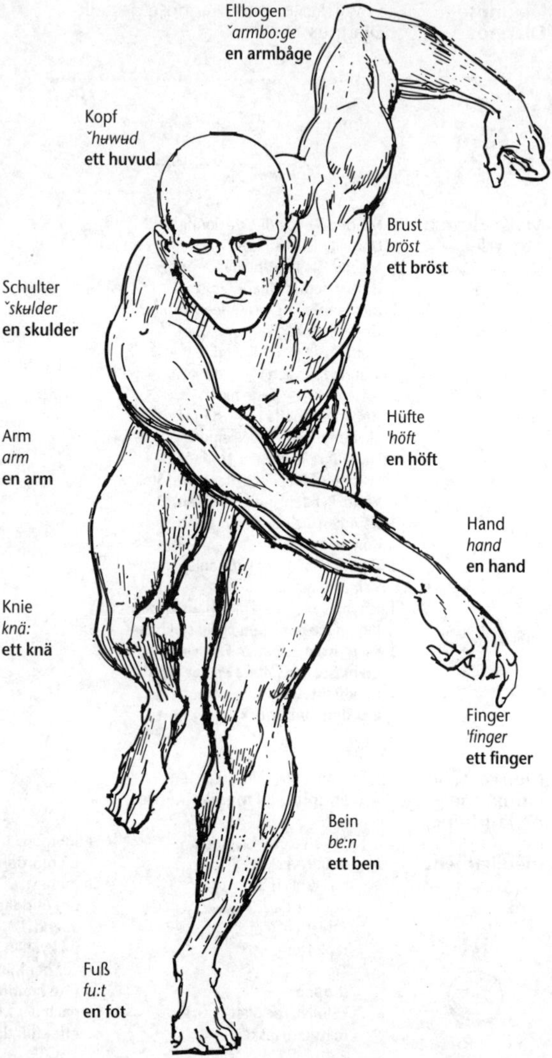
Ellbogen
ˇarmbo:ge
en armbåge
Kopf
ˇhʉwʉd
ett huvud
Brust
bröst
ett bröst
Schulter
ˋskʉlder
en skulder
Hüfte
'höft
en höft
Arm
arm
en arm
Hand
hand
en hand
Knie
knä:
ett knä
Finger
'finger
ett finger
Bein
be:n
ett ben
Fuß
fu:t
en fot

Der Körper

Bauch	*ˇma:ge*	**en mage**
Bauchspeicheldrüse	*ˇbʉ:kspotschörtel*	**en bukspottskörtel**
Blinddarm	*ˇblindtarm*	**en blindtarm**
Blut	*blu:d*	**ett blod**
Darm	*tarm*	**en tarm**
Eierstock	*ˇägstok*	**en äggstock**
Eileiter	*ˇägle:dare*	**en äggledare**
Gallenblase	*'galˇblo:sa*	**en gallblåsa**
Gebärmutter	*ˇli:wmuder*	**en livmoder**
Haare	*ho:r*	**ett hår**
Hals	*hals*	**en hals**
Harnblase	*ʉ'ri:nˇblo:sa*	**en urinblåsa**
Haut	*hʉ:d*	**en hud**
Herz	*ˇjärta*	**ett hjärta**
Hoden	*tes'ti:kel*	**en testikel**
Kehlkopf	*'strʉ:pˇhʉwʉd*	**ett struphuvud**
Knochen	*be:n*	**ett ben**
Leber	*'le:wer*	**en lever**
Lunge	*ˇlʉnga*	**en lunga**
Magen	*ˇma:ge*	**en mage**
Mandeln	*ton'si:ler*	**tonsiler**
Muskel	*'mʉskel*	**en muskel**
Nerv	*nerw*	**en nerv**
Niere	*ˇnjʉ:re*	**en njure**
Penis	*'pe:nis*	**en penis**
Prostata	*prosta:ta*	**en prostata**
Rheuma	*reuma'tism*	**en reumatism**
Rippe	*ˇre:wbe:n*	**ett revben**
Sehne	*ˇse:na*	**en sena**
Wirbelsäule	*ˇryggra:d*	**en ryggrad**
Zahn	*tand*	**en tand**
Zunge	*ˇtʉnga*	**en tunga**

Beim Zahnarzt

Backenzahn	*ˇchindtand*	**en kindtand**
Betäubungsspritze	*beˇdövning*	**en bedövning**
bohren	*'bora*	**borra**
Brücke	*ˇbraga*	**en brygga**
Eckzahn	*ˇhörntand*	**en hörntand**
Kiefer	*ˇchä:ke*	**en käke**
Krone	*ˇku:na*	**en krona**
Plombe	*plomb*	**en plomb**
Prothese	*pro'te:s*	**en protes**
Schneidezahn	*ˇframtand*	**en framtand**
Wurzelbehandlung	*'ru:tˇbehandling*	**en rotbehandling**
ziehen	*dra: 'ʉ:t*	**dra ut**

■ Ich habe Zahnschmerzen.
ja: har ˇtandwärk
Jag har tandvärk.

■ Dieser Zahn tut mir weh.
den här 'tanden värker
Den här tanden värker.

Beschwerden

■ Ich habe eine Plombe verloren.
ja: har 'tapat en plomb
Jag har tappat en plomb.

■ Das Zahnfleisch ist entzündet.
ˇtandchötet är inˇflame:rat
Tandköttet är inflammerat.

■ Das Zahnfleisch blutet.
ˇtandchötet ˇblö:der
Tandköttet blöder.

Behandlung

Bitte antworten Sie! (ja/nein)
Var god och svara! (ja/nej)

❑ Haben Sie Schmerzen?
Har ni ont?
❑ Dauernd oder zeitweise?
Hela tiden eller bara ibland?
❑ Nur bei ...
bara vid kontakt med ...
❑ ... heiß **heta**
❑ ... kalt **kalla**
❑ ... süß **söta**
❑ ... sauer **sura/saker**
❑ Nur beim Kauen?
Bara när ni tyggar?

Apotheke

APOTEK

Informationen zu den schwedischen Apotheken siehe weiter oben unter „Arzt und Apotheke“.

■ Können Sie mir ein *Schmerz-/Schlafmittel* empfehlen?
kan ni: rekomenˇde:ra ett 'smärtˇstilande ˇme:del/ˇsömme:del
Kan ni rekommendera ett smärtstillande *medel/sömnmedel*?

◆ Dafür brauchen Sie ein Rezept.
de beˇhö:wer ni: re'sept för
Det behöver ni recept för.

Medikamente

Ich brauche ein Mittel gegen ...
Jag behöver ett medel mot ...

❑ Kopfschmerzen	**huvudvärk**
❑ Halsschmerzen	**ont i halsen**
❑ Heuschnupfen	**hösnuva**
❑ Husten	**hosta**
❑ Schnupfen	**snuva**
❑ Grippe	**influensa**
❑ Zahnschmerzen	**tandvärk**
❑ starke Schmerzen	**stark smärta**
❑ Magenschmerzen	**ont i mage**
❑ Durchfall	**diarré**
❑ Verstopfung	**förstoppning**
❑ Sonnenbrand	**solbränna**
❑ Insektenstiche	**insektbett**

Drogerieartikel

Ich möchte bitte ...
Jag skulle vilja ha ...

❑ Abführmittel	**laxativ**
❑ Antibiotikum	**antibiotikum**
❑ Antiseptikum	**antiseptikum**
❑ Brandsalbe	**salva mot brännsår**
❑ Fieberthermometer	**febertermometer**
❑ Mückenmilch	**myggmjölk**
❑ Mückensalbe	**myggsalva**
❑ Mückenstift	**myggstift**
❑ Mullbinde	**gasbinda**
❑ Pflaster	**plåster**
❑ Salbe gegen Juckreiz	**salva mot klåda**
❑ Schlaftabletten	**sömntabletter**
❑ Verband	**förband**
❑ Watte	**bomull**

Diebstahl und Überfälle

Die Gefahr, in Schweden bestohlen oder gar überfallen zu werden, ist nach wie vor gering. In den letzten Jahren haben zwar infolge des verstärkten Alkohol- und Rauschgiftkonsums vor allem unter Jugendlichen Beschaffungskriminalität und Gewalttätigkeit stark zugenommen, aber die Zentren sind in erster Linie die abends völlig ausgestorbenen Trabantenstädte. Auf Wertgegenstände muß man natürlich ein Auge haben, aber man kann sie grundsätzlich unbesorgt im Hotel lassen. Falls wirklich etwas passiert, ist die Polizei sehr hilfsbereit.

Anzeige	*ˇanmälan*	**en anmälan**
anzeigen	*ˇanmäla*	**anmäla**
aufbrechen	*ˇbryta 'up*	**bryta upp**
bedroht	*ˇhu:tad*	**hotad**
Bescheinigung für die Versicherung	*ˇinty:g för förˇschä:kringen*	**intyg för försäkringen**
Dieb	*chu:w*	**en tjuv**
Diebstahl	*stöld*	**en stöld**
Gefängnis	*'fängelse*	**ett fängelse**
Gericht	*ˇdu:mstu:l*	**en domstol**
mit Gewalt	*me wo:ld*	**med våld**
Messer	*ni:w*	**en kniv**
Pistole	*pis'tu:l*	**en pistol**
Polizeirevier	*po'li:sstaschù:n*	**en polisstation**
Polizeiwagen	*po'li:s`bi:l*	**en polisbil**
Polizist	*po'li:s*	**en polis**
Rauschgift	*ˇdro:ger*	**droger**
Richter	*ˇdu:mare*	**en domare**
Taschendieb	*ˇfikchu:w*	**en ficktjuv**
Überfall	*ˇö:werfal*	**ett överfall**
Untersuchungshaft	*ˇransa:kningshäkte*	**ett rannsakningshäkte**
Verbrechen	*brot*	**ett brott**
verhaften	*ares'te:ra*	**arrestera**
verlieren	*'tapa tappa*	
Waffe	*ˇwa:pen*	**ett vapen**
Vergewaltigung	*ˇwo:ldtäkt*	**en våldtäkt**
zusammengeschlagen	*sla:git ne:r*	**slagit ner**

Polizei

■ Wo ist die nächste Polizeiwache?
wa:r fins 'närmaste po'li:ssta`schu;n
Var finns den närmaste polisstation?

■ Ich bin bestohlen/überfallen worden?
ja: har ˇbliwit beˇstu:len/öwerˇfalen
Jag har blivit bestulen/överfallen.

■ Mir ist *die Brieftasche* gestohlen worden.
min ˇplo:nbuk har 'bliwit 'stʉ:len
Min *plånbok* har blivit stulen.

■ Mein Auto ist aufgebrochen worden.
de har 'wa:rit ˇinbrot i min bi:l
Det har varit inbrott i min bil.
es - hat - gewesen - Einbruch - in - mein - Auto

Was wurde gestohlen

Autoradio	*ˇbi:lra:dio*	**en bilradio**
Autoschlüssel	*ˇbi:lnykel*	**en bilnyckel**
Kfz-Papiere	*rejisˇtre:ringpapper*	**ett registreringspapper**
Ausweis	*legitima'schu:n*	**en legitimation**
Schmuck	*'smyke*	**ett smycke**
Tasche	*'wäska*	**en väska**
Rucksack	*ˇrygsäk*	**en ryggsäck**
Koffer	*ˇre:swäska*	**en resväska**
Fahrkarte	*bil'jet*	**en biljett**

Handtasche
ˇwäska
en väska

Geldbörse
bösch
en börs

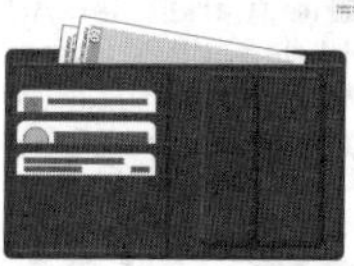

Geld
'pengar
pengar

Führerschein
ˇchörkot
ett körkort

Paß
pas
en pass

Fernglas
'chi:kare
en kikare

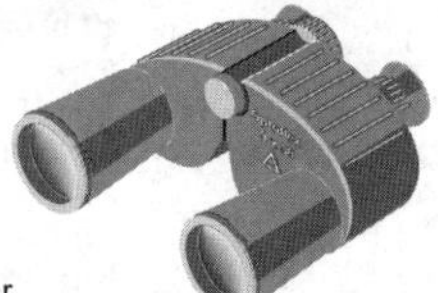

Armbanduhr
ˇarmbandsʉ:r
ett armbandsur

Brille
ˇglasö:gon
glasögon

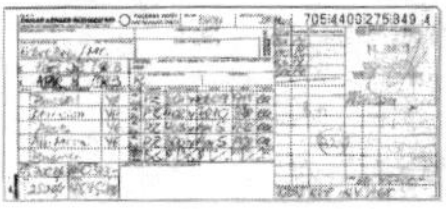

Flugticket
ˇfly:gbiljet
en flygbiljett

Sonnenbrille
ˇsu:lgla:sögon
solglasögon

Kurzgrammatik

Artikel

Der unbestimmte Artikel

Im Schwedischen gibt es sächliche Substantive (Neutrum) und nichtsächliche (Utrum). Die sächlichen haben den Artikel **ett**, die nichtsächlichen **en**. In der unbestimmten Form singular steht der Artikel vor dem Substantiv, der Plural wird wie im Deutschen ohne unbestimmten Artikel gebildet.

Beispiel:

Singular		Plural	
en bok	ein Buch	**böcker**	Bücher
ett barn	ein Kind	**barnet**	Kinder

Der bestimmte Artikel

Der bestimmte Artikel wird im Schwedischen an das Substantiv angehängt (Schlußartikel). Im Singular an sächliche Wörter **-et** oder **-t**, an nichtsächliche -**en** oder **-n**. Im Plural in beiden Fällen **-na**, bei Wörtern, die im Singular und Plural gleich lauten **-en**.

Beispiel:

Singular		Plural	
boken	das Buch	**böckerna**	die Bücher
Barnet	das Kind	**barnen**	die Kinder

Der Adjektivartikel

Steht vor einem Substantiv mit bestimmtem Artikel ein Adjektv, wird dem Eigenschaftswort der Adjektivartikel vorangestellt (sächlich **det**, nichtsächlich **den**, Plural **de**), und es erhält die Endung **-a**.

Beispiel:

den gröna boken	das grüne Buch
det stora barnet	das große Kind
de röda äpplen	die roten Äpfel

Das Substantiv

Wörter mit dem Artikel **ett** sind sächlich und bezeichnen meist Gegenstände, abstrakte Substantive sowie Länder und Orte. Die nichtsächlichen Wörter mit dem Artikel **en** können auch männlich oder weiblich sein, vor allem Personen oder Tiere. Der Unterschied zeigt sich nicht am Artikel, sondern nur beim persönlichen Fürwort: **han** (er) und **hon** (sie).

Der Plural wird durch Anhängen einer der vier Pluralendungen (**-or**, **-ar**, **-er**, **-n**) an den Wortstamm gebildet. Einige Worte lauten im Singular und Plural gleich (**ett barn, många barn** - ein Kind, viele Kinder), oder der Plural wird durch Umlaut gebildet, wie auch bei einigen deutschen Wörtern (**bok, böcker** -Buch, Bücher).

Bei der Pluralbildung kann man sich an folgenden Regeln orientieren, von denen es natürlich unzählige Ausnahmen gibt:

Substantiv	Pluralendung	Beispiel
en-Wörter, die auf **a** enden	-or	**en mamma, mammor**
en-Wörter, die auf **e** enden	-ar	**en pojke, pojkar**
en-Wörter, die auf **het** enden oder bei denen die letzte Silbe betont ist (meist Fremdwörter)	er	**en hemlighet, hemligheter** **en person, personer**
ett-Wörter, die auf unbetonten Vokal enden	-n	**ett äpple, äpplen**
ett-Wörter, die auf betonten Vokal enden	-er	**ett konditori, konditorier**

En-Wörter, die auf **are** oder **ande** enden sowie ett-Wörter, die mit einem Konsonanten enden, bleiben im Plural unverändert.

Deklination

Dekliniert werden die schwedischen Substantive nicht. Es gibt nur einen Hauptfall und den Genitiv, der durch Anhängen eines **-s** gebildet wird.

Das Adjektiv

Adjektive erhalten im Singular bei nichtsächlichen Wörtern (**en**) keine Endung, bei sächlichen (**ett**) wird ein **-t** angehängt. Im Plural enden sie immer auf **-a**.

Beispiel:

Skogen är stor.	Der Wald ist groß.
Skogarna är stora.	Die Wälder sind groß.
Huset är stort.	Das Haus ist groß.
Husen är stora.	Die Häuser sind groß.

Bei Adjektiven in attributiver Stellung gilt dies jedoch nur für die unbestimmte Form:

Beispiel:

En stor skog	ein großer Wald
Stora skogar	große Wälder
Ett stort hus	ein großes Haus
Stora hus	große Häuser

In der bestimmten Form wird der Adjektivartikel vorangestellt und das Adjektiv endet auf **-a**:

Beispiel:

Den stora skogen	der große Wald
De stora skogar	die großen Wälder
Det stora huset	das große Haus
De stora husen	die großen Häuser

Einige Adjektive werden nicht gebeugt. Hierzu gehören **bra** (gut) und fast alle Adjektive, die auf einen unbetonten Vokal enden.

Der Komparativ Für die Steigerung des Adjektivs verwendet man in den meisten Fällen den Stamm und die Endungen -**are** bzw. **-ast**.

Beispiele:

rik	**rikare**	**rikast**
reich	reicher	am reichsten

Adjektive, die unregelmäßig gesteigert werden:

gut	**bra**	**bättre**	**bäst**
schlecht	**dålig**	**sämre**	**sämst**
alt	**gammal**	**äldre**	**äldst**
klein	**liten**	**mindre**	**minst**

Adverbien werden in den meisten Fällen durch Anhängen von **-t** ans Adjektiv gebildet.

Beispiel:

Kvinnan är försiktig.	Die Frau ist vorsichtig.
Hon kör försiktigt.	Sie fährt vorsichtig.

Das Verb

Das schwedische Verb hat keine Personalendungen (ich singe - **jag sjunger**, du singst - **du sjunger** usw.). Nach der Bildung des Imperfekts und des Partizip Perfekts unterscheidet man wie im Deutschen starke und schwache Verben. Die schwachen Verben werden durch Anfügen einer Endung an den Stamm gebildet, bei den starken Verben ändert sich der Stammvokal.

Schwache Verben

Die schwachen Verben teilt man grob in drei Klassen ein.

1. Klasse

1. Klasse	Infinitiv (Nennform)	**-a**
	Präsens (Gegenwart)	**-ar**
	Imperfekt (Vergangenheit)	**-ade**
	Supinum*	**-at**
	sprechen	**tala**
	ich spreche	**jag talar**
	ich sprach	**jag talade**
	ich habe/hatte gesprochen	**jag har/hade talat**
2. Klasse	Infinitiv (Nennform)	**-a**
	Präsens (Gegenwart)	**-er**
	Imperfekt (Vergangenheit)	**-de** oder **-te**
	Supinum*	**-t**
Beispiel:	wärmen	**värma**
	es wärmt	**det värmer det**
	es wärmte	**värmde**
	es hat/hatte gewärmt	**det har/hade värmt**
	fahren	**åka**
	er fährt	**han åker**
	er fuhr	**han åkte**
	er ist/war gefahren	**han har/hadde åkt**
3. Klasse	Infinitiv (Nennform)	ohne Endung
	Präsens (Gegenwart)	**-r**
	Imperfekt (Vergangenheit)	**-dde**
	Supinum*	**-tt**
Beispiel:	wohnen	**bo**
	sie wohnt	**hon bor**
	sie wohnte	**hon bodde**
	sie hat/hatte gewohnt	**hon har/hade bott**

* *Supinum: neutrale Form des Partizip Perfekt*

Starke Verben Auch die starken Verben lassen sich grob in drei Gruppen unterteilen.

1. i - e - i
skriva - skrev - skrivit
schreiben - schrieb - geschrieben

2. u bzw. y - ö - u
sjunga- sjöng - sjungit
singen - sang - gesungen
fryser - frös - frysit
frieren - fror - gefroren

3. i - a - u
dricka - drack - druckit
trinken - trank - getrunken

Perfekt und Plusquamperfekt werden durch **har** + Supinum bzw. **hade** + Supinum gebildet.

Futur Für das **Futur** gibt es keine bestimmte Verbform. Es gibt drei Möglichkeiten das Futur zu bilden:

1. Präsens + Wort, das auf die Zukunft verweist:
Jag kommer imorgon.
Ich komme morgen.

2. komma att + Infinitiv:
Du kommer att resa till Sverige.
Du wirst nach Schweden reisen.
du - kommst - zu - reisen - nach - Schweden

3. ska + Infinitiv
Jag ska resa.
Ich werde abreisen.

Ska gebraucht man vor allem dann, wenn man einen Beschluß oder eine Absicht ausdrücken möchte.

Das Partizip Das **Partizip Präsens** wird durch Anfügen von -**ande**, bei einsilbigen Verben -**ende**, an den Stamm des Verbs gebildet.

Hon blev sittande. Sie blieb sitzen.

Das **Partizip Perfekt** der schwachen Verben bildet man durch Weglassen des **e** der Imperfektform (**köpte** wird **köpt**), das der starken Verben durch Hinzufügen der Endung -**en** an den Stamm (**fall-**, **fallen**). Wie im Deutschen wird das Partizip Perfekt bei adjektivischem Gebrauch flektiert.

Passiv

Das Passiv wird gebildet, indem man im Präsens das **r** am Wortende durch ein **s** ersetzt, in den anderen Zeiten, indem man ein s anhängt.

Beispiel

stängas - geschlossen werden:

Aktiv	Passiv	
stänger	**stängs**	(wird geschlossen)
stängde	**stängdes**	(wurde geschlossen)
har stängt	**har stängts**	(ist geschlossen worden)
ska stänga	**ska stängas**	(wird geschlossen werden)

Verneinung

wird ausgedrückt durch das Wort **inte** (nicht) hinter dem Verb:

Jag vill inte - Ich will nicht

Hilfsverben

	sein	haben	werden
Infinitiv	**vara**	**ha**	**bli**
Präsens	**är**	**har**	**blir**
Imperfekt	**var**	**hade**	**blev**
Perfekt	**har varit**	**har haft**	**har blivit**

Unregelmäßige Verben

Einige wichtige unregelmäßige Verben

gehen	**gå**	**går**	**gick**	**gått**
liegen	**ligga**	**ligger**	**låg**	**legat**
stehen	**stå**	**står**	**stod**	**stått**
leben	**leva**	**lever**	**levde**	**levat**
sehen	**se**	**ser**	**sog**	**sett**
heißen	**heta**	**heter**	**hette**	**hetat**

Pronomen

Personalpronomen

ich	**jag**	mir/mich	**mig**
du	**du**	dir/dir	**dig**
er	**han**	ihm/ihn	**honom**
sie	**hon**	ihr/sie	**henne**
es	**den/det**	ihm/ihn	**den/det**
wir	**vi**	uns	**oss**
ihr	**ni**	euch	**er**
sie	**de**	ihnen/sie	**dem**

Possesivpronomen

Außer in der dritten Person singular und plural wird das Possesivpronomen gebeugt wie ein Adjektiv.

mein	**min**	**mitt**	**mina**
dein	**din**	**ditt**	**dina**
sein	**hans**		
ihr	**hennes**		
sein	**dess**		
unser	**vår**	**vårt**	**våra**
euer	**er**	**ert**	**era**
ihr	**deras**		

Bezieht sich das Possesivpronomen in der dritten Person auf das Subjekt, heißt es **sin, sitt, sina.**

Beispiel: Per wäscht seine (Olles) Kleidung:
Per tvättar hans kläder.

aber: Per wäscht seine (eigene) Kleidung:
Per tvättar sina kläder.

Demonstrativpronomen

"Dies hier" heißt je nach Artikel des Substantivs **det här, den här** oder **de här**. "Jenes da" bezeichnet man mit **det där, den där, de där**.

Dieser, diese, dieses heißt bei sächlichen Substantiven **detta**, bei nichtsächlichen **denna** und im Plural **dessa**.

Vokabel-liste

A

Aal *o:l* **ål**
ab *fro:n* **från**
abbiegen *ˇswänga* **svänga**
Abblendlicht *ˇhalwjʉ:s* **ett halvljus**
Abend *kwäl* **en kväll**
Abendessen *'mida:g* **en middag**
aber *men* **men**
Abfahrt *ˇa:wgong* **en avgång**
Abfahrtslauf *al'pi:nˇschi:da* **en alpinskida**
Abfall *ˇa:wfal* **ett avfall**
Abfluß *ˇa:wlop* **avlopp**
Abführmittel *laxa'ti:w* **laxativ**
abgelegen *ˇa:wlägsen* **avlägsen**
abheben *ta: 'ʉ:t* **ta ut**
abholen *'hämta* **hämta**
Abkürzung (weg) *ˇje:nwä:g* **en genväg**
ablegen *'lö:pa ʉ:t* **löpa ut**
Abreise *ˇa:wre:sa* **en avresa**
abreisen *ˇre:sa* **resa**
Abschied *ˇa:wsche:d* **ett avsked**
Abschleppseil *bug'se:ringsˇli:na* **en bugseringslina**
Abschleppwagen *ˇbärjningsbi:l* **en bärgningsbil**
absenden *'schicka* **skicka**
Absender *ˇa:wsändare* **en avsändare**
Abstand *ˇa:wstond* **ett avstånd**
Abteilung *ˇa:wde:lning* **en avdelning**
Abteilungsleiter *ˇa:wde:lningsschef* **en avdelningschef**
abwärts *ˇne:do:t* **nedåt**
Abweichung *ˇa:wwi:kelse* **en avvikelse**
Abzug (Foto) *ku'pi* **en kopi**
Achse *'axel* **en axel**
Adler *örn* **en örn**
Adresse *a'dress* **en adress**
Aids *eids* **aids**
Aktiengesellschaft *'aktiebuˋla:g* **ett aktiebolag**
Alkohol *sprit* **en sprit**
alle *ˇala* **alla**
allein *ˇe:nsam* **ensam**
Allergie *aler'ji:* **allergi**
alles *'alting* **allting**
als (zeitl.) *när* **när**
als (Vergl.) *än* **än**
alt *ˇgamal* **gammal**
Altar *ˇalta:re* **ett altare**
Altstadt *'gamla sta:n* **gammla staden**
am Verkehrsschild *wid ˇwä:gmärket* **vid vägmärket**
am Anfang *i 'början* **i början**
am Wochendende *po 'heljen* **på helgen**
am Ende *i 'slʉtet* **i slutet**
Ambulanz *a'kʉ:ten* **akuten**
Ameise *'my:ra* **en myra**
Ampel *tra'fi:kˋjʉ:s* **ett trafikljus**
an der Kreuzung *i 'koschningen* **i korsningen**
an der Ecke *wid 'hörnet* **vid hörnet**
Anchovis *an'schu:wis* **en ansjovis**
anbieten *er'bjʉda* **erbjuda**
andere *'andra* **andra**
anders *ˇu:li:k* **olik**
Anfang *'början* **början**
Anfänger *ˇny:börjare* **en nybörjare**
Anfrage *för'fro:gan* **en förfrågan**
Angebot *o'fert* **en offert**
Angelkarte *ˇfiskekut* **ett fiskekort**
angeln *'fiska* **fiska**
Angelschnur *ˇme:tre:w* **en metrev**
angemessen *ˇlämplit* **lämpligt**
angenehm *ˇanjeˋnä:m* **angenäm**
anhalten *'stana* **stanna**
Angestellter *ˇchänsteman* **en tjänsteman**
Anlegestelle *ˇanjö:ringsplats* **en angöringsplats**
Angst *ˇo:ngest* **en ångest**
anhalten *'stana* **stanna**
Anhänger *ˇslä:pwang* **en släpvagn**
Anker lichten *'läta 'ankar* **lätta ankar**
Anker *'ankare* **en ankare**
Ankunft *'ankomst* **en ankomst**
Anlasser *ˇstatmu:tur* **en startmotor**
anlaufen *ˇanlö:pa* **anlöpa**
Anlegeplatz *ˇtilägsˋplats* **en tillägsplats**
anmelden *ˇanmä:la* **anmäla**
anprobieren *ˇpru:wa* **prova**
anrufen *ˇringa* **ringa**
anschauen *'tita 'po:* **titta på**
Anschluß/Verbindung *'anˇslʉ:tning* **en anslutning**
anschnallen, sich *'späna fast sej* **spänna fast sig**
Ansichtskarte *ˇwy:kut* **ett vykort**

Ansprechpartner *kon'taktpe`schu:n* **en kontaktperson**
anspringen *ˇstarta* **starta**
anstatt *i 'stälet 'för* **i stället för**
ansteckend *ˇsmitsam* **smittsam**
Anthropologie *ˇantrupoloji:* **antropologi**
Antiquitäten *'antikwiˇte:ter* **antikviteter**
antworten *ˇswa:ra* **svara**
anwesend *ˇnärwa:rande* **närvarande**
Anzeige (Polizei) *ˇanmälan* **en anmälan**
Anzeige (Zeitg.) *a'nons* **en annons**
anzeigen *ˇanmäla* **anmäla**
anziehen (Schraube) *ˇo:tdra:ga* **åtdraga**
anziehen (Kleidg.) *ta: 'po:* **ta på**
Anzug *kos'ty:m* **en kostym**
Apfel *'äple* **ett äpple**
Apfelsine *apel'si:n* **en apelsin**
Apotheke *apu'te:k* **ett apotek**
Apotheker *apu'te:kare* **en apotekare**
Aprikose *apri'ku:s* **en aprikos**
April *apr'il* **april**
Arbeitsstelle *job* **ett jobb**
Arbeiter *ˇarbe:tare* **en arbetare**
Arbeitserlaubnis *ˇarbe:tstilstond* **ett arbetstillstånd**
arbeitslos *ˇarbe:ts`lö:s* **arbetslös**
Archäologe *arkeu'lo:g* **en arkeolog**
Archäologie *ˇarkeoloji:* **arkeologi**
Architekt *arki'tekt* **en arkitekt**
Archtitektur *architek'tʉ:r* **en arkitektur**
Arm *arm* **en arm**
arm *'fatig* **fattig**
Armband *ˇarmband* **ett armband**
Armbanduhr *ˇarmbandsʉ:r* **ett armbandsur**
Arzneimittelüberempfindlichkeit *ˇlä:kem:delsaler`j:i* **läkemedelsallergi**
Arzt *'lä:kare* **en läkare**
Arzthelferin *ˇmu:ta:gningsschö:teschka* **en mottagningssjöterska**
Asthma *'astma* **astma**
Atemnot *ˇandninsbe`swär* **andningsbesvär**
auch *'okso:* **också**
auch nicht *'inte 'heler* **inte heller**
Auerhahn *'chä:der* **en tjäder**
auf *po:* **på**
aufbewahren *förˇwa:ra* **förvara**
Aufbewahrungslösung *ˇförwa:ringsvätska* **en förvaringsvätska**
aufbrechen *ˇbryta 'ʉp* **bryta upp**
Aufenthalt *ˇʉpehol* **ett uppehåll**
Aufenthaltserlaubnis *ˇʉpeholstilstond* **ett uppehållstillstånd**
Aufenthaltsraum *ˇʉpeholsrʉm* **ett uppehållsrum**
Auffahrt *ˇpo:fart* **en påfart**
auf hoher See *po 'öpet ha:w* **på öppet hav**
aufhören *ˇʉphö:ra* **upphöra**
aufladen *'lada ʉp* **ladda upp**
auflegen *ˇläga po:* **lägga på**
aufpumpen *'pʉmpa 'ʉp* **pumpa upp**
aufschreiben *'ski:wa 'ʉp* **skriva upp**
Auftrag *ˇʉpdra:g* **ett uppdrag**
aufwachen *ˇwa:kna* **vakna**
aufwärts *ˇʉpo:t* **uppåt**
Aufzug *his* **en hiss**
Auge *ˇö:ga* **ett öga**
Augenarzt *ˇö:gonlä:kare* **en ögonläkare**
Augenfarbe *ˇö:gonfärj* **en ögonfärg**
Augenschmerzen *unt i 'ögonen* **ont i ögonen**
August *au'gʉsti* **augusti**
aus (Herkunft) *fro:n* **från**
ausbauen *demon'te:ra* **demontera**
ausbeulen *'bʉkla ʉ:t* **buckla ut**
Ausbildung *ˇʉ:tbildning* **en utbildning**
Ausflug *ˇʉ:tflykt* **en utflykt**
Ausgang *ˇʉ:tgong* **en utgång**
ausgebucht *ˇfʉlbukad* **fullbokad**
ausgehen *go: ʉ:t* **gå ut**
Ausgrabung *ˇʉ:tgräwning* **en utgrävning**
Ausländer *ˇʉ:tläning* **en utlänning**
Auslöser *ˇʉ:tlö:sare* **en utlösare**
Auspuff *ˇa:wga:srö:r* **ett avgasrör**
Ausritt *ˇri:dtʉ:r* **en ridtur**
außen *ˇʉ:tanpo:* **utanpå**
außer *ˇʉ:tom* **utom**
außerdem *desˇʉ:tom* **dessutom**
außerhalb *ˇʉ:tanför* **utanför**
Ausschlag *ˇʉ:tsla:g* **ett utslag**
Aussicht *ˇʉ:tsikt* **en utsikt**
Aussichtspunkt *ˇʉ:tsiktspʉnkt* **en utsiktspunkt**
Aussprache *ˇʉ:tta:l* **ett uttal**
aussteigen *'stiga a:w* **stiga av**
Ausstellung *ˇʉ:tstälning* **en utställning**
austauschen *ˇbyta* **byta**
Ausverkauf *'re:a* **rea**
Auswanderer *emi'grant* **en emigrant**
Ausweis *legitima'schu:n* **en legitimation**
auswuchten *balan'se:ra* **balansera**
Außenbordmotor *ˇʉ:tombudsmu'tu:r* **en utombordsmotor**
Außenkabine *ˇyterhyt* **en ytterhytt**
Außenspiegel *ˇbakspe:gel* **en backspegel**
Auto *bi:l* **en bil**

Autobahn *ˇmu:turwä:g* **en motorväg**
Autodeck *ˇbi:ldäk* **ett bildäck**
Automatikgetriebe *autu'ma:tʉlo:da* **en automatlåda**
Autoradio *ˇbi:lra:dio* **en bilradio**
Autoreisezug *ˇbi:lto:g* **ett biltåg**
Autoschlüssel *ˇbi:lnykel* **en bilnyckel**
Autovermietung *ˇbi:lʉthyrning* **en biluthyrning**
Ausfahrt *ˇa:wfart* **en avfart**

B

Baby *'bebi* **en baby**
Babysitter *ˇba:nwakt* **en barnvakt**
Babywäsche *ˇba:nline* **ett barnlinne**
Bach *bäk* **en bäck**
Bachforelle *'bäkˇö:ring* **bäcköring**
Backenzahn *ˇchindtand* **en kindtand**
Bäcker *ˇba:gare* **en bagare**
Bäckerei *ba:ge'ri:* **ett bageri**
Bad *ˇba:drʉm* **ett badrum**
Badeanzug *ˇba:ddräkt* **en baddräkt**
Badehose *ˇba:dbyxur* **badbyxor**
baden *ˇba:da* **bada**
Badewanne *ˇba:dkar* **ett badkar**
Badezimmer *ˇba:drˇm* **ett badrum**
Bahnfahrt *'to:gʉre:sa* **en tågresa**
Bahnhof *st'schu:n* **en station**
Bahnhofsrestaurant *ˇjänvägsrestoˋrang* **en järnvägsrestaurang**
Bahnsteig *pe'rong* **en perrong**
bald *snat* **snart**
Balkon *bal'kong* **en balkong**
Ball *bol* **en boll**
Band *band* **ett band**
Bank *bank* **en bank**
Bank (Sitz-) *bänk* **en bänk**
bar *kon'tant* **kontant**
Bär *bjön* **en björn**
Bar *ba:r* **en bar**
Barockmusik *ba'rokmʉ'si:k* **en barockmusik**
Barsch *ˇabore* **en abborre**
Bart *schäg* **ett skägg**
Batterie *batte'ri:* **ett batteri**
Bauch *ˇma:ge* **en mage**
Bauchschmerzen *unt i 'ma:gen* **ont i magen**
Bauchspeicheldrüse *ˇbʉ:kspotschörtel* **en bukspottskörtel**
Bauernhof *'bundgo:d* **en bondgård**
Bauklötze *ˇbygklos* **byggkloss**
Baum *trä:d* **ett träd**
Baumwolle *ˇbumʉl* **bomull**
Bauwesen *ˇbygnads'wä:sen* **byggnadsväsen**
Beamter *ˇchänsteman* **en tjänsteman**
Beanstandung *reklama'schu:n* **en reklamation**
bedeuten *beˇty:da* **betyda**
bedroht *ˇhu:tad* **hotad**
befinden, sich *be'fina sej* **befinna sig**
Begleitung *ˇsälska:p* **ett sällskap**
begrüßen *wälˇkomna* **välkommna**
Begrüßung *ˇhälsning* **en hälsning**
behandeln *beˇhandla* **behandla**
Behandlung *beˇhandling* **en behandling**
behindert *ˇhandikapade* **handikappade**
Behörde *ˇmyndigh:et* **en myndighet**
bei *wid* **vid**
beide *ˇbo:da* **båda**
beige *be:sch* **beige**
Bein *be:n* **ett ben**
beinahe *'nästan* **nästan**
bekommen *fo:* **få**
belegtes Brot *ˇsmörgo:s* **smörgås**
benachrichtigen *ʉnder'räta* **underrätta**
Benzin *ben'si:n* **en bensin**
Benzinkanister *benˇsi:ndʉnk* **en bensindunk**
Benzinleitung *ˇbränslele:dning* **en bränsledening**
Benzinpumpe *ˇbränslepump* **en bränslepump**
bequem *be'kwä:m* **bekväm**
Berg *berj* **ett berg**
Bergstation *'fjälstaschu:n* **en fjällstation**
Bergsteigen *'berjsbe'stigning* **en bergsbestigning**
Bergwacht *ˇfjälrädningen* **fjällräddningen**
Bericht *ra'port* **en rapport**
Beruf *ˇyrke* **ett yrke**
bescheinigen *ˇinty:ga* **intyga**
beschleunigen *'ö:ka 'farten* **öka farten**
beschweren, sich *ˇkla:ga 'öwer* **klaga över**
besetzt *ˇʉpta:gen* **upptagen**
Besichtigung *be'sö:k* **ett besök**
Besitzer *'ä:gare* **en ägare**
besondere Kennzeichen *ˇsäschilda ˇchäneteken* **särskilda kännetecken**
besonders *ˇsäschild* **särskild**
Besprechung/Sitzung *'möte/ˇsamanträ:de* **ett möte/sammanträde**
Bestätigung *be'kräftelse* **en bekräftelse**
Besteck *be'stik* **ett bestick**
Bestellung *be'stälning* **en beställning**
Bestimmungsort *ˇbestämelseˋut* **en bestämmelseort**
bestohlen *be'stʉ:len* **bestulen**
besuchen *be'sö:ka* **besöka**
Betäubungsspritze *beˇdöwning* **en bedövning**

Betrag *be'lop* **ett belopp**
Betriebsferien *semesterstängt* **semesterstängt**
Betriebswirt *ˇfö:reta:gseko'no:m* **en företagsekonom** Betriebswirtschaft *ˇfö:reta:gsekono'mi:* **företagsekonomi**
betrunken *beˇrʉ:sad* **berusad**
Bett *säng* **en säng**
Bettdecke *'täke* **ett täcke**
Bettwäsche *ˇsängklä:r* **sängkläder**
bevor *i'nan* **innan**
Bewegung *ˇrö:relse* **en rörelse**
Beweis *be'wi:s* **ett bevis**
bewölkt *ˇmulnit* **molnigt**
bewußtlos *ˇmedwe:tslö:s* **medvetslös**
bezahlen *beˇta:la* **betala**
BH *ˇbe:ho:* **behå**
Bibliothekar *bibliute'ka:rie* **en bibliotekarie**
Biene *bi:* **ett bi**
Bier *ö:l* **öl**
Bilanz *ba'lansˇräkning* **en balansräkning**
Bild *bild* **en bild**
Bildband *ˇbildwerk* **ett bildverk**
Bilderbuch *ˇbilderbuk* **en bilderbok**
Bildhauer *skʉlp'tör* **en skulptör**
Bildstein *ˇbildste:n* **en bildsten**
billig *ˇbilig* **billig**
Biochemie *biuke'mi:* **biokemi**
Biologe *bio'lo:g* **en biolog**
Biologie *biulo'gi:* **biologi**
Birke *björk* **en björk**
Birkenrinde *'näwer* **en näver**
Birkhuhn *'ore* **ett orre**
Birne *pä'ron* **ett päron**
bis *til* **till**
Bis bald! *wi se:s* **Vi ses!**
bitte *ˇwa:schogud* **varsågod**
bitter *besk* **besk**
Blähungen *ˇwädeschpäningar* **väderspänningar**
Blasen an den Füßen *ˇblo:sur po 'föterna* **blåsor på fötterna**
Blasenschmerzen *unt i ˇblo:san* **ont i blåsan**
blau *blo:* **blå**
Blaubeeren *ˇblo:bär* **blåbär**
Blaubeersuppe *ˇblo:bäschsopa* **en blåbärssoppa**
bleiben *'stana* **stanna**
bleifrei *ˇbly:fri:* **blyfri**
blind *blind* **blind**
Blinddarm *ˇblindtarm* **en blindtarm**
blinken *ˇblinka* **blinka**
Blinker(Auto) *'blinker* **en blinker**
Blinker(Angeln) *ˇsche:ddra:g* **ett skeddrag**
Blitz *blixt* **en blixt**
blockiert *blo'ˇke:rad* **blockerad**
Blumen *'blumur* **blommor**
Blumenkohl *ˇblu:mko:l* **blomkål**
Bluse *blʉ:s* **en blus**
Blut *blu:d* **ett blod**
Blut im Stuhl *blu:d i ˇa:wföringen* **blod i avföringen**
Bluthochdruck *högt ˇblu:dtryk* **högt blodtryck**
Blutkrankheiten *ˇblu:dschʉkdumar* **blodsjukdomar**
Blutung *ˇblö:dning* **blödning**
Bohnen *'bö:nur* **bönor**
bohren *'bora* **borra**
Boje *boj* **en boj**
Boot *bo:t* **en båt**
Bootshaus *ˇbo:thʉ:s* **ett båthus**
Bootssteg *ˇbo:tbryga* **en båtbrygga**
Botanischer Garten *bo'ta:niska 'trä:`go:rn* **botaniska trädgården**
Botschaft *amba'sa:d* **en ambassad**
Brandsalbe *'salwa mu:t ˇbränso:r* **slava mot brännsår**
Bratkartoffeln *ste:kt ˇputa:tis* **stekt potatis**
brauchen *be'hö:wa* **behöva**
Brauch *se:d* **en sed**
braun *brʉ:n* **brun**
Brecheisen *ˇbrytjän* **ett brytjärn**
Brei *'wäling* **en välling**
breit *bre:d* **bred**
Bremsbacke *ˇbromsklots* **en bromsklots**
Bremsbelag *ˇbromsbeläg* **ett bromsbelägg**
Bremse *broms* **en broms**
Bremsen *ˇbromsa* **bromsa**
Bremsflüssigkeit *ˇbromswätska* **en bromsvätska**
Bremslicht *ˇbromsjʉ:s* **ett bromsljus**
Bremstrommel *'bromsˇtrʉma* **en bromstrumma**
Brief *bre:w* **ett brev**
Briefmarke *ˇfri:märke* **ett frimärke**
Briefpapier *ˇbre:wpaper* **ett brevpapper**
Brieftasche *ˇplo:nbuk* **en plånbok**
Briefträger *ˇbre:wbärare* **en brevbärare**
Briefumschlag *kʉ'wär* **ett kuvert**
Brille *ˇgla:sö:gon* **glasögon**
Brombeeren *'bjönbär* **björnbär**
Bronzezeit *ˇbronsolder* **en bronsålder**
Brosche *brosch* **en brosch**
Brot *brö:d* **ett bröd**
Bruch *frak'tʉ:r* **en fraktur**
Brücke *bru:* **en bro**
Brücke (Zähne) *ˇbryga* **en brygga**
Bruder *brur* **en bror**
Brunnen *brʉn* **en brunn**
Brust *bröst* **ett bröst**
Brustschmerzen *unt i 'bröstet* **ont i bröstet**
Buch *buk* **en bok**
Buchabteilung *ˇbuka:wde:lning* **en bokavdelning**
Buche *bu:k* **en bok**

buchen *ˇbuka* **boka**
Buchhandlung *ˇbukafär* **en bokaffär**
Buchhändler *ˇbukhandlare* **en bokhandlare**
Bucht *wi:k* **en vik**
Bückling *ˇbökling* **en böckling**
Bügeleisen *ˇstry:jän* **ett strykjärn**
bügelfrei *ˇstry:kfri:* **strykfri**
Bund *en bˇnt* **en bunt**
Burg *borj* **en borg**
Büro *kon'tu:r* **ett kontor**
Bus *bʉs* **en buss**
Busbahnhof *ßentra:l bʉssta'schu:n* **en central**
Busfahrer *ˇbʉsschoˋfö:r* **en buschaufför**
Bushaltestelle *ˇbʉsholplatz* **en bushållplats**
Buslinie *'bʉsˇlinje* **en busslinje**
Butter *smör* **ett smör**

C

Cassette *ka'set* **en kassett**
CD *ˇse:de:* **en CD**
Champignons *ˇschampinju:ner* **champinjoner**
Chef *schef* **en chef**
Chemie *che'mi:* **kemi**
Chemiker *che:'mist* **en kemist**
Chor *chör* **en kör**
Christentum *ˇkristenˋdu:m* **en kristendom**
Clogs *ˇträ:skur* **träskor .C.Abb.11, kommt**
Creme *krä:m* **en kräm**
creme *ˇkrä:färjad* **krämfärgad**

D

D-Zug *ex'pressˋto:g* **ett expresståg**
da *där* **där**
Dachdecker *ˇta:klägare* **en takläggare**
Dachs *'grä:wling* **en grävling**
dafür *för* **för**
dagegen *e'mu:t* **emot**
Damenbinden *'da:mˇbindur* **dambindor**
Damen-WC *'da:mtoa'let* **en damtoalett**
Dampfer *ˇongbo:t* **en ångbåt**
danach *där'efter* **därefter**
dankbar *ˇtaksam* **tacksam**
danke *tak* **tack**
dann *sän* **sedan**
Darm *tarm* **en tarm**
darum *ˇdärför* **därför**
das *de/den* **det/den**
daß *at* **att**
Datum *ˇda:tʉm* **ett datum**
Dauerwelle *perma'nent* **en permanent**
dazu *där'til* **därtill**
Decke *'täke* **ett täcke**
Decke (Zimmer-) *ta:k* **ett tak**
Deckenmalerei *ˇta:kmo:lning* **en takmålning**
defekt *de'fekt* **defekt**
dein *di:n* **din**
Denkmal *monʉ'ment* **ett monument**
Dessert *de'se:r* **en dessert**
deutsch *tysk* **tysk**
Deutschland *ˇtyskland* **Tyskland**
Deutsche Mark *'tyska mark* **tyska mark**
Dezember *de'sember* **december**
Dia *di:a* **en dia**
Diabetes *dia'be:tes* **diabetes**
Diafilm *'di:afilm* **en diafilm**
Diagnose *dia'gnu:s* **en diagnos**
Diaphragma *pe'sar* **en pessar**
dich *dej* **dig**
Dichtung *ˇtätning* **en tätning**
Dieb *chʉ:w* **en tjuv**
Diebstahl *stöld* **en stöld**
Dienstag *'tisda:g* **tisdag**
dies *'dena/'deta* **denna/detta**
diese Woche *den här ˇwekan* **den här veckan**
Diesel *'di:sel* **diesel**
Differential *diferensch'a:l* **ett differential**
Dill *dil* **dill**
Ding *sa:k* **en sak**
dir *dej* **dig**
Disco *disku'te:k* **ett diskotek**
doch *dok* **dock**
Doktor *ˇdoktur* **en doktor**
Dolmengrab *dö:s* **en dös**
Dolmetscher *tolk* **en tolk**
Dom *ˇdu:mchyrka* **en domkyrka**
Donner *ˇo:ska* **en åska**
Donnerstag *'toschda:g* **torsdag**
Doppelzimmer *ˇdʉbelrʉm* **ett dubbelrum**
Dorf *by:* **en by**
Dörrfisch *ˇtokad fisk* **torkad fisk**
Dorsch *toschk* **torsk**
Dose *bʉrk* **en burk**
Dosenöffner *kon'serwˇöppnare* **en konservöppnare**
Drachenfliegen *ˇdra:kflygning* **en drakflygning**
draußen *'ʉ:te* **ute**
dringend *ˇbro:skande* **brådskande**
drinnen *'ine* **inne**
Drogerie *ˇfärjhandel* **en färghandel**
du *dʉ* **du**
Düne *dy:n* **en dyn**
dunkel *mörk* **mörk**
Durchblutungsstörungen *pro'ble:m me 'kreslopet* **problem med ktetsloppet**
Durchfall *dia're:* **diarré**
Durchgang *je'nomˋgong* **ett genomgång**
Durchreise *je'nomˇre:sa* **en genomresa**
dürfen *fo:* **få**
Durst *töscht* **en törst**
Dusche *dʉsch* **en dusch**
Düse *ˇmʉnstyke* **ett munstycke**
Dutzend *ˇdʉsin* **ett dussin**

E

Ebbe *eb* **en ebb**
eben *slä:t* **slät**
Ecke *hörn* **ett hörn**
Eckzahn *ˇhörntand* **en hörntand**
Edelstahl *ˇkwalite:tsˋsto:l* **ett kvalitetsstål**
Ehe *ˇäktenska:p* **ett äktenskap**
Ehefrau *ˇhʉstrʉ* **en hustru**
Ehemann *'ma:ke* **en make**
eher *för* **förr**
Ei *äg* **ett ägg**
Eiche *e:k* **en ek**
Eichhörnchen *'e:korre* **en ekorre**
Eidechse *'ö:dla* **en ödla**
Eierstock *ˇägstok* **en äggstock**
Eilbrief *exˇpressbre:w* **ett expressbrev**
Eileiter *ˇägle:dare* **en äggledare**
eilig *'brotom* **bråttom**
Eilzug *ˇsnälto:g* **ett snälltåg**
Eimer *hink* **en hink**
ein *en/et* **en/ett**
Einbahnstraße *ˇenkelriktad ˇga:ta* **enkelriktad gata**
einbauen *mon'te:ra* **montera**
einbiegen nach *'swänga 'til* **svänga till**
Einbruch *ˇinbrot* **en inbrott**
einfach *'enkel* **enkel**
Einfuhrzoll *im'portˋtʉl* **en importtull**
Eingang *ˇingong* **en ingång**
eingeschniet *ˇinsnö:ade* **insnöade**
einige *'no:gra* **några**
Einkauf *ˇinchö:p* **ett inköp**
einkaufen *ˇhandla* **handla**
Einladung *ˇinbjʉdande* **ett inbjudande**
einlaufen *ˇkrympa* **krympa**
einlösen *ˇinlö:sa* **inlösa**
einschließen *'stänga ín* **stänga in**
Einschreiben *rekomen'de:rat bre:w* **ett rkommenderat brev**
Einspritzanlage *'bränsleʉinsprˇtning* **en bränsleinsprutning**
einsteigen *'stiga po* **stiga på**
einstellen *jˇs'te:ra* **justera**
Eintritt *ˇinträ:de* **ett inträde**
einwerfen *'kasta ín* **kasta in**
Einwohner *ˇinwo:nare* **en invånare**
einzahlen *'säta 'in* **sätta in**
Einzelhandel *de'taljˋhandel* **en detaljhandel**
Einzelzimmer *ˇenkelrʉm* **ett enkelrum**
Eis *glas* **glass**
Eisbahn *ˇskri:dskuba:na* **en skridskobana**
Eisenbahn *ˇjänwä:g* **en järnväg**
Eisenwarenhandlung *ˇjärnhandel* **en järnhandel**
Eisenzeit *ˇjänolder* **ett järnålder**
Eisfischen *ˇi:sfiske* **en isfiske**
Eishockey *ˇi:shoki* **en ishokkey**
Eiskunstlauf *ˇkunsto:kning* **en konståkning**
eislaufen *o:ka 'skri:dsku:* **åka skridsko**
Eispickel *ˇi:syxa* **en isyxa**
Elch *älj* **en älg**
Elchbraten *ˇäljste:k* **en älgstek**
elchfleisch *ˇäljchöt* **älgkött**
Elchrücken *ˇäljsa:del* **en älgsadel**
Elektriker *e'lektriker* **en elektriker**
elektrischer Schlag *eˇlektrisk stöt* **elektrisk stöt**
Elektrogeschäft *ˇe:lafär* **en elaffär**
Ellbogen *ˇarmbo:ge* **en armbåge**
Eltern *för'äldrar* **föräldrar**
Empfänger *ˇmu:tta:agare* **en mottagare**
empfehlen *rekomenˇde:ra* **rekommendera**
eng *tro:ng* **trång**
Ente *ˇanka* **anka**
Entfernung *dis'tans* **en distans**
entgegengesetzt *ˇmu:tsat* **motsatt**
entleeren *'töma* **tömma**
entschuldigen *ˇʉ:schäkta* **ursäkta**
Entschuldigung *fö'lo:t* **förlåt**
Entspiegelung *antireflexbehandling* **en antireflexbehndling**
entweder ... oder *'antingen...'eler* **antingen...eller**
entwickeln (Foto) *ˇframkala* **framkalla**
Entzündung *inflama'schu:n* **inflammation**
er *han* **han**
Erbrechen *'krä:kning* **kräkning**
Erbsen *'ätur* **ärtor**
Erbsensuppe *ˇätsopa* **en ärtsoppa**
Erde *ju:d* **en jord**
Erdbeeren *ˇjudgʉbar* **jordgubbar**
Erdgeschoß *ˇbotenwo:ning* **en bottenvåning**
Erkältung *föˇchylning* **en förkylning**
erklären *förˇkla:ra* **förklara**
Erlaubnis *ˇtilo:telse* **en tillåtelse**
Ermäßigung *ra'bat* **en rabatt**
ernst *al'wa:rlig* **allvarlig**
erreichen *no:* **nå**
erschöpft *ˇʉ:tmatad* **utmattad**
Ersatzteil *ˇreserwde:l* **en reservdel**
Erste Klasse *'föschta klas* **första klass**
Erste-Hilfe-Raum *ˇschʉ:krˇm* **ett sjukrum**
erster Gang *'etan* **ettan**
Erzieher *peda'go:g* **en pedagog**
es *den/de* **den/det**
es fehlt *de ˇsa:knas* **det saknas**
es gibt *de fins* **det finns**

es war nicht so gemeint *de wa:r 'inte* **det var inte**
es ist/war mir ein Vergnügen *ˇjärna de* **gärna det**
Es tut mir leid *ja: är 'lesen* **jag är ledsen**
es gibt kein *de fins ˇingen/ˇinget* **det finns ingen/inget**
essen *ˇä:ta* **äta**
Essen *ma:t* **en mat**
Essig *'ätika* **en ättika**
Eßlokal *ˇma:tställe* **ett matställe**
Etage *ˇwo:ning* **en våning**
etwas *ˇno:got* **något**
euch *e:r* **er**
euer *e:r* **er**
Export *ex'port* **en export**
Exportbier *ˇexpotö:l* **exportöl**

F

Fach *'ämne* **ett ämne**
Facharbeiter *'fakarbetare* **en fackarbetare**
Fähre *ˇfärja* **en färja**
fahren nach *ˇo:ka til* **åka till**
Fahrer *ˇfö:rare* **en förare**
Fahrgast *re:se'när* **en resenär**
Fahrgeld *bil'jetˇpengar* **biljettpengar**
Fahrgestell *scha'si:* **ett chassi**
Fahrkarte *bil'jet* **en biljett**
Fahrplan *ti:dtaˋbel* **en tidtabell**
Fahrpreis *pri:s* **ett pris**
Fahrrad *ˇsy:kel* **en cykel**
Fahrt *tʉ:r* **en tur**
falls *i'fal* **ifall**
Fallschirmspringen *ˇfalschäms'hopning* **en fallskärmshoppning**
falsch *fe:l* **fel**
falsch verbunden *fe:l 'nʉmer* **fel nummer**
Faltboot *ˇfaltbo:t* **en faltbåt**
Familie *fa'mij* **en familj**
Familienstand *siwˇilstond* **ett civilstånd**
Familienwartesaal *fa'mi:jˇwäntrʉm* **ett familjväntrum**
Farbe *färj* **en färg**
Farbfilm *ˇfärjfilm* **en färgfilm**
färben *ˇfärja* **färga**
faul *ˇrʉten* **rutten**
Fasan *fa'sa:n* **en fasan**
Fassade *fa'sa:d* **en fasad**
Februar *febrʉ'a:ri* **februari**
Federball *badminton* **badminton**
Federung *ˇfjä:dring* **en fjädring**
Fehlgeburt *'misfal* **ett missfall**
Feiertag *ˇheljda:g* **en helgdag**
Feige *'fi:kon* **fikon**
Feld *fält* **en fält**
Felge *fälj* **en fälg**
Felgenbremse *ˇfäljbroms* **en fälgbroms**
Fell *skin* **ett skinn**
Felsen *ˇklipa* **en klippa**
Felszeichnung *ˇhälristning* **en hälristning**
Fencheltee *ˇfänkolˋte:* **ett fenkålte**
Fenster *'fönster* **ett fönster**
Ferngespräch *'ri:ksˇsamta:l* **ett rikssamtal**
Fernglas *ˇch:kare* **en kikare**
Fernlicht *ˇhe:ljʉ:s* **ett helljus**
Fernsehen *ˇte:we* **TV**
Fest *fest* **en fest**
feste Schuhe *'sta:diga sku:r* **stadiga skor**
feste Freundin *'flikwän* **en flickvän**
fester Freund *'pojkwän* **en pojkvän**
Festival *festi'wal* **en festival**
Festung *'fästning* **en fästning**
Fett *'olja* **en olja**
feucht *'fʉktig* **fuktig**
Feuerlöscher *ˇbrandsläkare* **en brandsläckare**
Feuermelder *ˇbrandsko:p* **ett brandskåp**
Feuerwehr *ˇbrandko:r* **ett brandkår**
Feuerzeug *'tändare* **en tändare**
Fichte *gra:n* **en gran**
Fieber *'fe:ber* **feber**
Fieberthermometer *'fe:berˇtermumeter* **ett febertermometer**
Fiedel *fi'u:l* **en fiol**
Film *film* **en film**
Filkamera *ˇfilmka:mera* **en filmkamera**
Finanzierung *finansi'e:ring* **en finansiering**
finden *'fina* **finna**
Finger *'finger* **ett finger**
Fisch *fisk* **en fisk**
Fischer *ˇfiskare* **en fiskare**
Fischerdorf *'fiskeˋlä:ge* **ett fiskeläge**
Fischgeschäft *ˇfiskafär* **en fiskaffär**
Fischklößchen *ˇfiskbʉlar* **fiskbullar**
Fischsuppe *ˇfisksopa* **fisksoppa**
Fitneßcenter *mo'schu:nsˋßenter* **ett motionscenter**
FKK-Strand *ˇna:kenba:d* **ett nakenbad**
flach *grʉnd* **grund**
Flasche *'flaska* **en flaska**
Flaute *ˇstiltje* **en stiltje**
Fleisch *chöt* **kött**
Fleischbällchen *ˇchötbʉlar* **köttbullar**
Fleischerei *'slaktare* **en slaktare**
Fleischwurst *'falˇˋkorw* **ett falukorv**
Flickenteppich *ˇtra:smata* **en trasmatta**
Flickzeug *repara'schu:nsˇwerkty:g* **ett reparationsverktyg**
Fliege *'flʉga* **en fluga**
fliegen *ˇflyga* **flyga**
Fliegenfischen *ˇflʉgfiske* **ett flugfiske**
flirten *ˇflörta* **flörta**
Fluggesellschaft *ˇfly:gbula:g* **ett flygbolag**
Flughafen *ˇfly:gplats* **en flygplats**

Flugsteig *geit* **en gate**
Flugzeug *ˇfly:gpla:n* **ett flygplan**
Flunder *ˇflʉndra* **en flundra**
Fluß *älw* **en älv**
Flußkrebs *ˇflu:dkräfta* **flodkräfta**
Flut *flu:d* **ett flod**
fönen *ˇtoka* **torka**
Forderung *ˇfudran* **en fordran**
Format *for'ma:t* **en format**
Formular *blan'ket* **en blankett**
Förster *ˇsku:gwaktare* **en skogvaktare**
fort *but* **bort**
fortsetzen *ˇfutsäta* **fortsätta**
Fotoapparat *'kamera* **en kamera**
Fotogeschäft *ˇfu:tuafär* **en fotoaffär**
Fotograf *fu:tu'gra:f* **en fotograf**
fotografieren *futugra'fe:ra* **fotografera**
Fracht *frakt* **en frakt**
Frachtabfertigung *'fraktexpedi'schu:n* **en fraktexpedition**
Frachtbrief *ˇfraktse:del* **en fraktsedel**
Frachtkosten *ˇfraktkostnad* **en fraktkostnad**
fragen *ˇfro:ga* **fråga**
frankieren *fran'ke:ra* **frankera**
Frau *ˇkwina* **en kvinna**
Frau (Anrede) *frʉ:* **fru**
Frauenwartesaal *'da:mˇwäntrʉm* **ett damväntrum**
frei *'le:dig* **ledig**
Freibad *ˇfri:lʉftsba:d* **ett friluftsbad**
Freilichtmuseum *ˇfri:lʉftsmˇˇse:ˇm* **ett friluftsmuseum**
Freitag *'fre:da:g* **fredag**
fremd *'främande* **främmande**
Fremdenführer *gaid* **en guide**
Freund/Freundin *wän/ˇwänina* **en vän/vännina**
Friedhof *ˇchykugo:d* **en kyrkogård**
frieren *ˇfry:sa* **frysa**
Frikadelle *bif* **biff**
frisch *fäschk* **färsk**
Frischluftdüse *ˇfriskl ˇfts ˇinta:g* **ett friskluftsintag**
Friseur *fri'sö:r* **en frisör**
Frisur *fri'sy:r* **en frisyr**
Frosch *'gru:da* **en groda**
Frost *frost* **en frost**
Frösteln *ˇsmo:frysning* **småfrysning**
Frostschutzmittel *antiˇfry:sme:del* **ett antifrysmedel**
Fruchtsaft *ju:s* **en juice**
früh *ˇti:dig* **tidig**
Frühling *wo:r* **en vår**
Frühstück *'frʉ:kost* **en frukost**
Fuchs *rä:w* **en räv**
Führerschein *ˇchörkot* **ett körkort**
Führung *ˇwi:sning* **en visning**
Führungskraft *ˇle:dare* **en ledare**
Fundbüro *'hiteguds* **hittegods**
Fundgrube *fynd* **en fynd**
funktionieren *fʉnˇge:ra* **fungera**
für *för* **för**
Fuß *fü:t* **en fot**
Fußball *ˇfu:tbol* **en fotboll**
Fußgänger *ˇfu:tjängare* **en fotgängare**
Fußgängerzone *ˇgo:ga:ta* **en gågata**
füttern *ˇfö:da* **föda**

G

Gabel *'gafel* **en gaffel**
Galerie *gale'ri:* **ett galleri**
Gallenblase *'galˇblo:sa* **en gallblåsa**
Gang (Schaltung) *'wäxel* **en växel**
Gang *gong* **en gång**
Gangschaltung *ˇwäxling* **en växling**
Gans *go:s* **en gås**
Garage *ga'ra:sch* **en garage**
Garantie *garan'ti:* **en garanti**
Garten *'trä:go:d* **en trädgård**
Gärtner *ˇträ:godsˋmästare* **en trädgårdsmästare**
Gaskartusche *'ga:skarˋʉsch* **en gaskartusch**
Gaskocher *ˇga:s chö:k* **ett gaskök**
Gaspedal *ˇga:speda:l* **en gaspedal**
Gasse *gränd* **en gränd**
Gast *jäst* **en gäst**
Gastfreundschaft *ˇjästfri:ˋhe:t* **en gästfrihet**
Gastgeber *wärd* **en värd**
Gasthafen *ˇwädsham* **en värdshamn**
Gastritis *gas'tri:t* **en gastrit**
Gebäck *ˇsmo:ka:kur* **småkakor**
Gebärmutter *ˇli:wmuder* **en livmoder**
Gebäude *ˇbygnad* **en byggnad**
geben *je:* **ge**
gebeizter Lachs *ˇgra:vad lax* **gravad lax**
Gebiet *'omro:de* **ett område**
Gebirge *fjäl* **ett fjäll**
gebissen *ˇbi:ten* **biten**
geboren *föd* **född**
gebraten *ste:kt* **stekt**
gebrauchen *ˇanwända* **använda**
gebrochen *'brˇ:ten* **bruten**
Geburtsort *ˇfödelseut* **en födelseort**
Geburtstag *ˇfödelseda:g* **en födelsedag**
geeignet *'lämplit* **lämpligt**
gefährlich *ˇfarlig* **farlig**
Gefälle *ˇlʉ:tning* **en lutning**
Gefängnis *'fängelse* **ett fängelse**
Geflügel *ˋfo:gel* **fågel**
gefroren *ˇfrʉ:sen* **frusen**
gegen *mu:t* **mot**
gegenüber *ˇmitemu:t* **mittemot**
gegrillt *'halstrad* **halstrad**
gehen *go:* **gå**
gehören *ˇtilh:ra* **tillhöra**

Gehweg *troto'a:r* **en trottoar**
gelb *gʉ:l* **gul**
Gelbsucht *ˇgʉ:lsu:t* **en gulsot**
Geld *'pengar* **pengar**
Geldautomat *ˇʉ:tta:gsautu'ma:t* **en uttagsautomat**
Geldbörse *bösch* **en börs**
Geldschein *ˇse:del* **en sedel**
Geldumtausch *wa'lʉ:ta'wäxling* **en valutaväxling**
Gelenkschmerzen *unt i 'le:derna* **ont i lederna**
Gemälde *ˇta:wla* **en tavla**
Gemüse *ˇgrö:nsa:ker* **grönsaker**
Gemüsehandlung *ˇgrö:nsa:ksaˋfär* **en grönsaksaffär**
Gemüsesuppe *ˇgrö:nsa:ksopa* **grönsakssoppa**
gemustert *'mönstrat* **mönstrat**
gemütlich *ˇtre:wlig* **trevlig**
Generalvertretung *jeneˇra:lagentʉr* **en generalagentur**
geöffnet *'öpet* **öppet**
Geographie *je:ugra'fi:* **geografi**
Geologie *je:ulo'ji:* **geologi**
Gepäck *ba'ga:sch* **ett bagage**
Gepäckaufbewahrung *ba'ga:schför'wa:ring* **en bagageförvaring**
Gepäckschein *poleˇte:rings'kvitu* **ett poletteringskvitto**
Gepäckwagen *ba'ga:schˋvang* **en bagagevagn**
geplatzt *ʉsprikad* **sprickad**
gepunktet *'prikig* **prickig**
geradeaus *ra:kt fram* **rakt fram**
Geräusch *'bʉler* **ett buller**
Gericht (Essen) *rät* **en rätt**
Gericht *ˇdu:mstu:l* **en domstol**
Gerichtsstand *ˇdu:mstu:l* **en domstol**
gern *ˇjärna* **gärna**
Geruch *lʉkt* **en lukt**
Gesamtschule *ˇgrʉndsku:la* **en grundskola**
Geschäft *af'är* **en affär**
Geschäftsbericht *ˇoschreduwi:sning* **en årsredovisning**
Geschenk *pre'sent* **en present**
Geschichte *his'tu:ria* **historia**
geschlossen *stängd* **stängd**
geschlossene Schneedecke *he:lst ˇsnö:täke* **ett helst snötäcke**
geschmort *brä'se:rad* **bräserad**
geschnetzelt *'strimlad* **strimlad**
geschnitten *ˇskʉ:rit* **skurit**
Geschwindigkeit *'hastighe:t* **en hastighet**
Geschwister *'syskon* **syskon**
Geschwulst *swʉlst* **en svulst**
Geschwür *böld* **en böld**
Gesicht *ˇansikte* **ett ansikte**
Gespräch *samta:l* **ett samtal**
gestern abend *i gor kwäl* **i går kväll**
gestern *i'go:r* **i går**
gestochen *'stʉken* **stucken**
gestreift *ˇrandig* **randig**
gesund *frisk* **frisk**
"Gesundheit" *'pro:sit* **prosit**
getönte Gläser *ˇtu:nade gla:s* **tonade glas**
Getränke *'drikur* **drickor**
Getriebe *ˇwäxello:da* **en växellåda**
Gewicht *wikt* **en vikt**
Gewinn und Verlust *winst o för'lʉst* **vinst och förlust**
Gewitter *ˇo:skwäder* **ett åskväder**
Gewölbe *walw* **ett valv**
Gewürze *'krydur* **kryddor**
giftig *ˇjiftig* **giftig**
Gipfel *top* **en topp**
Gips *gips* **en gips**
Glas *gla:s* **ett glas**
Glatteis *ˇhalka* **en halka**
gleichzeitig *ˇsamti:dit* **samtidigt**
Gleis *spo:r* **ett spår**
Gleitschirmspringen *ˇpa:rasejling* **en parasailing**
Glühbirne *ˇglö:dlampa* **en glödlampa**
Glühwein *glög* **glögg**
gold *'jylen* **gyllen**
Golfplatz *'golfˇba:na* **en golfbana**
Gottesdienst *ˇgʉdschänst* **en gudstjänst**
Grab *gra:w* **en grav**
Grad *ˇgra:der* **grader**
Gramm *gram* **gram**
grau *gro:* **grå**
Grillkohle *ˇgrilku:l* **en grillkol**
groß *stu:r* **stor**
Größe *ˇstu:rle:k* **en storlek**
größer *'störe* **större**
Großhändler *gro'sist* **en grossist**
Großmachtzeit *ˇstumaktsti:den* **stormaktstiden**
Großraumwagen *'öpen wang* **en öppen vagn**
grün *grö:n* **grön**
Grundschule *ˇlo:gsta:diet* **lågstadiet**
Gruppe *grʉp* **en grupp**
Gurke *ˇgʉrka* **gurka**
gut *bra:* **bra**
Gute Reise *'tre:wlig ˇre:sa* **trevlig resa**
Gute Besserung *gud 'bätring* **god bättring**
Gute Heimfahrt *'tre:wlig 'hemˇre:sa* **trevlig hemresa**
Guten Morgen *gu ˇmoron* **God morgon**
Guten Tag *gu'da:* **God dag**
Guten Appetit *'sma:klig ˇmo:ltid* **smaklig måltid**
Guten Abend *gud ˇafton* **God afton**
Gymnasium *jym'na:siˇm* **ett gymnasium**
Gymnastik *jymnas'ti:k* **en gymnastik**
Gynäkologe *jyneku'lo:g* **en gynekolog**

H

Haar *ho:r* **ett hår**
Haare *ho:r* **ett hår**
haben *ha:* **ha**
Hackfleisch *ˇchötfäsch* **en köttfärs**
Hafen *ham* **ett hamn**
Hagebuttensuppe *ˇnyponsopa* **en nyponsoppa**
Hagel *ˇha:gel* **ett hagel**
Hahn *tʉp* **en tupp**
Hähnchen *'chykling* **en kyckling**
halb *halw* **halv**
Halbpension *ˇhalwpang`schu:n* **en halvpension**
Hallenbad *ˇsimhal* **en simhall**
Hallo! *hej* **Hej!**
Halt! *stop* **Stopp!**
haltbar *ˇholba:r* **hållbar**
Haltestelle *ˇholplats* **en hållplats**
Hals *hals* **en hals**
Halsschmerzen *unt i 'halsen* **ont i halsen**
Halteverbot *ˇstopförbʉ:d* **ett stoppförbud**
Hammel *fo:r* **får**
Hammer *'hamare* **en hammare**
Hand *hand* **en hand**
Handball *ˇhandbol* **en handboll**
Handbremse *ˇhandbroms* **en handbroms**
Handelsschule *'handelsˇsku:la* **en handelsskola**
Handelsspanne *margi'na:l* **en marginal**
handgefertigt *ˇhandjut* **handgjort**
Handgepäck *ˇhandbaga:sch* **ett handbagage**
handgestrickt *ˇhemjud* **hemgjort**
Handtuch *ˇhanddʉ:k* **ett handduk**
Handwerk *ˇhantwerk* **ett hantverk**
Handwerker *ˇhantwerkare* **en hantverkare**
Harnblase *ʉ'ri:nˇblo:sa* **en urinblåsa**
Harndrang *ʉ'ri:nˇträngning* **urinträngning**
Harsch *ska:re* **en skare**
hart *hord* **hård**
Hase *ˇha:re* **en hare**
Haselhuhn *jäpe* **ett järpe**
Hauptfach *'hʉwʉd`ämne* **ett huvudämne**
Hauptverwaltung *ˇhʉwʉdkontu:r* **ett huvudkontor**
Haus *hʉ:s* **ett hus**
Hausangestellte *ˇhembiträ:de* **ett hembiträde**
Hausfrau *ˇhemafrʉ:* **en hemmafru**
Haushaltswaren *ˇhʉ:sholswa:rur* **hushållsvaror**
Häuslerkate *torp* **ett torp**
Hausmann *ˇhemaman* **en hemmaman**
Hausmannskost *ˇhʉ:smanskost* **en husmanskost**
Haut *hʉ:d* **en hud**
Hecht *ˇjäda* **en gädda**
Heckklappe *ˇba:klʉka* **en baklucka**
Heckleuchte *ˇba:kjʉ:s* **ett bakljus**
Heckscheibenheizung *ˇba:krʉ:teʉpwärmning* **en bakruteuppvärmning**
heidnisch *ˇhe:dnisk* **hednisk**
Heilbutt *ˇheljeflʉndra* **helgeflundra**
Heimatmuseum *'bygdemuseˇm* **ett bygdemuseum**
Heiserkeit *ˇhe:she:t* **en heshet**
heiß *het* **hett**
heiße Schokolade *warm schok'la:d* **varm choklad**
heißen *'he:ta* **heta**
Heizung *'wärme* **en värme**
helfen *'jälpa* **hjälpa**
hell *jʉ:s* **ljus**
Hemd *ˇschu:ta* **en skjorta**
Herbst *höst* **en höst**
Hering *sil* **sill**
Heringsteller *ˇsilbrika* **sillbricka**
Herren-WC *'herrtoal`ett* **en herrtoalett**
Herrenhaus *'hergo:d* **en herrgård**
Hersteller *produ'sent* **en producent**
Herz *ˇjärta* **'järta ett hjärta**
Herzfehler *'järtfe:l* **ett hjärtfel**
Herzinfarkt *'järtin`farkt* **en hjärtinfarkt**
Herzlichen Glückwunsch *'gratis* **grattis**
Herzschmerzen *unt i 'järtat* **ont i hjärtat**
Heuschnupfen *ˇhö:snʉwa* **hösnuva**
heute *i'da:g* **idag**
hier *här* **här**
hierher *hi:t* **hit**
Hilfe *jälp* **en hjälp**
Himbeeren *ˇhalon* **hallon**
Himmel *'himel* **en himmel**
hin und zurück *tʉ:r och re'tʉ:r* **tur och retur**
hinauf *up* **upp**
hingefallen *'falit om'kʉl* **fallit omkull**
hinten *ba:k* **bak**
hinter *ˇba:kom* **bakom**
Hinterachse *ˇba:kaxel* **en bakaxel**
hinterlegen *depuˇne:ra* **deponera**
Hinterrad *ˇba:kjʉ:l* **ett bakhjul**
hinunter *ne:r* **ner**
Hirsch *jut* **en hjort**
hoch *hö:g* **hög**
Hochseeangeln *ˇstuschö:fiskning* **en storsjöfiskning**
Hoden *tes'ti:kel* **en testikel**
höflich *'artig* **artig**
Höhe *höjd* **en höjd**
Höhle *'grota* **en grotta**
Holz *trä:* **ett trä**
hören *ˇlysna til* **lyssna till**

Hörer *lʉ:r* **en lur**
Hörspiel *ˇra:diopjäs* **en radiopjäs**
Hort *ˇda:ghem* **ett daghem**
Höschenwindeln *alti'etˇblöjur* **allt-i-ett-blöjor**
Hose *ˇbyxur* **byxor**
Hotel *ho'tel* **ett hotell**
Hüfte *'höft* **en höft**
Hügel *'kʉle* **en kulle**
Henne *ˇhö:na* **en höna**
Holz *trä:* **ett trä**
Huhn *höns* **ett höns**
Hühnersuppe *ˇhönssopa* **hönssoppa**
Hund *hʉnd* **en hund**
Hunderter *ˇhʉndralapp* **en hundralapp**
Hundeschlitten *ˇhʉndslä:de* **en hundsläde**
Hünengrab *'jätehö:g* **en jättehög**
Hunger *ˇhʉnger* **en hunger**
Hupe *siˇgna:lhon* **en signalhorn**
Husten *'hu:sta* **en hosta**
Hut *hat* **en hatt**

I

ich *ja:* **jag**
Igel *'ijelkot* **en igelkott**
ihr *ni:* **ni**
Iltis *'iler* **en iller**
Imbißrestaurant *ˇsnäckbar* **en snack-bar**
immer *ˇalti:d* **alltid**
in *i:* **i**
in der Nähe von *i ˇnärheten a:w* **i närheten av**
in 10 Minuten *om tie min'ʉter* **om tio minuter**
Inflation *infla'schu:n* **en inflation**
Inhalt *ˇinehol* **ett innehåll**
Informatik *informa'schu:nsbeˋhandling* **en informationsbehandling**
Informatiker *informa'schu:nsbeˋhandlare* **en informationsbehandlare**
Ingenieur *insche'niö:r* **en ingenjör**
Inlandsbahn *'inlandsˇba:nan* **inlandsbanan**
Inlandsflug *ˇinlandsfly:g* **ett inlandsflyg**
Insektenstiche *ˇinsektbet* **ett insektbett**
Insel *ö:* **en ö**
Installateur *ˇrörmu:kare* **en rörmokare**
interessant *intre'sant* **intressant**
Irrtum *ˇmista:g* **ett misstag**

J

ja *ja:* **ja**
ja bitte *ja: tak* **ja tack**
Jacke *'jaka* **en jacka**
Jacket *ka'waj* **en kavaj**
Jagdschein *ˇjaktkot* **ett jaktkort**
Jagen *ja:ga* **jaga**
Jahreszeit *ˇoschtid* **en årstid**
Jahrhundert *ˇse:kel* **ett sekel**
Jahrhundertwende *ˇse:kelschiftet* **sekelskiftet**
Jakobsmuscheln *'pilgrimsˇmʉslur* **pilgrimsmusslor**
Januar *janʉ'a:ri* **januari**
Jazz *jas* **en jazz**
je *per* **per**
Jeans *et par ji:ns* **ett par jeans**
jeder *'warje* **varje**
jedesmal *'warje gong* **varje gång**
jemand *ˇno:gon* **någon**
jetzt *nʉ:* **nu**
Johannisbeeren *ˇwi:nbär* **vinbär**
Journalist *schurna'list* **en journalist**
jucken *'kli:a* **klia**
Jugendherberge *ˇwandrarhem* **ett vandrarhem**
Jugendherbergsausweis *ˇwandrarhemsˋkot* **ett varndrarhemskort**
Juli *jʉ:li* **juli**
jung *ʉung* **ung**
Junge *pojke* **en pojke**
Juni *jʉ:ni* **juni**
Jura *jʉri'di:k* **juridik**
Juwelier *ˇgʉldsme:d* **en guldsmed**

K

Kabel *slad* **en sladd**
Kabeljau *ˇkabelju* **kabeljo**
Kabine *hyt* **en hytt**
Kaffee *'kafe* **ett kaffe**
Kai *kaj* **en kaj**
Kalb *kalw* **en kalv**
Kalkulation *kalky'le:ring* **en kalkylering**
kalt *kalt* **kallt**
Kamin *'öpen spi:s* **en öppen spis**
Kamm *kam* **en kam**
Kanadier *kana'densare* **en kanadensare**
Kanal *ka'na:l* **en kanal**
Kaninchen *ka'ni:n* **en kanin**
Kanu *ka'nu:t* **ett kanot**
Kapitän *kapt'e:n* **en kapten**
kaputt *'sönder* **sönder**
Karosserie *karose'ri:* **et karosseri**
Karpfen *karp* **karp**
karriert *ˇrʉ:tig* **rutig**
Kartoffeln *ˇputa:tis* **en potatis**
Kartoffelpüree *ˇputa:tismu:s* **ett potatismos**
Käse *ust* **ost**
Käsehobel *ˇusthywel* **en osthyvel**
Käsekuchen *ˇustka:ka* **en ostkaka**
Kasse *ˇkasa* **en kassa**
Katalog *kata'lu:g* **en katalog**
Katze *kat* **en katt**
kaufen *ˇchö:pa* **köpa**
Kaufhaus *ˇwa:rʉhʉ:s* **ett varuhus**
Kaufmann *ˇchö:pman* **en köpman**
Kaufvertrag *ˇchö:a:wta:l* **ett köpavtal**

Kehlkopf *'stru:p`huwud* **ett struphuvud**
Keilriemen *`kugrem* **en kuggrem**
kein *'ingen/'inget* **ingen/inget**
Kellner *`chy:pare* **en kypare**
Kellnerin *`serwitri:s* **en servitris**
kennenlernen *'lä:ra 'chäna* **lära känna**
Kerzenhalter *`ju:ssta:ke* **en ljusstake**
Kette *`chedja* **en kedja**
Kfz-Papiere *rejis`tre:ringpapper* **ett registreringspapper**
Kiefer *`chä:ke* **en käke**
Kiefer(Baum) *tal* **en tall**
Kiel *chöl* **ett köl**
Kies *gru:s* **ett grus**
Kiesstrand *`gr:sstrand* **en grusstrand**
Kilo *'chi:lo* **ett kilo**
Kind *ba:n* **ett barn**
Kinder *barn* **barn**
Kinderarzt *`ba:nlä:kare* **en barnläkare**
Kinderbett *`ba:nsäng* **en barnsäng**
Kinderermäßigung *`ba:nrabat* **en barnrabatt**
Kinderfest *`ba:nkala:s* **ett barnkalas**
kinderfreundlich *`ba:nwänlig* **barnvänlig**
Kinderlied *`ba:nwisa* **en barnvisa**
Kinderpflege *`ba:nschötning* **barnskötning**
Kinderprogramm *`ba:nprogram* **ett barnprogramm**
kindersicher *`ba:nsä:ker* **barnsäker**
Kindersitz *`ba:nsäte* **ett barnsäte**
Kinderspielecke *`ba:nhöga* **en barnhöga**
Kinderspielplatz *`le:kplats* **en lekplats**
Kinderspielzimmer *`ba:nstuga* **en barnstuga**
Kinderstuhl *`ba:nstu:l* **en barnstol**
Kinderteller *`ba:nmenü* **en barnmenü**
Kindertheater *ba:nteater* **ett barnteater**
Kinderwagen *`ba:nwang* **en barnvagn**
Kinn *`ha:ka* **en haka**
Kino *bi:u* **en bio**
Kiosk *`presbyro:* **en pressbyrå**
Kirche *`chyka* **en kyrka**
Kirschen *`chöschbär* **körsbär**
Klassische Musik *'klasisk mΔ'si:k* **klassisk musik**
Klebstoff *li:m* **ett lim**
Kleid *`kläning* **en klänning**
Kleiderbügel *galg* **en galg**
Kleidung *`klä:dsel* **en klädsel**
Kleidungsgeschäft *`texti:lafär* **en textilaffär**
klein *`li:te* **litet**
kleiner *'mindre* **mindre**
Kleingeld *'wäxel* **en växel**
Klempner *`rö:rmukare* **en rörmokare**
Klettereisen *'käterjän* **ett klätterjärn**
Klettergarten *'klippar`ti:* **en klipparti**
klettern *'klätra* **klättra**
Klettersteig *'klätersti:g* **en klätterstig**
Klimaanlage *'luftkondischu`ne:ring* **en luftkonditionering**
Klingel *`ringkloka* **en ringklocka**
Kloster *`klu:ster* **ett kloster**
Knäckebrot *`knäkebrö:d* **ett knäckebröd**
Kneipe *kru:g/pub/`wärdshu:s* **krog/pub/värdshus**
Knie *knä:* **ett knä**
Knoblauch *`wi:tlö:k* **vitlök**
Knochen *be:n* **ett ben**
Knopf *knap* **en knapp**
Koch *kok* **en kock**
Kochgelegenheit *`ma:tla:gnings`plats* **en matlagningsplats**
Köchin *ku:keschka* **en kokerska**
Koffer *`re:swäska* **en resväska**
Kofferkuli *ba`ga:schwang* **en bagaschvagn**
Kofferraum *ba'ga:sch`utryme* **ett bagageutrymme**
Kofferraumklappe *ba'ga:sch`luka* **en bagagelucka**
Kohl *ko:l* **kål**
Kolben *kolw* **en kolv**
Kompaß *kom'pas* **en kompass**
kommen *`koma* **komma**
Kondom *kon'du:m* **en kondom**
König *kung* **en kung**
Königin *'drotning* **en drottning**
können *`kuna* **kunna**
Konsulat *konsu'la:t* **ett konsulat**
Kontakt *kon'takt* **en kontakt**
Kontaktlinsen *`kontaktlinser* **kontaktlinser**
Kontaktperson *`kontakpeschu:n* **en kontaktperson**
Kontrolleuchte *indi'ke:rings'lampa* **en indikeringslampa**
Konzertsaal *kon'sertsa:l* **en konsertsal**
Kopf *`huwud* **ett huvud**
Kopfkissen *`huvedkude* **en huvudkudde**
Kopfkissenbezug *`öngot* **ett örngott**
Kopfschmerzen *'huwud`wärk* **ett huvudvärk**
Kopie *ku`pi:a* **en kopia**
Korkenzieher *`koksru:w* **en korkskruv**
Körpergröße *`stu:le:k* **en storlek**
Kosten *`kostnader* **kostnader**

kostenlos *ˇkostnadsfri:* **kostnadsfri**
Kostenvoranschlag *ˇkostnadsföschla:g* **ett kostnadsförslag**
Kostüm *dräkt* **en dräkt**
Kotflügel *schärm* **en skärm**
Krabben *ˇrä:kur* **räkor**
Kranich *ˇtra:na* **en trana**
krank *schʉ:k* **sjuk**
Krankenhaus *ˇschʉ:khʉ:s* **ett sjukhus**
Krankenpfleger/-schwester *ˇschʉ:kschö:teschka* **en sjuksköterska**
Krankenschein *ˇschʉ:kföschäkringsbesche:d* **ett sjukförsäkringsbesked**
Krankenwagen *ambu'lans* **en ambulans**
Krankheit *ˇschʉ:kdum* **en sjukdom**
Kräuter *'öter* **örter**
Krebs *'kanser* **cancer**
Krebse *ˇkräftur* **kräftor**
Kredit *kre'di:t* **en kredit**
Kreditkarte *ˇkredi:tkot* **ett kreditkort**
Kreuz *kosch* **ett kors**
Kreuzfahrt *ˇkrysning* **en kryssning**
Kreuzmeissel *ˇkrysspo:rmejsel* **en kryspårmejsel**
Kreuzotter *'hʉgurm* **en huggorm**
Kreuzung *'kuschning* **en korsning**
Krimi *ˇdekare* **en deckare**
Krone *ˇku:na* **en krona**
Kröte *'pada* **en padda**
Küche *chök* **ett kök**
Kugelager *ˇkʉla:ger* **ett kullager**
Kugellager *ˇkʉla:ger* **ett kullager**
Kuh *ku:* **en ko**
Kühler *'chy:lare* **en kylare**
Kühlschrank *ˇchy:lsko:p* **ett kylskåp**
Kühlwasser *ˇchy:lar'waten* **ett kylarvatten**
Kuli *ˇkʉ:lspets* **en kulspets**
Kultstätte *ˇkʉltplats* **en kultplats**
Kunde *kʉnd* **en kund**
Kunst *konst* **en konst**
Kunstgeschichte *ˇkonsthis'tu:ria* **en konsthistoria**
Kunstgewerbe *ˇhemslöjd* **en hemslöjd**
Kunstleder *ˇlä:derimita`schu:n* **en läderimitation**
Kupplung *ˇkopling* **en koppling**
Kurbelwelle *ˇwe:waxel* **en vevaxel**
Kurs *kʉsch* **en kurs**
Kurswagen *diˇrektwang* **en direktvagn**
kurz *kot* **kort**
kürzer *kotare* **kortare**
kurzärmlig *me ˇkota 'ärmar* **med korta ärmar**
Kurzschluß *ˇkotslʉ:tning* **en kortslutning**
kurzsichtig *ˇnä:schy:nt* **närsynt**
Kurzwelle *ˇkutwo:g* **en kortvåg**
Kuß *chys* **en kyss**
Küßchen *pʉs* **en puss**

L

lachen *'skrata* **skratta**
Lachs *lax* **en lax**
Lachsangeln *ˇlaxfiske* **en laxfiske**
Lachsforelle *'laxö:ring* **en laxöring**
Laden *a'fä:r* **en affär**
Lager *ˇla:ger* **ett lager**
Lagerfeuer *ˇlä:gereld* **en lägereld**
Laib *'limpa* **en limpa**
Lampe *ˇlampa* **en lampa**
land *land* **ett land**
Landebahn *ˇlandningsfält* **ett landingsfält**
landen *ˇlanda* **landa**
Landschaft *ˇlandska:p* **ett landskap**
Landstraße *ˇlandswä:g* **en landsväg**
Landung *ˇlandning* **en landning**
Landwirt *ˇju:dbrʉ:kare* **en jordbrukare**
lang *lo:ng* **lång**
länger *ˇlängre* **längre**
langärmlig *me ˇlonga 'ärmar* **med långa ärmar**
Langlauf *ˇlängdlö:pning* **längdlöpning**
langsam *ˇlo:ngsam* **långsam**
Langwelle *ˇlongwo:g* **en långvåg**
Langzeitparken *ˇlo:ngti:dspar'ke:ring* **en långtidsparkering**
Lappenzelt *'lapˇko:ta* **en lappkåta**
Lärm *'bʉler* **ett buller**
lästig *beˇswä:rlig* **besvärlig**
Lätzchen *ˇha:klap* **en haklapp**
Lawinengefahr *la'wi:nˇfa:ra* **en lavinfara**
Leben *li:w* **ett liv**
lebensgefährlich *ˇli:wsfarlig* **livsfarlig**
Lebensgefährte *ˇsambu:* **en sambo**
Lebenmittelgechäft *ˇli:wsme:dela'fär* **en livsmedelaffär**
Leber *'le:wer* **en lever**
Lebererkrankung *'le:werˇschʉkdu:m* **en leversjukdom**
lecker *got* **gott**
Leder *'lä:der* **läder**
ledig *ˇu:jift* **ogift**
leer *tom* **tom**
Leerlauf *'tomgong* **en tomgång**
legen *'läga* **lägga**
Lehrer *ˇlä:rare* **en lärare**
Lehrling *ˇlärling* **en lärling**
leicht einölen *ˇanolja* **anolja**
Leichtatlethik *'fri:ˇidrot* **friidrott**
Leichtbier *'lätö:l* **lättöl**
leihen *ˇlo:na* **låna**

Leinen *'line* **ett linne**
leise *tyst* **tyst**
Leistenbruch *ˇjʉmsbrok* **ett ljumskbråck**
Lenker *ˇsty:re* **ett styre**
Lenkrad *rat* **en ratt**
lesen *ˇlä:sa* **läsa**
Leuchtturm *fy:r* **en fyr**
Leute *folk* **folk**
Licht *jʉ:s* **ett ljus**
Lichtempfindlichkeit *ˇfilmchänslighe:t* **en filmkänslighet**
Lichtmaschine *jene'ra:tur* **en generator**
Lichtschalter *kon'takt* **en kontakt**
Liebe *ˇchä:rle:k* **en kärlek**
lieben *'älska* **älska**
lieber *'helre* **hellre**
Lied *ˇwi:sa* **en visa**
Lieferant *leweran'tö:r* **en leverantör**
Lieferbedingungen *ˇlewerans ˇwilkur* **leveransvillkor**
Lieferzeit *ˇlewerans`ti:d* **en leveranstid**
liegen *'liga* **ligga**
Liegestuhl *ˇwi:lstu:l* **en vilstol**
Liegewagen *ˇligwang* **en liggvagn**
lila *ˇli:la* **lila**
Limonade *'läske`dryk* **en läskedryck**
Linsen *ˇlinser* **linser**
links *til wänster* **till vänster**
Lippe *läp* **en läpp**
Liter *li:ter* **en liter**
Literatur *litera'tʉ:r* **litteratur**
Lizenz *li'sens* **en licens**
LKW *ˇlastbi:l* **en lastbil**
Loch *ho:l* **ett hål**
Löffel *sche:d* **en sked**
Loipe *ˇlö:pspo:r* **ett löpspår**
Lokomotive *lokomo'ti:w* **ett lokomotiv**
löschen *'släka* **släcka**
losfahren *ˇstata* **starta**
Luchs *'lu:jʉr* **ett lodjur**
Luftpumpe *ˇsy:kelpʉmp* **en cykelpump**
Luftfilter *ˇlʉftfilter* **ett luftfilter**
Luftfracht *ˇlʉftfrakt* **en luftfrakt**
Lufttemperatur *ˇlʉfttemera`tʉ:r* **en lufttemperatur**
Lüftung *wentila'schu:n* **en ventilation**
Lunge *ˇlʉnga* **en lunga**
Lungenentzündung *ˇlʉnginflama`schu:n* **en lunginflammation**
Lungentuberkulose *tʉberkʉ'lo:s* **tuberkulos**
Lust *lʉst* **en lust**
lustig *ˇru:lig* **rolig**

M

machen *ˇjö:ra* **göra**
Mädchen *ˇflika* **en flicka**
Magen *ˇma:ge* **en mage**
Magengeschwür *ma:gso:r* **ett magsår**
Magenschmerzen *unt i 'ma:gen* **ont i magen**
Mahlzeit *ˇmo:lti:d* **en måltid**
Mahnung *ˇkra:wbre:w* **ett kravbrev**
Mai *maj* **maj**
Makler *'mä:klare* **en mäklare**
Makrele *ma'kril* **en makrill**
Mal *go:ng* **ett gång**
Maler *'mo:lare* **en målare**
man *man* **man**
Mandeln *ton'si:ler* **tonsiler**
Mann *man* **en man**
Mantel *rok* **en rock**
Mantel (Reifen) *däk* **ett däck**
Maränenkaviar *'löjrom* **löjrom**
Marder *mo:d* **en mård**
Marke *ˇwa:rʉmärke* **ett varumärke**
Markierung *marˇke:ring* **en markering**
Markt *torj* **ett torg**
März *masch* **mars**
Maschinenbau *ma'schi:nˇkonstrukschu:n* **maskinkonstruktion**
Maß *mot* **ett mått**
Maßnahme *'o:tjärder* **åtgärder**
Massage *ma'sa:sch* **en massage**
Mast *mast* **en mast**
Mathematik *matema'ti:k* **matematik**
Matrose *ma'tru:s* **en matros**
Maurer *ˇmʉ:rare* **en murare**
Maus *mʉ:s* **en mus**
Mechaniker *me'ka:niker* **en mekaniker**
Medizin *medi'si:n* **medicin**
Meer *ha:w* **ett hav**
Meeresforelle *'hawsˇö:ring* **en havsöring**
Meeresfrüchte *ˇska:ljʉr* **skaldjur**
Meerrettich *ˇpäparu:t* **pepparrot**
Mehl *mjöl* **mjöl**
mehr *me:r* **mer**
mein *mi:n/mit* **min/mitt**
meine (pl.) *'mi:na* **mina**
Melone *me'lu:n* **en melon**
Menge *mängd* **en mängd**
Mensch *'mänischa* **en människa**
Menstruationsbeschwerden *menstrua'schu:nsbe`swär* **mestruationsvesvär**
Messe *ˇmäsa* **en mässa**
Messer *ni:w* **en kniv**
Metzger *'slaktare* **en slaktare**
mich *mej* **mig**
Miesmuscheln *ˇblo:mʉslur* **blåmusslor**
mieten *ˇhy:ra* **hyra**
Milch *mjölk* **mjölk**
mindestens *o:tˇmistone* **åtminstone**
Mineralwasser *ˇminera:lvaten* **mineralvatten**
Minigolfanlage *'minigolfˇba:na* **en minigolfbana**
Minute *mi'nʉt* **en minut**
mir *mej* **mig**
Mißverständnis *ˇmisfösch-tond* **ett missförstånd**
mit Gewalt *me wo:ld* **med våld**
mit Luftpost *per ˇfly:gpost* **per flygpost**
Mittagessen *lʉnsch* **en lunch**

mittags *wid ˇlʉnschti:den* **vid lunchtiden**
Mittagsschlaf *ˇmida:gslʉ:r* **en middagslur**
Mitte *mit* **en mitt**
Mittelalter *ˇme:delti:den* **medeltiden**
Mittelwelle *ˇmelanwo:g* **en mellanvåg**
Mitternachtssonne *ˇmidnatssu:l* **en midnattssol**
Mittsommer *'midsomar* **midsommar**
Mittwoch *'unsda:g* **onsdag**
modern *mo'dern* **modern**
Möhren *ˇmu:rötter* **morötter**
Moltebeeren *ˇjutron* **hjortron**
Mond *ˇmo:ne* **en måne**
Montag *'monda:g* **måndag**
Moor *'mosse* **en mosse**
Moosbeeren *ˇtra:nbär* **tranbär**
Morgen *ˇmuron* **en morgon**
morgen früh *i 'moron'biti* **i morgon bitti**
morgen *i ˇmoron* **i ˇmorgon**
morgens *po: 'moronen* **på morgonen**
Motor *ˇmu:tur* **en motor**
Motor klopft *ˇmu:turn 'hakar* **motorn hackar**
Motorboot *ˇmu:turbo:t* **en motorbåt**
Motorhaube *ˇmu:turˋhʉ:w* **en motorhuv**
Motorpanne *ˇmu:tur'fe:l* **ett motorfel**
Motorrad *ˇmu:tur'sykel* **en motorcykel**
Möwe *mo:s* **en mås**
Mücke *ˇmyga* **en mygga**
Mückenmilch *ˇmygmjölk* **myggmjölk**
Mückensalbe *ˇmygsalwa* **myggsalva**
Mückenstift *ˇmygstift* **myggstift**
müde *tröt* **trött**
Mullbinde *ˇga:sbinda* **en gasbinda**
Mullwindel *ˇga:sblöja* **en gasblöja**
Multbeeren *ˇju:tron* **hjortron**
Mund *mʉn* **en mun**
mundgeblasen *ˇmʉnblo:st* **munnblåst**
Mündung *'myning* **en mynning**
Munition *amʉni'schu:n* **en ammunition**
Münze *slant* **en slant**
Münzwechsel *'mynt'wäxling* **en myntväxling**
Muschel *ˇmʉsla* **en mussla**
Museum *mʉs'e:ʉm* **ett museum**
Musik *mʉ'si:k* **en musik**
Musiker *mʉ:siker* **en musiker**
Muskel *'mʉskel* **en muskel**
müssen *'moste* **måste**
Muster *'mönster* **ett mönster**
Mutter (Schraube) *'mʉter* **en mutter**
Mutter *mur* **en mor**
Mutter-/Kindabteil *ˇba:nku'pe:* **en barnkupé**
Mütze *ˇmössa* **en mössa**

N

Nabe *na:w* **ett nav**
nach (zeitl.) *'efter* **efter**
nach Hause *hem* **hem**
Nachbar *'grane* **en granne**
nachher *'efterˋo:t* **efteråt**
Nachmittag *ˇeftermida:g* **en eftermiddag**
nachmittags *po: ˇeftermida:n* **på eftermiddagen**
Nachname *'efternam* **ett efternamn**
Nachrichten *ˇny:he:ter* **nyheter**
nächste Abfahrt *'nästa ˇa:wgong* **nästa avgång**
nächste Woche *'nästa 'weka* **nästa vecka**
Nacht *nat* **en natt**
Nachtfrost *ˇnatfrost* **en nattfrost**
Nachtlokal *'natbar* **en nattbar**
nachts *po 'naten* **på natten**
Nachttisch *ˇnatbu:d* **nattbord**
nah *ˇnära* **nära**
Nahverkehrszug *luˇka:lto:g* **ett lokaltåg**
Nähgarn *ˇsy:tro:d* **en sytråd**
Nähnadel *ˇsy:no:l* **en synål**
Name *nam* **ett namn**
Nase *ˇnä:sa* **en näsa**
naß *blö:t* **blöt**
Naßrasierer *ˇra:khywel* **en rakhyvel**
Nationalität *naschuna:li'te:t* **nationalitet**
Natter *snu:k* **en snok**
Natur *na'tʉ:r* **en natur**
Naturschutzgebiet *ˇnatʉrreserwa:t* **ett naturreservat**
Nebel *ˇdima* **en dimma**
neben *ˇbrewid* **bredvid**
Nebenfach *'bi:ˋämne* **ett biämne**
Negativ *'ne:gati:w* **ett negativ**
nehmen *ta:* **ta**
nein danke *nej tak* **nej tack**
nein *nej* **nej**
Nerv *nerw* **en nerv**
nett *snäl* **snäll**
neu *ny:* **ny**
Neujahr *ny'o:r* **nyår**
Neuschnee *ˇny:snö:* **nysnö**
nicht *ˇinte* **inte**
Nichtraucher *'ike 'rö:kare* **icke rökare**
nichts *ˇingenting* **ingenting**
Nichtschwimmer *ˇinte 'simare* **inte simmare**
niedrig *lo:g* **låg**
Niedriger Blutdruck *lo:gt ˇblu:dtryk* **lågt blodtryck**
Niere *ˇnjʉ:re* **en njure**
Nierenschmerzen *unt i ˇnjʉ:rarna* **ont i njurarna**
Nieselregen *ˇdʉgreng* **ett duggregn**
noch nicht *'inte ä'nʉ:* **inte ännu**
Norden *nor* **norr**
nördlich von *nor om* **norr om**
Nordlicht *ˇnorsche:n* **ett norrsken**

Notar *nu'ta:rie* **en notarie**
Notausgang *ˇnö:dʉtgong* **en nödutgång**
Notbremse *ˇnö:dbroms* **en nödbroms**
Notlandung *ˇnö:dlandning* **en nödlandning**
Notruf *eso'es`nʉmer* **SOS-nummer**
Notrufsäule *ˇjälptel'fo:n* **en hjälptelefon**
Notrutsche *ˇnö:drʉtschba:na* **en nödrutschbana**
November *nu'wember* **november**
nuckeln *ˇsʉ:ga* **suga**
Nudeln *maka'ru:ner* **makaroner**
Nummernschild *ˇnʉmerplo:t* **en nummerplåt**
nur *ˇba:ra* **bara**
nützlich *'nytig* **nyttig**

O

ob *om* **om**
oben *'ʉpe* **uppe**
Objektiv *objek'ti:w* **ett objektiv**
Obst *frʉkt* **frukt**
obwohl *fast'än* **fastän**
oder *ˇeler* **eller**
Ofen *ʉng* **ett ugn**
öffentliche Toilette *'ofentlig toa'let* **offentlig toalett**
öffentliches Gebäude *'ofentlig ˇbygnad* **offentlig byggnad**
Öffnungszeiten *'öpe`ti:der* **öpettider**
ohne *ˇʉ:tan* **utan**
Ohr *ˇö:ra* **ett öra**
Ohrenarzt *ˇö:ronlä:kare* **en öronläkare**
Ohrenschmerzen *unt i 'öron* **ont i öron**
Ohrringe *ˇö:rhänge* **ett örhänge**
Oktanzahl *okˇta:nta:l* **ett oktantal**
Oktober *ok'tu:ber* **oktober**
Öl *ˇolja* **en olja**
Ölfilter *ˇoljefilter* **ett oljefilter**
Ölpumpe *ˇoljepʉmp* **en oljepump**
Ölstand *ˇoljeni'wo:* **en oljenivå**
Ölwanne *ˇoljetro:g* **ett oljetråg**
Ölwechsel *ˇolje'by:te* **ett oljebyte**
Oper *ˇu:pera* **en opera**
Operation *opera'schu:n* **en operation**
Optiker *'optiker* **en optiker**
orange *o'ransch* **orange**
Orgel *ˇorjel* **en orgel**
Orientierungslauf *orien'te:ring* **en orientering**
Ort *ut* **en ort**
Ortsgespräch *lo'ka:lˇsamta:l* **ett lokalsamtal**
Osten *öst* **öst**
Ostern *po:sk* **en påsk**
Österreich *ˇösteri:ke* **Österrike**
Österreicher *ˇösteri:kare* **en österrikare**
Ostsee *'öster`schö:n* **Östersjön**

P

Paar *pa:r* **ett par**
paar, ein *et pa:r* **ett par**
Päckchen *ˇsmo:pa'ke:t* **ett småpaket**
Paket *pa'ke:t* **ett paket**
Pannendienst *ˇwä:gchänst* **en vägtjänst**
Park *park* **en park**
parken *ˇparke:ra* **parkera**
Parkhaus *ˇparke:ringshʉ:s* **ett parkeringshus**
Parkplatz *ˇparke:ringsplats* **en parkeringsplats**
Parkautomat *ˇparke:ringsautu'ma:t* **en parkeringsautomat**
Parkverbot *ˇparke:ringsförbʉ:d* **ett parkeringsförbud**
passen *'pasa* **passa**
Paßkontrolle *ˇpaskontroll* **en passkontroll**
Pauschalpreis *alti'et`pri:s* **allt-i-ett-pris**
Pedale *pe'da:l* **en pedal**
Pelz *päls* **en päls**
Penis *'pe:nis* **en penis**
per Post *me 'posten* **med posten**
Personalausweis *legitima'schun* **en legitimation**
Petersilie *ˇpeschilja* **persilja**
Pfarrer *präst* **en präst**
Pfeffer *'pepar* **peppar**
Pfefferstreuer *'pepardu:sa* **en peppardosa**
Pferd *häst* **en häst**
Pferdeschlitten *ˇhästlä:de* **en hästsläde**
Pfifferlinge *kanta'reler* **kantareller**
Pfirsich *ˇpäschika* **en persika**
Pflaster *plo:ster* **ett plåster**
Pflaume *ˇplomon* **ett plommon**
Pförtner *ˇputwakt* **en portvakt**
Philosophie *filoso'fi:* **filosofi**
Physik *fy'si:k* **fysik**
Physiker *'fy:siker* **en fysiker**
Pille *'piler* **ett piller**
Pilot *pi'lu:t* **en pilot**
Pilze *'swampar* **svampar**
Pilzsuppe *ˇswampsopa* **svampsoppa**
Pistole *pis'tu:l* **en pistol**
planmäßiger Abflug *ˇa:vgong enlit ˇti:dta`bel* **avgång enligt tidtabell**
Plattfuß *pʉnk'te:ring* **en punktering**
Platz (Sitz-) *plats* **en plats**
Platz *torj* **ett torg**
Plombe *plomb* **en plomb**
Plumpsklo *ˇʉ:tedass* **ett utedass**
Polarkreis *ˇpu:lsirkeln* **polcirkeln**
Polizei *po'li:s* **en polis**
Polizeirevier *po'li:sstaschù:n* **en polisstation**
Polizeiwagen *po'li:s`bi:l* **en polisbil**
Polizist *po'li:s* **en polis**
Pony (Haare) *lʉg* **en lugg**

Popkonzert *popkonsert* **en popkonsert**
Porree *ˇpʉrjolö:k* **purjolök**
Porto *'porto* **ett porto**
Post *post* **en post**
Postamt *ˇpostkonˋtu:r* **ett postkontor**
Postkarte *kut* **ett kort**
postlagernd *'post re'stant* **poste restante**
Postsparbuch *ˇpostspa:rbanksˋbuk* **postsparbanksbok**
Pfingsten *pingst* **pingst**
Pflaster *'plo:ster* **ett plåster**
Preis *pri:s* **ett pris**
Preiselbeeren *ˇlingon* **lingon**
Preisliste *ˇpri:slista* **en prislista**
Produktmuster *'wa:rʉˋpu:w* **ett varuprov**
Professor *pro'fesor* **en professor**
Proforma-Rechnung *proˇforma ˇräkning* **proforma**
Programm *pogram* **ett program**
Prospekt *pros'pekt* **ett prospekt**
Prost *sko:l* **skål**
Prostata *prosta:ta* **en prostata**
Prothese *pro'te:s* **en protes**
Protokoll *proto'kol* **ett protokoll**
Provision *prowi'schun* **en provision**
PS *ˇhästkrafter* **hästkrafter**
Psychologe *psyko'lo:g* **en psykolog**
Psychologie *psykolo'ji:* **psykologi**
Puder *ˇpʉ:der* **ett puder**
Pullover *ˇtröja* **en tröja**
Pulverschnee *ˇpʉ:deschnö:* **en pudersnö**
Pumpe *pʉmp* **en pump**
Puppe *'doka* **en docka**
Pute *kal'ku:n* **kalkon**
Putzmittel *ˇstä:dme:del* **ett städmedel**

Q

Qualität *kvali'te:t* **en kavalitet**
Qualle *ma'ne:t* **en manet**
Quelle *ˇchäla* **en källa**
Quittung *'kwitu* **ett kvitto**

R

R-Gespräch *ˇbe:a:ˇsamta:l* **ett ba-samtal**
Rabatt *ra'bat* **en rabatt**
Rad *jʉ:l* **ett hjul**
Radaufhängung *ˇjʉ:lʉphängning* **en hjulupphängning**
Radfahrer *sy'klist* **en cyklist**
Radio *ˇra:dio* **en radio**
Radkasten *ˇjʉ:lhʉ:s* **ett hjulhus**
Radweg *'sykelba:na* **en cykelbana**
Rahmen *ra:m* **en ram**
rasen *'chöra för fut* **köra för fort**
Rasierapparat *ˇra:kapara:t* **en rakapparat**
rasieren *ˇra:ka* **raka**
Rasierklinge *ˇra:kbla:d* **rakblad**
Rassel *'skramla* **en skramla**
Rathaus *ˇro:dhʉ:s* **ett rådhus**
Ratte *'rota* **en råtta**
Raucher *'rö:kare* **rökare**
Räucheraal *rökt o:l* **rökt ål**
Rauschgift *ˇdro:ger* **droger**
Rebhuhn *ˇraphö:na* **rapphöna**
Rechnung *ˇrä:kning* **en räkning**
rechts *til ˋhöger* **till höger**
Rechtsanwalt *adwu'ka:t* **en advokat**
rechtzeitig *i: ti:d* **i tid**
reden *pra:ta* **prata**
Regen *reng* **ett regn**
Regierung *reˇje:ring* **en regering**
Reh *ˇro:jʉr* **rådjur**
reich *ri:k* **rik**
reif *ˇmu:gen* **mogen**
Reifen *däk* **ett däck**
Reifendruck *ˇlʉfttryk* **ett lufttryck**
Reihe *bänk* **en bänk**
reinigen *ˇre:nsa* **rensa**
Reinigung *(chem.)* *ˇche:mtwät* **en kemtvätt**
Reinigungslösung *ˇre:njöringswätska* **en rengöringsvätska**
Reis *ri:s* **ris**
Reisebüro *ˇre:sbyro:* **en resebyrå**
Reiseleiter *ˇre:se'le:dare* **en reseledare**
Reisescheck *ˇre:sschäk* **en resecheck**
Reißverschluß *ˇdra:gchedja* **en dragkedja**
reiten *ˇri:da* **rida**
rennen *ˇspringa* **springa**
Rentier *re:n* **en ren**
Rentierbraten *ˇre:nste:k* **renstek**
Rentierfleisch *ˇre:nchöt* **ett renkött**
Rentner *panschu'när* **en pensionär**
Reparatur *repara'schu:n* **en reparation**
reparieren *ˇrepare:ra* **reparera**
reservieren *reser've:ra* **reservera**
Reservierung *reser've:ring* **en reservering**
Restaurant *resto'rang* **en restaurang**
Rettungsboot *ˇli:wbo:t* **en livbåt**
Rettungsring *ˇli:wboj* **en livboj**
Rezeption *resep'schu:n* **en reception**
Rheuma *reuma'tism* **en reumatism**
Richter *ˇdu:mare* **en domare**
Richtung *ˇriktning* **en riktning**
riechen *'lʉkta* **lukta**
Reichsstraße *ˇri:kswä:g* **en riksväg**

Richtung *ˇriktning* **en riktning**
Rindersteak *ˇoxste:k* **oxstek**
Ring *ring* **en ring**
Rippe *ˇre:wbe:n* **ett revben**
Rock *chu:l* **en kjol**
rodeln *'o:ka 'chälke* **åka kälke**
Rollfeld *stat- o ˇlandnings`fält* **ett start- och landingsfält**
Rollo *ˇrʉlgar`din* **en rullgardin**
Rollstuhlgerechtes WC *ˇrʉlstu:lsto'let* **en rullstolstoalett**
Rolltreppe *ˇrʉltrapa* **en rulltrappa**
Röntgenaufnahme *'röntgenbild* **en röntgenbild**
rosa *ro:sa* **rosa**
Rosé *ro'se: wi:n* **rosé vin**
Rosenkohl *ˇbryselko:l* **brysselkål**
rot *rö:d* **röd**
Rotbarsch *ˇaborre* **abborre**
Rotkohl *ˇrö:ko:l* **rödkål**
Rotwein *röt wi:n* **rött vin**
Rückenschmerzen *ˇrygwärk* **ryggvärk**
Rückfahrkarte *re ˇtʉrbil`jet* **en returbiljett**
Rückfahrscheinwerfer *ˇbakjʉ:s* **ett backljus**
Rücklicht *ˇba:klykta* **en baklykta**
Rucksack *ˇrygsäk* **en ryggsäck**
Rücksitz *ˇba:ksä:te* **ett baksäte**
Rückspiegel *ˇba:kspegel* **en bakspegel**
Rücktransport *'hemtrans`port* **en hemtransport**
Rücktritt *ˇfri:jʉ:ls`broms* **en frihjulsbroms**
rückwärts *ˇba:ko:t* **bakåt**
Rückwärtsgang *ˇbakwäxel* **en backväxel**
Ruderboot *ˇrodbo:t* **en roddbåt**
ruhig *lʉng* **lugn**
Ruine *rʉ'i:n* **en ruin**
Rundflug *ˇflygtʉr* **en flygtur**

S

Saft *saft* **en saft**
saftig *ˇsaftig* **saftig**
sagen *ˇsä:ja* **säga**
Sägewerk *ˇso:gwerk* **ett sågverk**
Sahne *'gräde* **grädde**
Saibling *'rö:ding* **en röding**
Salat *sa'la:d* **sallad**
Salbe *ˇsalwa* **en salva**
Salbe gegen Juckreiz *ˇsalwa mut ˇklo:da* **salva mot klåda**
Salz *salt* **ett salt**
Salzkartoffeln *ku:kt ˇputa:tis* **kokt potatis**
Salzstreuer *saltka:r* **ett saltkar**
Samstag *'lörda:g* **lördag**
Sand *sand* **en sand**
Sandale *san'da:l* **en sandal**
Sandbank *ˇsandbank* **en sandbank**
Sandstrand *ˇsandstrand* **en sandstrand**
satt *mät* **mätt**
Sattel *ˇsa:del* **en sadel**
sauber *re:n* **ren**
sauer *sʉ:r* **sur**
Sauermilch *ˇfi:lmjölk* **en filmjölk**
Säugling *ˇspädba:n* **ett spädbarn**
Säuglingsnahrung *ˇba:nma:t* **en barnmat**
Sauna *'bastʉ* **en bastu**
schade *de war synd* **det var synd**
Schaf *fo:r* **ett får**
Schale *sko:l* **en skål**
Schallplatte *schi:wa* **en skiva**
Schallplattenladen *ˇschi:wafär* **en skivaffär**
Schalter *ˇströ:mbrytare* **en strömbrytare**
Schalthebel *ˇwäxelspa:k* **en växelspak**
Schäre *schä:r* **ett skär**
scharf *skarp* **skarp**
Schaufel *'skyfel* **en skyffel**
Schaukel *ˇgʉnga* **en gunga**
Scheck *schäk* **en check**
Scheibenwischer *ˇtokare* **en torkare**
Scheinwerfer *ˇtro:lkastare* **en strålkastare**
Scheitel *ˇbe:na* **en bena**
Schere *sax* **en sax**
Scherz *schämt* **ett skämt**
Schiebedach *ˇta:klʉka* **en taklucka**
Schienenbus *ˇrälsbʉs* **en rälsbuss**
Schiff *ˇfa:rty:g* **ett fartyg**
Schiffahrtsmuseum *ˇschö:fatsmu`se:ʉm* **ett sjöfartsmuseum**
Schiffsarzt *scheps ˇlä:kare* **en skeppsläkare**
Schiffslinie *ˇbo:tlinje* **en båtlinje**
Schiffssetzung *ˇskepsätning* **en skeppsättning**
Schilddrüsenprobleme *ˇschöldchörtelspru`ble:m* **sköldkörtelsproblem**
Schilf *wass* **en vass**
Schilling *'schiling* **schilling**
Schirm *para'ply:* **ett papraply**
Schinken *ˇschinka* **en skinka**
schlafen *ˇso:wa* **sova**
Schlaflosigkeit *'sömlös`he:t* **en sömnlöshet**
Schlafsack *ˇso:vsäk* **en sovsäck**
Schlaftabletten *ˇsömtableter* **sömntabletter**
Schlafwagen *ˇso:vwang* **en sovvagn**
Schlaganfall *ˇsla:ganfal* **ett slaganfall**
Schlagloch *gru:p* **en grop**
Schlange *urm* **en orm**
Schlauch *slang* **en slang**
Schlauchboot *ˇgʉmiflote* **en gummiflotte**
schlechtes Wetter *ˇdo:lit wäder* **dåligt väder**
Schlepplift *ˇslä:plift* **en släplift**
Schleuse *slʉs* **en sluss**
schließen *'stänga* **stänga**

Schließfächer *fö ˇwa:rings'boxar* **förvaringsboxar**
Schlitten *'slä:de* **en släde**
Schlosser *ˇlo:ssme:d* **en låssmed**
Schloß (Tür) *lo:s* **ett lås**
Schloß *slot* **ett slott**
Schlucht *ˇklyfta* **en klyfta**
Schlüssel *ˇnykel* **en nyckel**
schmecken *ˇsma:ka* **smaka**
Schmerzen beim Wasserlassen *unt wid ʉri'ne:ring* **ont vid urinering**
schmiedeeisern *a:w ˇsmi:desjän* **av smidesjärn**
schmieren *ˇsmörja* **smörja**
Schmuck *'smyke* **ett smycke**
schmutzig *ˇsmʉtsig* **smutsig**
Schnaps *snaps* **en snaps**
Schnee *snö:* **snö**
Schneeballschlacht *ˇsnö:bolskri:j* **ett snöbollskrig**
Schneefräse *ˇsnö:frä:s* **en snöfräs**
Schneehöhe *ˇsnö:jʉ:p* **ett snödjup**
Schneehuhn *ˇri:pa* **en ripa**
Schneeketten *ˇsnö:chedjur* **snökedjor**
Schneemann *ˇsnö:gʉbe* **en snögubbe**
Schneemobil *ˇsnö:sku:ter* **en snöskoter**
Schneeschaufel *ˇsnö:schyfel* **en snöskyffel**
Schneesturm *ˇsnö:stom* **en snöstorm**
Schneetreiben *ˇsnö:y:ra* **en snöyra**
Schneewächte *ˇhängdri:wa* **en hängdriva**
Schneewehen *ˇsnö:dri:wa* **en snödriva**
schneiden *'klipa* **klippa**
Schneider *'skrädare* **en skräddare**
Schneiderei *ˇskräder'i:* **ett skrädderi**
Schneiderin *ˇsömeschka* **en sömmerska**
Schneidezahn *ˇframtand* **en framtand**
schnell *fut* **fort**
Schnellbus *ex'pres ˋbʉs* **en expressbuss**
Schnellzug *ˇsnälto:g* **ett snälltåg**
Schnorchel *ˇsnorkel* **en snorkel**
schnorcheln *snorkla* **snorkla**
Schnuller *nap* **en napp**
Schnupfen *ˇsnʉ:wa* **snuva**
Schnürsenkel *ˇsku:snöre* **ett skosnöre**
Schnurrbart *mʉ'sta:sch* **en mustasch**
Scholle *ˇrö:dspäta* **en rödspätta**
schön *fi:n* **fin**
schöne Feiertage *ˇtre:wlig helj* **trevlig helg**
Schonzeit *ˇfri:dlysnings ˋti:d* **en fridlysningstid**
Schotterstraße *grʉ:swäg* **en grusväg**
Schrank *sko:p* **ett skåp**
Schraube *skrʉ:w* **en skruv**
Schraubenschlüssel *'schift ˇnykel* **en skiftnyckel**
Schraubenzieher *ˇskrʉ:wmeisel* **en skruvmejsel**
schreiben *'skri:wa* **skriva**
Schreibwarenladen *ˇpapeschhandel* **en pappershandel**
schreien *skri:ka* **skrika**
Schreiner *ˇsnikare* **en snickare**
Schriftsteller *för'fatare* **en författare**
Schuhe *sku:r* **skor**
Schuhgeschäft *ˇsku:afär* **en skoaffär**
Schuhmacher *ˇsku:ma:kare* **en skomakare**
Schule *ˇsku:la* **en skola**
Schüler *e'le:w* **en elev**
Schulter *ˇskʉlder* **en skulder**
Schutzblech *ˇstänkschärm* **en stänkskärm**
Schutzhütte *öve'natnings ˇstʉ:ga* **en övernattningsstuga**
Schwächeanfall *'anfal a:w ˇswa:ghe:t* **anfall av svaghet**
Schwangerschaft *grawidi'te:t* **en graviditet**
schwarz *swa:t* **svart**
Schwarzweißfilm *ˇswa:twi:tfilm* **en svartvitfilm**
Schwede *swänsk* **en svensk**
Schweden *'swärje* **Sverige**
schwedisch *svensk* **svensk**
Schwein *gri:s* **en gris**
Schweinefleisch *fläsk* **fläsk**
Schweiz *schwejz* **Schweiz**
Schweizer *schwejzare* **Schweizer**
Schweizer Franken *'schwejtser frang* **schweizer franc**
Schweizerin *'schwejtsiska* **Schweitziska**
schweizerisch *'schwejtsisk* **schwejtsisk**
schwer (Gewicht) *tʉng* **tung**
Schwester *'syster* **en syster**
schwierig *swo:r* **svår**
schwimmen *ˇsima* **simma**
Schwimmer *ˇsimare* **en simmare**
Schwimmweste *ˇfly:twäst* **en flytväst**
Schwindel *'swindel* **en svindel**
schwitzen *ˇsweta* **svetta**
schwül *kwa:w* **kvav**
See *schö:* **en sjö**
Seegang *ˇschö:gong* **en sjögång**
Seehund *'sä:l* **en säl**
seekrank *ˇschö:schʉ:k* **sjösjuk**
Seewolf *ˇhawskat* **havskat**
Segelboot *ˇse:gelbo:t* **en segelbåt**
Segelfliegen *ˇse:jelfly:ga* **segelflyga**
Segelschule *ˇseglaschku:la* **en seglarskola**
sehen *se:* **se**
Sehne *ˇse:na* **en sena**
sehr *ˇmyke* **mycket**
Sehstörungen *'sy:n ˇrʉbning* **synrubbning**
Seide *'silke* **ett silke**

Seife *two:l* **en tvål**
Seilbahn *ˇli:nba:na* **en linbana**
sein (Verb) *ˇwa:ra* **vara**
sein (Poss.Pron.) *hans* **hans**
seit *sän* **sedan**
seit wann *hur 'länge* **hur länge**
Sekretärin *sekre'te:rare* **en sekreterare**
Sekt *scham'panje* **champagne**
Sekundarstufe 2 *jym'na:sieˇsku:lan* **gymnasieskolan**
Sekundarstufe 1 *ˇhö:gsta:diet* **högstadiet**
Semester *ter'mi:n* **en termin**
Sender *sta'schu:n* **en station**
September *sep'tember* **september**
Serviette *ser'wet* **en servett**
Sessellift *ˇstu:llift* **en stollift**
setzen *'säta* **sätta**
sicher *'sä:ker* **säker**
Sicherheit *'sä:kerhet* **en säkerhet**
Sicherheitsgurt *'bi:l`bälte* **ett bilbälte**
Sicherheitsnadel *'säkerhets`no:l* **en säkerhetsnål**
Sicherung *prop* **en propp**
Sickergrube *ˇkloa:kbrun* **en kloakbrunn**
sie (3. Pers. pl., 1. F.) *dom* **de**
sie (3. Pers. sing., 1. F.) *hun* **hon**
sie (3. Pers. pl. 3.+4. F.) *dom* **dem**
sie (3. Pers. sing. 3.+.4. F.) *'hene* **henne**
Silber *ˇsilwer* **ett silver**
silber *'silwer* **silver**
Sitz *'sä:te* **ett säte**
sitzen *ˇsita* **sitta**
Sitzplatz *ˇsitplats* **en sittplats**
Skianzug *ˇschi:dräkt* **en skidräkt**
Skibindung *ˇschi:dbindning* **en skidbindning**
Skibrille *et par ˇschidglasö:gon* **ett par skidglasögon**
Skihütte *ˇschi:dstuga* **en skidstuga**
Skikurs *ˇschi:dkusch* **en skidkurs**
skilaufen *'o:ka schi:dur* **åka skidor**
Skilehrer *ˇschi:dlärare* **en skidlärare**
Skischuh *ˇschi:dpjäxa* **en skidpjäxa**
Skistock *ˇschi:dst:w* **en skidstav**
Skiwachs *ˇschi:dwala* **en skidvalla**
Skiwanderung *ˇschi:dtu:r* **en skidtur**
Skonto *ˇkasarabat* **en kassarabatt**
Skulptur *skulp'tu:r* **en skulptur**
Slalomhang *'sla:lom`bake* **en slalombacke**
Slip *ˇtru:sur* **trosor**
so *so:* **så**
Socken *'sokur* **sockor**
Sohn *sön* **ett sön**
sofort *je'nast* **genast**
Solarium *suˇla:rium* **ett solarium**
Sommer *'somar* **en sommar**
sondern *ˇu:tan* **utan**
Sonderpreis *éxtrapri:s* **en extrapris**
Sonne *su:l* **en sol**
Sonnenaufgang *ˇsu:lupgong* **en soluppgång**
Sonnenbrand *ˇsu:lswe:da* **en solsveda**
Sonnenbrille *ˇsu:lgla:sögon* **solglasögon**
Sonnendeck *ˇsu:ldäk* **ett soldäck**
Sonnenöl *ˇsu:lolja* **en sololja**
Sonnenschutzmittel *ˇsu:lschydsme:del* **ett solskyddsmedel**
Sonnenstich *ˇsu:lsting* **solsting**
sonnig *ˇsu:lig* **solig**
Sonntag *'sönda:g* **söndag**
sonst *'anasch* **annars**
Sozialarbeiter *soˇscha:lar`be:tare* **en socialarbetare**
Spanferkel *ˇspä:dgri:s* **en spädgris**
Spargel *'sparis* **sparris**
Spargelsuppe *'sparisˇsopa* **sparrissoppa**
spät *se:nt* **sent**
später *ˇse:nare* **später**
spazieren gehen *promˇne:ra* **promenera**
Speck *fläsk* **fläsk**
Spedition *spedi'schu:n* **en spedition**
Speiche *'e:ker* **en eker**
Speisekarte *ˇma:tse:del* **en matsedel**
Speisewagen *resto'rang`vang* **en restaurangvagn**
Spiegel *ˇspe:gel* **en spegel**
spielen *ˇle:ka* **leka**
Spielfilm *ˇlongfilm* **en långfilm**
Spielzeug *ˇle:ksa:ker* **leksaker**
Spielzeuggeschäft *ˇle:ksa:ksa'fär* **en leksaksaffär**
Spielzimmer *ˇle:krum* **ett lekrum**
Spikereifen *ˇdubdäk* **ett dubbdäck**
Spinne *'spindel* **en spindel**
Spirale *spi'ra:l* **en spiral**
Spirituosen *spri:t* **en sprit**
Spirituosenhandlung *ˇsyste:mbula:g* **ett systembolag**
Sport *ˇi:drot* **idrott**
Sportgeschäft *ˇi:drotsa'fär* **en idrottsaffär**
Sportplatz *ˇi:drotsplats* **en idrottsplats**
Sprachen *spro:k* **språk**
sprechen *ˇta:la* **tala**
Spritze *ˇspru:ta* **en spruta**
Sprungbrett *ˇspr:ngbräda* **en språngbrädda**
Spülbürste *'diskbuschte* **en diskborste**
Spülmittel *'diskme:del* **ett diskmedel**

Stachelbeeren *ˇkrʉ:sbär* **krusbär**

Stadt *sta:d* **en stad**

Stadtplan *ˇsta:dskata* **en stadskarta**

Stadtrundfahrt *ˇsta:dstʉ:r* **en stadstur**

Stadtviertel *ˇsta:dsde:l* **en stadsdel**

Stadtzentrum *ˇsentrʉm* **ett centrum**

Ständer (Fahrrad) *stäl* **ett ställ**

Standlicht *paˇke:rings`jʉ:s* **ett parkeringsljus**

starten *'stata* **starta**

Starthilfekabel *ˇstatka:bel* **en startkabel**

Statue *sta'ty:* **en staty**

Stausee *ˇʉpdämd schö:* **en uppdämd sjö**

Steak *bif* **biff**

Steckdose *ˇʉ:tta:g* **ett uttag**

Stecker *kon'takt* **en kontakt**

Steg *ˇbryga* **en brygga**

Steigeisen *ˇsti:gjän* **ett stigjärn**

Steigung *ˇstigning* **en stigning**

steil *brant* **brant**

Steinbutt *ˇpigwar* **piggvar**

Steinpilz *kalˇju:hanswamp* **karljohansvamp**

Steinzeit *ˇste:nolder* **stenålder**

Stellplatz *plats* **en plats**

Steppe *stäp* **en stäpp**

Stern *ˇschäna* **en stjärna**

Steuer *skat* **en skatt**

steuerfrei *'skatefri:* **skattefri**

Steward *'stju:wad* **en steward**

Stewardesse *ˇfly:wärdina* **en flygvärdinna**

Stier *chʉ:r* **en tjur**

Stil *sti:l* **en stil**

stillen *ˇama* **amma**

Stint *'strömіng* **strömming**

Stirn *'pana* **en panna**

Stockfisch *ˇlʉ:tfisk* **lutfisk**

Stockwerk *ˇwo:ning* **en våning**

Stoff *ty:g* **ett tyg**

stornieren *säga 'ʉp* **säga upp**

Stoßdämpfer *ˇstö:tdämpare* **en stötdämpare**

Stoßstange *ˇstö:tfongare* **en stötfångare**

Strampelanzug *ˇspa:kbyxur* **sparkbyxor**

Strand *strand* **en strand**

Straßenbahn *ˇspo:rwang* **en spårvagn**

Straßenbahnlinie *ˇspo:rwä:g* **en spårväg**

Straßenkarte *ˇwä:gkarta* **en vägkarta**

Straßenverzeichnis *ˇga:tʉförtekning* **en gatuförteckning**

Streichhölzer *ˇtändstikur* **tändstickor**

Strom *e:l* **el**

Stromausfall *ˇströma:wbrot* **ett strömavbrott**

Stromleitung *ˇströmle:dning* **en strömledning**

Stromschnelle *fosch* **en fors**

Strömling *'ströming* **en strömming**

Strömung *ström* **en ström**

Strümpfe *'trʉmpur* **strumpor**

Strumpfhose *ˇstrʉmpbyxur* **strumpbyxor**

Studentenausweis *ˇstʉdentkot* **ett studentkort**

Stuhl *stu:l* **en stol**

stündlich *'varje 'time* **varje timme**

Sturm *stom* **en storm**

Sturmwarnung *'stomwaning* **en stormvarning**

suchen *'sö:ka* **söka**

süß *sö:t* **söt**

Sumpf *träsk* **ett träsk**

Supermarkt *ˇsnabchöp* **ett snabbköp**

Suppe *ˇsopa* **en soppa**

Surfbrett *ˇsöfing'bräda* **en surfingbrädda**

Synthetik *ˇkonstfi:ber* **ett konstfiber**

T

Tabakladen *ˇtu:baksa'fär* **en tobaksaffär**

Tabletten *ta'bleter* **tabletter**

Tachometer *ˇhastihe:ts'mä:tare* **en hastighetsmätare**

Tagesmutter *ˇda:gmama* **en dagmamma**

Tagesordnung *ˇda:gudning* **en dagordning**

täglich *ˇda:glijen* **dagligen**

Tal *da:l* **en dal**

Tampon *tam'pong* **en tampong**

Tank *tank* **en tank**

Tank auffüllen *'fyla po* **fylla på tanken**

tanken *ˇtanka* **tanka**

Tankfüllung *ˇtankfylning* **en tankfyllning**

Tanz *dans* **en dans**

Tanzboden *ˇdansgolw* **ett dansgolv**

tanzen *ˇdansa* **dansa**

Tasche *'wäska* **en väska**

Taschenbuch *ˇbikbuk* **en fickbok**

Taschendieb *ˇfikchʉ:w* **en ficktjuv**

Taschenkrebs *ˇkraba* **krabba**

Tasse *kop* **en kopp**

taub *dö:w* **döv**

Tauchausrüstung *'dy:kˇʉ:trʉstning* **en dykutrustning**

Taucheranzug *ˇdy:kadräkt* **en dykardräkt**

Taucherbrille *ßy'klo:pˇöga* **en cyklopöga**

Taucherflossen *simföter* **simfötter**

Tauwetter *ˇbli:dwä:der* **ett blidväder**

Taxi *'taxi* **en taxi**

Taxifahrer *'taxischo`för* **en taxichaufför**

Taxistand *'taxista`schun* **en taxistation**

Techniker *'tekniker* **en tekniker**
Teddy *'nale* **en nalle**
Tee *te:* **te**
Teelöffel *ˇte:sche:d* **en tesked**
Teilkasko *ˇde:lfö'schä:kring* **en delförsäkring**
Telefon *te:le'fo:n* **ett telefon**
Telefonauskunft *infoma'schun* **en information**
Telefonbuch *te:le'fo:nkata'lo:g* **en telefonkatalog**
Telefongespräch *te:lef'o:nˇsamta:l* **ett telefonsamtal**
telefonieren *'ringa* **ringa**
Telefonkabine *te:le'fo:n`hyt* **en telefonhytt**
Telefonnummer *t:ele'fo:n'nʉmer* **ett telefonnummer**
Telefonzelle *te:le'fo:nauto'ma:t* **en telefonautomat**
Telegramm *te:le'gram* **ett telegramm**
Telezentrum *'te:lekon`tu:r* **ett telekontor**
Teller *ˇtalri:k* **en tallrik**
Temperatur *tempera'tʉ:r* **en temperatur**
Tennis *'tenis* **en tennis**
Tennisnetz *'tenisnät* **ett tennisnät**
Tennisplatz *'tenisˇba:na* **en tennisbana**
Tennisschläger *'tenis`raket* **en tennisracket**
teuer *dy:r* **dyr**
Theater *te'a:ter* **en teater**
Theologie *teolo'ji:* **teologi**
Ticket *bil'jet* **en biljett**
tief *jʉ:p* **djup qqq**
Tierarzt *weteri'när* **en veterinär**
Tintenfisch *ˇbläkfisk* **bläckfisk**
Tisch *bu:d* **ett bord**
Tischdecke *ˇbudsdʉ:k* **en bordsduk**
Tischtennis *ˇbu:dtenis* **en bordtennis**
Tochter *'doter* **en dotter**
Toilette *toa'let* **en toalett**
Toilettenpapier *toa'let'paper* **ett toalettpapper**
Tomaten *tu'ma:ter* **tomater**
tönen *ˇtu:na* **tona**
Tor *mo:l* **ett mål**
Touristenradio *tʉ'ristˇra:dio* **en turistradio**
traditionelle Musik *ˇfolkmʉsi:k* **en folkmusik**
Tragflächenboot *ˇfly:gbo:t* **en flygbåt**
Trainerstunde *ˇtra:nings`pas* **ett träningspass**
trampen *ˇlifta* **lifta**
tratschen *'skwalra* **skvallra**
Treibjagd *ˇdre:wjakt* **en drevjakt**
Tretlager *ˇtrampla:ger* **ett tramplager**
trinken *ˇdrika* **dricka**
trocken *torr* **torr**
tropfen *'dropa* **droppa**
Tropfen *'dropp* **ett dropp**
trotzdem *ˇändo:* **ändå**
Trucker-Restaurant *scho'föschsa`long* **en chofförssalong**
Tschüß! *ˇhejdo:* **Hejdå!**
türkis *tʉr'ku:s* **turkos**
Turm *ton* **ett torn**
Turnschuhe *ˇjymnastiksku:r* **gymnastikskor**
Türschloß *ˇdörlo:s* **ett dörrlås**
Türsteher *ˇdörwakt* **en dörrvakt**
Tüte *ˇpo:se* **en påse**

U

U-Bahnstation *ˇtʉnelba:nesta'schun* **en tunnelbanestation**
Übelkeit *ˇilamo:ende* **ett illamående**
über *'öwer; ˇuwanför* **över; ovanför**
überall *öwer'alt* **överallt**
Überfall *ˇö:werfal* **ett överfall**
überfallen *öwerˇfalen* **överfallen**
überhitzt *öwerˇhetad* **överhettad**
überholen *chöra om* **köra om**
Überholverbot *ˇomchörningsför`bʉ:d* **omkörningsförbud**
Überlandbus *ˇdirektbʉs* **en direktbuss**
übermorgen *i ˇöwermoron* **i övermorgon**
übernachten *öwerˇnata* **övernatta**
Überschwemmung *öwe'schwämning* **en översvämning**
Übersetzer *ˇöwer`schätare* **en översättare**
Ufer *strand* **en strand**
Uhr *ˇkloka* **en klocka**
Uhrmacher *ˇʉ:rma:kare* **en urmakare**
UKW *ˇʉltrakutwo:g* **en ultrakortvåg**
umarmen *ˇomfamna* **omfamna**
Umarmung *om'famning* **en omfamning**
Umgebung *ˇomjiwning* **en omgivning**
umgeknickt *ˇwrikat* **vrickat**
Umleitung *ˇomdirije:ring* **en omdirigering**
Umsatz *ˇomsätning* **en omsättning**
Umsatzsteuer *ˇomsätningsskat* **en omsättningsskatt**
umschalten *ˇbyta ka'na:l* **byta kanal**
umsteigen *ˇbyta* **byta**
umtauschen *byta óm* **byta om**
Umwelt *mil'jö:* **ett miljö**
unbehandelt *ˇu:behandlad* **obehandlad**
unbequem *ˇu:bekwä:m* **obekväm**
und *o/ock* **och**
Unfall *ˇu:lyka* **en olycka**
ungefähr *ˇʉnjefä:r* **ungefär**
ungiftige Farben *ˇu:toxiska ˇfärjer* **otoxiska färger**
unglücklich *ˇu:lyklig* **olycklig**

Universität *ʉniweschi'te:t* **ett universitet**
unreif *ˇu:mu:gen* **omogen**
uns *us* **oss**
unscharf *ˇu:skarp* **oskarp**
unschuldig *ˇu:skyldig* **oskyldig**
unser *wo:r* **vår**
unten *'ne:re* **nere**
unter *'ʉnder* **under**
Unterhaltung *'samta:l* **ett samtal**
Unterhemd *ˇʉndertröja* **en undertröja**
Unterhose (Herren) *kal'songer* **kalsonger**
Unterkunft *lo'schi:* **en logi**
Unternehmen *ˇfö:reta:g* **ett företag**
Unterricht *ˇunderwi:sning* **en undervisning**
unterschreiben *ʉnderˇtekna* **underteckna**
Unterschrift *ˇʉndeschkrift* **en underskrift**
Untersuchung *ʉnde'schö:kning* **en undersökning**
Untersuchungshaft *ˇransa:kningshäkte* **ett rannsakningshäkte**
Urlaub *se'mester* **en semester**
Urwald *'ˇschku:g* **en urskog**

V

Vase *wa:s* **en vas**
Vater *fa:r* **far**
Ventil *wen'ti:l* **en ventil**
Verabredung *'möte* **ett möte**
verabschieden *ta: ˇa:wsche:d* **ta avsked**
verantwortlich *ˇansw:rig* **ansvarig**
Verband *för'band* **ett förband**
Verbandskasten *förˇbandslo:da* **en förbandslåda**
Verbot *för'bʉ:d* **ett förbud**
Verbraucher *konsʉ'ment* **en konsument**
Verbrechen *'brot* **ett brott**
vereinbart *ˇa:wta:lat* **avtalat**
Vergaser *fö'ga:sare* **en förgasare**
vergessen *'glöma* **glömma**
Vergewaltigung *ˇwo:ldtäkt* **en våldtäkt**
Vergiftung *för'jiftning* **en förgiftning**
verhaften *ares'te:ra* **arrestera**
Verhandlung *för'handling* **en förhandling**
verheiratet *jift* **gift**
verkaufen *ˇsälja* **sälja**
Verkäufer *'säljare* **en säljare**
Verkäufer *(im Geschäft) expe'di:t* **en expedit**
Verkehrsschild *traˇfi:kschylt* **en trafikskylt**
verletzt *ˇska:dat* **skadat**
Verletzung *ˇska:da* **en skada**
verlieren *'tapa* **tappa**
Verlobte *'fästmö:* **en fästmö**
Verlobter *'fästman* **en fästman**
Verpackung *för'pakning* **en förpackning**
verrostet *'rostig* **rostig**
Versandkosten *trans'portˇkostnader* **transportkostnader**
verschmutzt *ˇne:dsmʉtsad* **nedsmutsad**
Versicherung *föˇschäkring* **en försäkring**
Versicherungskarte *ˇföschäkrings'kut* **en försäkringskort**
Verspätung *föˇsche:ning* **en försening**
verstopft *fö'schtopad* **förstoppad**
Verstopfung *fö'schtopning* **förstoppning**
Verteiler *fö'de:lare* **en fördelare**
Vertrag *kon'trakt* **ett kontrakt**
Vertragsbedingungen *kondi'schu:ner* **konditioner**
Vertreter *represen'tant* **en representant**
Vertrieb *distribu'schu:n* **en distribution**
Verzeihen *föˇlo:ta* **förlåta**
vibrieren *wi'bre:ra* **vibrera**
viel *'myke* **mycket**
viel Erfolg *lyka 'til* **lycka till**
viel Glück *lyka 'til* **lycka till**
vielleicht *'kansche* **kanske**
Visitenkarte *ˇwisi:tkot* **ett visitkort**
Viskose *wis'ku:s* **en viskos**
Visum *ˇwi:sʉm* **ett visum**
Vogel *ˇfo:gel* **en fågel**
Vogelschutzgebiet *ˇfo:gelreser`wa:t* **ett fågelreservat**
Volksbier *ˇfolkö:l* **folköl**
Volkswirtschaft *naschu'na:lekuno`mi:* **nationalekonomi**
voll *fʉl* **full**
Volleyball *'woli`bol* **en volleyboll**
Vollkasko *ˇhe:lföschäkring* **en helförsäkring**
Vollpension *ˇhe:lpang`schu:n* **en helpension**
von *a:w* **av**
von (räuml.) *fro:n* **från**
von wo *ˇwa:rifro:n* **varifrån**
vor ein paar Tagen *för et par da:r sän* **för ett par dagar sedan**
vor (zeitl.) *ˇframför* **framför**
vor Anker gehen *'kasta 'ankar* **kasta ankar**
Vorderachse *ˇframaxel* **en framaxel**
Vorderrad *ˇframju:l* **ett framhjul**
Vorderradantrieb *ˇframjʉ:ls`drift* **en framhjulsdrift**
Vorfahrt *ˇförchöschrät* **en förkörsrätt**
Vorführung *ˇʉpwi:sning* **en uppvisning**
Vorgeschichte *ˇfu:nti:d* **en forntid**
Vorlesung *'före`läsning* **en föreläsning**
vormittags *po: ˇförmida:n* **på förmiddagen**
vorn *'framme* **framme**

Vorname *ˇförnam* **ett förnamn**
Vorteil *ˇförde:l* **en fördel**
Vorspeisen *ˇförräter* **förrätter**
vorstellen *presen'te:ra* **presentera**
Vorverkauf *ˇföchö:p* **ett förköp**
Vorwahl *'riktnʉmer* **ett riktnummer**
vorwärts *ˇframo:t* **framåt**

W

wach *'wa:ken* **vaken**
Wachablösung *ˇwakta:wˋlö:sning* **en vaktavlösning**
Wachtel *'waktel* **en vaktel**
Waffe *ˇwa:pen* **ett vapen**
Waffeln *'woflur* **våfflor**
Wagenheber *ˇdumkraft* **en domkraft**
Wagennummer *ˇwangnʉmmer* **ett vagnnummer**
wählen *ˇwälja* **välja**
wählen (Telef.) *slo:* **slå**
Währung *wa'lʉ:ta* **en valuta**
Wald *sku:g* **en skog**
Walderdbeeren *ˇsmʉltron* **smultron**
Walpurgis *'walborjsmäsuˋafton* **valborgsmässoafton**
Wand *wäg* **en vägg**
wandern *ˇwandra* **vandra**
Wanderweg *'wandringsˋle:d* **en vandringsled**
wann *när* **när**
Ware *ˇwa:ra* **en vara**
warm *warm* **varm**
Warnblinkanlage *ˇwarnings'blinker* **en varningsblinker**
Warndreieck *'warningsˇtriangel* **en varningstriangel**
warten *'wänta* **vänta**
Wartesaal *ˇwäntsa:l* **en väntsal**
warum *ˇwa:för* **varför**
was *wa* **vad**
was kostet *wa 'kostar* **vad kostar**
Waschanlage *ˇbi:ltwät* **en biltvätt**
waschen *'twäta* **tvätta**
Wäscherei *twät* **en tvätt**
Waschräume *ˇtwätrʉm* **ett tvättrum**
Waschsalon *ˇtwätoma:t* **en tvättomat**
Wasser *'waten* **vatten**
Wasserfall *'watenfal* **ett vattenfall**
Wasserflasche *'watenˋflaska* **vattenflaska**
Wasserhahn *ˇwatenkra:n* **en vattenkran**
Wasserleitung *ˇwatenle:dning* **en vattenledning**
Wasserpumpe *'watenˋpʉmp* **en vattenpump**
Wasserrutsche *ˇrʉtschba:na* **en rutschbana**
Wasserski *'watenˇschi:dur* **vattenskidor**
Wassertemperatur *'watenˇtemperatʉ:r* **en vattentemperatur**
Watte *bu'mʉl* **bomull**
wechselhaft *'wäxlande* **växlande**
Wechselkurs *ˇwäxlingskʉsch* **en växlingskurs**
wechseln *'wäxla* **växla**
wecken *'wäka* **väcka**
Wecker *ˇwäkakloka* **en väckarklocka**
Weg *wä:g* **en väg**
weg *but* **bort**
wegen *po: grʉnd a:w* **på grund av**
Weggabelung *wä:gga:wling* **en väggavling**
Wegweiser *ˇwä:gwi:sare* **en vägvisare**
weich *mjʉ:k* **mjuk**
Weihnachten *jʉ:l* **jul**
Weinbergschnecken *ˇsni:glar* **sniglar**
weinen *ˇgro:ta* **gråta**
Weintrauben *ˇwi:ndrʉ:vur* **vindruvor**
weiß *wi:t* **vit**
Weißbrot *ˇfranskbrö:d* **ett franskbröd**
Weißkohl *ˇwi:tko:l* **vitkål**
Weißwein *wit wi:n* **vitt vin**
weit *(Entf.)* **lo:ngt långt**
weit (nicht eng) *wi:d* **vid**
weitsichtig *ˇlo:ngsy:nt* **långsynt**
welcher *'wilken/'wilket* **vilken/vilket**
Wellen *wo:g* **våg**
wem *wem* **vem**
wen *wem* **vem**
Wendeplatz *ˇwändplats* **en vändplats**
wenig *ˇli:te* **litet**
weniger *ˇmindre* **mindre**
wenigstens *o:tˇminsto:ne* **åtminstone**
wenn (Bedingung) *om* **om**
wenn (zeitl.) *nä:r* **när**
wer *wem* **vem**
Werbung *re'kla:m* **en reklam**
Werkstatt *ˇwerksta:d* **en verkstad**
Werktag *ˇwar:da:g* **en vardag**
Werkzeug *ˇwerkty:g* **ett verktyg**
Wespe *'je:ting* **en geting**
wessen *wems* **vems**
Wetter *ˇwä:der* **ett väder**
Wetterbericht *ˇwädele:ksra'pot* **en väderleksrapport**
Whirlpool *ˇbʉbelba:d* **ett bubbelbad**
wichtig *ˇwiktig* **viktig**
wickeln *ˇschö:ta* **sköta**
Wickelraum *ˇschötrʉm* **ett skötrum**
wie *hʉ:r* **hur**
wie (Vergl.) *som* **som**
wie ärgerlich *so: ˇförarglit* **så förargligt**
wie bitte *ˇhʉscha* **hur sa**
wie viel *hʉ:r 'myke* **hur mycket**
wie viele *hʉ:r* **ˇmo:nga hur många**
wieder *'o:ter* **åter**
wiedersehen *se: i'jen* **se igen**
Wiege *ˇwaga* **en vagga**

wiegen *ˇwä:ga* **väga**
Wiese *äng* **en äng**
Wikinger *ˇwi:king* **en viking**
Wild *wilt* **vilt**
Wildgans *'wildgo:s* **en vildgås**
Wildnis *'wildmark* **en vildmark**
Wildreservat *'vildˇreserwa:t* **ett viltreservat**
Wildschwein *ˇwildswi:n* **ett vildsvin**
Wind *wind* **en vind**
Windel *ˇblöja* **en blöja**
Windmühle *'wä:derˋkwan* **ett väderkvarn**
Windschutzscheibe *ˇwindrʉ:ta* **en vindruta**
Windstärke *ˇwindstyka* **en vindstyrka**
Winter *'winter* **en vinter**
Winterreifen *ˇwinterˋdäk* **ett vinterdäck**
wir *wi:* **vi**
Wirbelsäule *ˇryggra:d* **en ryggrad**
Wirt *wärd* **värd**
wissen *'we:ta* **veta**
Witz *schämt* **ett skämt**
witzig *ru:lig/lʉstig* **rolig/lustig**
wo ist *wa:r fins* **var finns**
wo *wa:r* **var**
Woche *'weka* **en vecka**
Wochenende *helj* **en helg**
woher *ˇwa:rifro:n* **varifrån**
wohin *wa:rt* **vart**
wohnen *bu:* **bo**
Wohnmobil *ˇhʉ:sbi:l* **en husbil**
Wohnort *'postaˋdres* **en postadress**
Wohnung *ˇlä:genhe:t* **en lägenhet**
Wohnwagen *ˇhʉ:swang* **en husvagn**
Wolf *warg* **en varg**
Wolke *muln* **ett moln**
wolkenlos *ˇmulnfri:* **molnfri**
Wolldecke *filt* **en filt**
Wolle *ʉl* **en ull**
wollen *ˇwilja* **vilja**
Wort *u:d* **ett ord**
Wunde *so:r* **ett sår**
Wurm *mask* **en mask**
Wurst *korw* **korv**
Wurzelbehandlung *'ru:tˇbehandling* **en rotbehandling**

Z

Zahl *ta:l* **ett tal**
zahlen *ˇbeta:la* **betala**
Zahlungsbedingungen *beˇta:lningswilkur* **betalningsvillkor**
Zahn *tand* **en tand**
Zahnarzt *ˇtandlä:kare* **en tandläkare**
Zahnbürste *ˇtandbuschte* **en tandborste**
Zahnfleisch *ˇtandchöt* **ett tandkött**
Zander *jö:s* **gös**
Zange *tong* **en tång**
Zäpfchen *ˇstu:lpiler* **stolpiller**
zärtlich *öm* **öm**
Zecke *'fästing* **en fästing**
Zeichen *'teken* **ett tecken**
zeigen *ˇwi:da* **visa**
Zeit *ti:d* **en tid**
Zeitschrift *ˇt:dskrift* **en tidskrift**
Zeitung *ˇti:dning* **en tidning**
Zeitungsladen *ˇpresbyro:* **en pressbyrå**
Zelt *tält* **ett tält**
zelten *ˇtälta* **tälta**
Zentralverriegelung *senˇtra:llo:s* **ett centrallås**
Zentrum *ˇsentrʉm* **ett centrum**
Zerrung *ˇsträkning* **en sträckning**
Zeuge *'witne* **ett vittne**
Ziege *je:t* **en get**
ziehen *dra: 'ʉ:t* **dra ut**
Zimmer *rʉm* **ett rum**
Zimmermädchen *ˇstä:deschka* **en städerska**
Zimmermann *ˇbygnadssnikare* **en byggnadssnickare**
Zimmernummer *ˇrʉmsnʉmer* **ett rumsnummer**
Zimmerschlüssel *ˇrʉmsnykel* **en rumsnyckel**
Zimt *ka'ne:l* **kanel**
Zinsen *ˇräntur* **räntor**
Zitrone *si'tru:n* **en citron**
Zoll *tʉl* **tull**
Zoo *suu'lu:giska trä:go:n* **zoologiska**
zu (Richtg.) *til* **till**
zu Hause *'hema* **hemma**
zu zäh *fösche:gt* **för segt**
zu hoch *för hö:gt* **för högt**
zu sauer *föschʉt* **för surt**
zu kalt *fö kalt* **för kallt**
zu scharf *föschtakt* **för starkt**
zu fett *fö fett* **för fett**
zu salzig *fö salt* **för salt**
Zucker *'soker* **ett socker**
zufrieden *nöjd* **nöjd**
Zug *to:g* **ett tåg**
zuhören *ˇlysna (til)* **lyssna (till)**
Zündkerze *ˇtändstift* **ett tändstift**
Zündschloß *ˇtändlo:s* **ett tändlås**
Zündschlüssel *ˇtändnykel* **en tändnyckel**
Zündung *'tändning* **en tändning**
Zunge *ˇtʉnga* **en tunga**
zur Landung ansetzen *jöra kla:t för ˇlandning* **gör klart för landning**
zurück *tilˇba:ka* **tillbaka**
zusammen *til'samans* **tillsammans**
zusammengeschlagen *sla:git ne:r* **slagit ner**
Zusammenstoß *koli'schu:n* **en kollision**
zuviel *fö'myke* **för mycket**
Zweite Klasse *'andra klas* **andra klass**
Zwiebeln *lö:k* **lök**
zwischen *'melan* **mellan**
Zylinder *sy'linder* **en cylinder**
Zylinderkopf *sy'linderˇhʉwʉd* **ett cylinderhuvud**

Index